Bernd Wulffen
Kuba im Umbruch

Bernd Wulffen

Kuba im Umbruch

Von Fidel zu Raúl Castro

Mit Fotos von Wolfgang Grossmann

Ch. Links

Ch. Links Verlag, Berlin

Die **Deutsche Nationalbibliothek** verzeichnet
diese Publikation in der Deutschen Nationalbibliografie;
detaillierte bibliografische Daten sind im Internet über
http://dnb.d-nb.de abrufbar.

1. Auflage, September 2008

Schönhauser Allee 36, 10435 Berlin, Tel.: (030) 44 02 32-0
Internet: www.linksverlag.de; mail@linksverlag.de
Umschlaggestaltung: KahaneDesign, Berlin
unter Verwendung eines dpa-Fotos von der Sitzung
des kubanischen Volkskongresses im Dezember 1999
mit Fidel (links) und Raúl Castro
Satz: Agentur Siegemund, Berlin
Druck und Bindung: Druckerei F. Pustet, Regensburg

ISBN 978-3-86153-486-0

Inhalt

Anhang

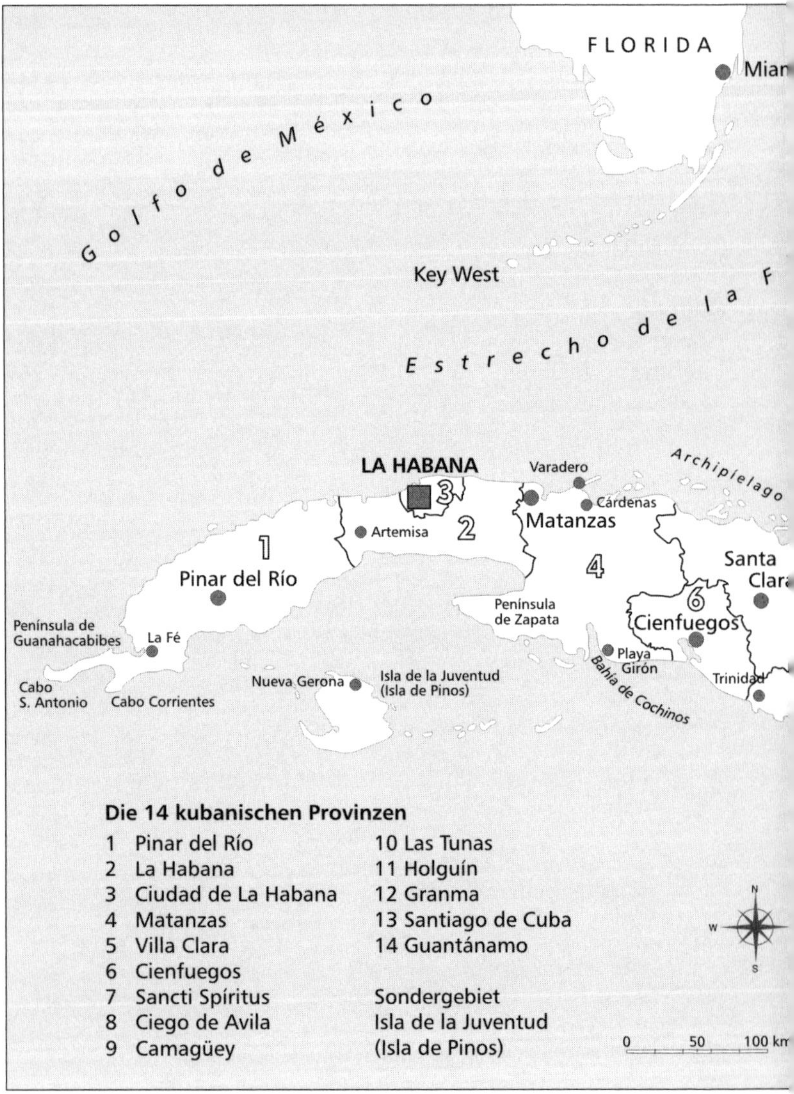
FLORIDA
Mian
Golfo de México
Key West
Estrecho de la F
Archipiélago
LA HABANA
Varadero
Cárdenas
Matanzas
Artemisa
Santa
Clar
Pinar del Río
Península
de Zapata
Cienfuegos
Península de
Guanahacabibes
La Fé
Playa
Girón
Bahía de Cochinos
Trinid
Cabo
S. Antonio
Cabo Corrientes
Nueva Gerona
Isla de la Juventud
(Isla de Pinos)
1
2
3
4
6
Die 14 kubanischen Provinzen
1 Pinar del Río
2 La Habana
3 Ciudad de La Habana
4 Matanzas
5 Villa Clara
6 Cienfuegos
7 Sancti Spíritus
8 Ciego de Avila
9 Camagüey
10 Las Tunas
11 Holguín
12 Granma
13 Santiago de Cuba
14 Guantánamo
Sondergebiet
Isla de la Juventud
(Isla de Pinos)
N
W
S
0
50
100 km

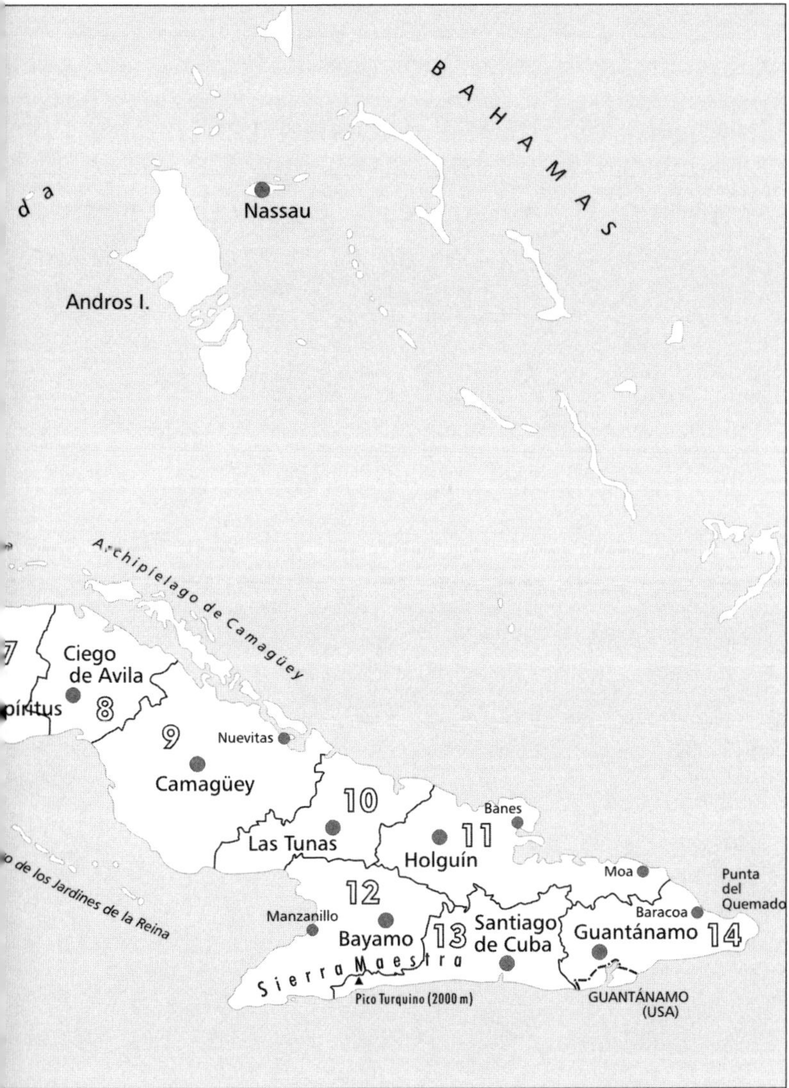
B A H A M A S
Nassau
Andros I.
d a
Archipíelago de Camagüey
7
Ciego de Avila
8
píritus
9
Nuevitas
Camagüey
10
Las Tunas
Banes
11
Holguín
Moa
Punta del Quemado
12
Manzanillo
Bayamo
13
Santiago de Cuba
Baracoa
Guantánamo
14
o de los Jardines de la Reina
Sierra Maestra
Pico Turquino (2000 m)
GUANTÁNAMO (USA)

Vorwort

Umbruch als politischer Begriff hat den Beigeschmack von Revolution, bedeutet zumindest aber einen Bruch mit der Vergangenheit, einen Paradigmenwechsel. Ist es daher nicht gewagt, über den »Umbruch in Kuba« zu schreiben, obwohl noch keineswegs klar erkennbar ist, ob wir es bei dem gegenwärtigen Geschehen mit einem wirklichen Umbruch zu tun haben und wohin der neue Weg letztlich führt?

Ich meine, nein. Kuba befindet sich in einer interessanten Phase seiner Geschichte, einem Erwachen aus der Erstarrung, die Aufmerksamkeit und Analyse der Zusammenhänge erfordert. Der Hauptakteur, Raúl Castro, ist weitgehend unbekannt. Ich hatte daher im vergangenen Jahr mit Unterstützung der Evangelischen Akademie zu Berlin eine Studie »Raúl Castro – der rätselhafte Nachfolger« verfasst, in der ich auf seine Persönlichkeit, seinen Werdegang und auch darauf eingegangen war, was wir von ihm zu erwarten haben. Die Erkenntnisse und Ergebnisse, zu denen ich damals gelangt war, sind in das vorliegende Buch eingeflossen.

Einen Schwerpunkt habe ich bei meinen Untersuchungen und Überlegungen auf drei Bereiche gelegt, nämlich auf die Wirtschaft, die Innen- und die Außenpolitik. Gerade in der Wirtschaft und in der Außenpolitik zeichnen sich heute schon Ansätze ab, die auf einen beginnenden Transformationsprozess deuten.

Es wird interessant und spannend sein, anhand des Tagesgeschehens die von mir angeführten Fakten und Schlussfolgerungen zu überprüfen.

Herrn Dr. Henning von Löwis of Menar, Prof. Dr. Martin Franzbach, Christoph Scholz und Peter Bernd Schumann danke ich für Anregungen und für Ihre Unterstützung bei der Herausgabe dieses Buches, das meine persönliche Meinung wiedergibt.

Bernd Wulffen, Berlin im August 2008

Einleitung

Zeitenwende in Kuba: Am 24. Februar 2008 hat das kubanische Parlament, die *Asamblea Nacional del Poder Popular*, den jetzt 77-jährigen Raúl Castro Ruz zum neuen Vorsitzenden des Staatsrats und damit zum Oberkommandierenden der Streitkräfte gewählt. Sein älterer Bruder Fidel hatte nur wenige Tage zuvor durch seinen Verzicht auf die Kandidatur den Weg für die Neuwahl frei gemacht.

Damit scheint eine Ära zu Ende zu gehen: Die Ära Fidel Castro. Er hatte über 49 Jahre die Geschicke Kubas gelenkt. Sein Charisma, seine Kraft, sein eiserner Wille, aber auch sein starres Festhalten an Prinzipien hatten ihn zu einem »Übervater« werden lassen, der Kubas Weg bestimmte. Heute müssen wir feststellen, dass das Land und das herrschende System erstarrt sind. Die überwiegende Mehrheit der Kubaner lebt in prekären wirtschaftlichen Verhältnissen und sieht keine Perspektiven für sich und ihre Kinder. Das Volk wünscht sich den Wandel und die Erneuerung.

Raúl Castro heißt der neue Mann, der das Steuer in die Hand bekommen hat. Aber der greise Kapitän bleibt an Bord, er wird weiter dazwischenrufen, einzugreifen versuchen, um sein Lebenswerk nicht in Gefahr zu bringen. Eine brisante Konstellation, die seitens der neuen Equipe, wenn sie wirklich eine Wende einleiten will, viel Geschicklichkeit, Fingerspitzengefühl und Durchsetzungskraft erfordert.

Wird Kuba jetzt einen neuen Kurs einschlagen, wird es sich endlich öffnen, wird es einen kubanischen Deng Xiaoping geben, der dem Land die längst überfälligen Reformen verordnet? Entscheidet sich jetzt die Zukunft Kubas?

Raúl Castro ist ein vorsichtiger Mann. Für ihn ist die Bewahrung der Stabilität ein entscheidendes Element seiner Politik. Auch in China unter Deng Xiaoping war die Erhaltung der Stabilität das vorrangige Ziel. Ihre Garanten sind in Kuba die »alten Män-

JUVENTUD rebelde

MIÉRCOLES 18 JUNIO 2008

«Año 50 de la Revolución»

Año 43 | No. 200 — DIARIO DE LA JUVENTUD CUBANA — SEGUNDA EDICIÓN | 12:30 A.M. | 20 CTS.

Nuevo encuentro de Fidel y Raúl con Chávez

OTRO intenso y productivo encuentro sostuvieron en la mañana de este martes Fidel, Raúl y Chávez, como parte de la visita de trabajo que realizó a nuestro país el Presidente de la República Bolivariana de Venezuela.

Durante hora y media los tres líderes intercambiaron sobre diversos temas, en especial sobre el impacto de la crisis de los precios de los alimentos y la manera en que nuestros países deben enfrentarla. Valoraron el tema como un asunto estratégico y un problema de seguridad nacional. Coincidieron en que la batalla fundamental es aumentar la producción agrícola e identificaron como una vía para su logro el impulso de proyectos conjuntos en esta área.

Se refirieron a la difícil situación climática que está enfrentando el estado norteamericano de Iowa, importante productor de maíz, soya y trigo, lo cual agravará la crisis de los alimentos.

Señalaron de manera particular los altos precios de la leche en el mercado internacional y la necesidad de incrementar su producción tanto en Cuba como en Venezuela. Se recordó el potencial genético en el ganado vacuno que Cuba tenía y las posibilidades de colaboración conjunta.

Los principales dirigentes de Venezuela y Cuba ratificaron la intención de continuar impulsando el proyecto de desarrollo petroquímico en Cienfuegos, que ya tiene sus primeros resultados significativos.

Otros temas abordados durante el encuentro fueron el irracional desarrollo armamentístico de Estados Unidos, las próximas elecciones en ese país, la marcha de PetroCaribe y los acuerdos del ALBA.

Se reafirmó la necesidad de redoblar el impulso de los esfuerzos integradores ante la profundización de la crisis internacional.

Al finalizar el encuentro, el Presidente Hugo Chávez pidió transmitir un saludo al Presidente uruguayo Tabaré Vázquez, quien realiza desde ayer una visita oficial a nuestro país.

Fidel, Raúl y Chávez destacaron la solidez de las relaciones entre nuestros países y la firmeza de nuestros pueblos en defensa de su soberanía.

En horas de la tarde, el Presidente de los Consejos de Estado y de Ministros, General de Ejército Raúl Castro Ruz, despidió en el Aeropuerto Internacional José Martí al mandatario venezolano. También acudió a la terminal aérea el compañero Carlos Lage, vicepresidente del Consejo de Estado.

Titelblatt der Tageszeitung des kommunistischen Jugendverbandes Kubas vom 18. Juni 2008: Die Protokollberichterstattung über das Treffen der Brüder Castro mit Venezuelas Staatschef Hugo Chavez füllt die gesamte erste Seite.

ner« in der Partei, und so überrascht es nicht, dass mit Machado Ventura ein Mann der ersten Stunde und Kämpfer aus der Sierra Maestra zum ersten Stellvertreter des neuen Vorsitzenden des Staats- und des Ministerrats bestimmt wurde.

Das neue Staatsoberhaupt, dem Charisma fehlt, wird sich nur behaupten können, wenn es die Partei und – weiterhin – das Militär hinter sich hat. Es fällt auf, dass auch in den Führungsrängen der Partei die Streitkräfte stärker vertreten sind als bisher. Raúl Castro wird nicht umhinkönnen, selbst den Vorsitz der Partei zu übernehmen. Er braucht ihn, um eine breite Machtbasis zu besitzen, die es ihm erlaubt, seine Pläne zu verwirklichen. Es war daher ein kluger und mutiger Schachzug, für die zweite Hälfte des Jahres 2009 einen Parteikongress einzuberufen, der ihn mit großer Sicherheit zum Nachfolger seines bisher immer noch als Parteichef amtierenden Bruders Fidel wählen wird.

Seit 1997 hat es keinen Parteikongress mehr gegeben. Der nächste wäre 2002 fällig gewesen. Aber Fidel Castro wollte ihn nicht und schob seine Einberufung vor sich her. Er fürchtete, Kräfte freizusetzen, die der Revolution gefährlich werden könnten; dass ein Schneeballeffekt, durch kritische Äußerungen hervorgerufen, eintreten und unkalkulierbare Folgen haben könnte. Die unsichtbare Opposition in Partei und Streitkräften, die radikale Veränderungen anstrebt, ist stärker geworden.

Raúl Castro hat in seiner Antrittsrede am 24. Februar 2008 eine Reihe von Veränderungen angekündigt, von denen er einige bereits nach wenigen Wochen auf den Weg brachte. Es sind bisher nur kleine Schritte, die keinen Bruch mit dem System bedeuten. Aber zahlreiche Beobachter glauben sie in der Weise deuten zu können, dass nun eine neue Ära in Kuba begonnen habe. Kuba stehe vor weitreichenden und tiefgreifenden Reformen und einem Paradigmenwechsel. Ob die neue Führung dies wolle oder nicht, eine neue Dynamik werde die alten erstarrten Strukturen mit sich reißen und zum Einsturz bringen.

Es fehlt aber nicht an Stimmen, die zur Vorsicht mahnen. Sie neigen eher dazu, dass Raúl Castro und die neue Führungsmannschaft die Stabilität bevorzugen und das Bestehende fortsetzen werden. Vielleicht würden sie ihm einige neue Nuancen hinzufügen, aber von einer neuen Ära könne keine Rede sein. Sie verweisen auch darauf, dass Fidel Castro trotz des Wechsels in der Staatsführung und trotz seiner Krankheit weiterhin keine Gelegenheit auslässt, um bestimmte Vorgänge im In- und Ausland zu kommentieren.

Fidel Castro bleibe die Bezugsperson, die »moralische Instanz«. Er bedürfe keines Amtes, um Macht auszuüben. Zu Beginn der Herrschaft der Revolutionäre in Kuba, im Jahre 1959, hätte er ebenfalls kein Staatsamt innegehabt, aber er sei der Machthaber gewesen, nach dem sich alles gerichtet habe. Sein Charisma, sein legendärer Ruhm brauchten keine Einkleidung in Ämter und Ehren. Sein Verzicht auf die Führungsämter dürfe nicht überbewertet werden. Der mächtige Schatten des *Comandante* werde den neuen Amtsträgern nur begrenzten Spielraum lassen. Die Revolution werde unantastbar bleiben.

Nicht zufällig unterstrich Raúl Castro in seiner Antrittsrede mehrfach die Autorität seines Bruders Fidel, den er als Führer der Revolution auch weiter in wichtigen Fragen konsultieren werde.

Dagegen steht die Vermutung anderer Beobachter, Fidel Castro sei entmachtet worden. Spätestens seit dem 24. Februar 2008 sei in Kuba ein »Epochenbruch« eingetreten, bei dem Raúl Castro, unterstützt von einem Kollektiv »alter Männer«, die Macht übernommen habe. Fidel Castro sei nur noch eine »Symbolfigur«, welche in der Übergangszeit die Kontinuität verkörpere.

Wer letztlich Recht hat, ist angesichts der Undurchdringlichkeit des »Zuckerrohrvorhangs«, der die Machtpyramide in Kuba umgibt, schwer zu entscheiden. Es gibt eine Reihe von Beispielen in der jüngeren Geschichte, bei denen ein charismatischer Führer, der über viele Jahre die Geschicke seines Volkes bestimmt hatte, seine Ämter verlor und aus der Macht gedrängt wurde. Denken wir nur an Sukarno 1966 oder an Bourgiba 1987. Auch Fidel Castro ist in den Hintergrund getreten, er hat nicht mehr den ständigen Kontakt mit den Leitungsgremien, der Partei und dem Volk und sitzt nicht mehr in der Schaltzentrale der Macht.

Aber Fidel Castro bleibt im Gegensatz zu den genannten Beispielen immer noch die Bezugsperson, die Referenzgröße der kubanischen Politik, die sich in zahlreichen schriftlichen Kommentaren, den *reflexiones*, zu Wort meldet und Beachtung findet.

Wie wird die Zukunft Kubas aussehen? Stehen wir vor einer Wende oder geht alles nach manchen nur äußerlich wirkenden Veränderungen letztlich doch so weiter wie bisher?

Die Antwort auf diese Frage, wie immer sie lauten mag, hat schwerwiegende Folgen. Zunächst einmal für die Kubaner selbst, ob sie auf der Insel oder draußen, im Exil, leben. Für viele von ihnen ist der Wechsel in Havanna mit Hoffnungen verbunden: Die Hoffnung auf ein besseres Leben, auf das Ende der schon viel zu lange dauernden Misere. Die Hoffnung auf mehr Freiheit, auch auf die Möglichkeit, endlich eine ersehnte Reise ins Ausland unternehmen zu können.

Einige der im Exil lebenden Kubaner würden gern auf die Insel zurückkehren, in ihre Heimat, *a su tierra*. Sie wollen sie wieder in Besitz nehmen, wieder in ihre Häuser zurückkehren, die sie als Folge ihrer Flucht von der Insel verloren haben. Andere Exilkubaner denken zwar nicht an eine Rückkehr nach Kuba, aber sie hoffen, dass es mit ihrem Land endlich aufwärts geht, dass es gelingt, die verlorenen Jahre aufzuholen. Sie möchten eine starke und dauerhafte Demokratie in ihrem Land verankert wissen.

Aber auch das Ausland beobachtet Kuba mit gespannter Aufmerksamkeit. Eine neue Ära in Havanna könnte spürbare Folgen für Lateinamerika, ja für die gesamte Dritte Welt haben. Käme es zu einer Verständigung mit den USA, könnte dies erheblich zu einer Änderung in den Beziehungen der Supermacht zum lateinamerikanischen Subkontinent beitragen. Darüber hinaus könnte sie auch eine Entspannung in den Beziehungen der USA zu anderen Ländern der Dritten Welt erleichtern und sich an ganz anderen Stellen des Globus als nützlich erweisen.

Es scheint, als sei mit einigen Maßnahmen, die Raúl Castro nach seinem Amtsantritt in Angriff genommen hat, in Kuba einiges in Fluss gekommen. Endlich können sich die Menschen Gegenstände kaufen, von denen sie bisher nur geträumt haben: einen Computer, ein Handy oder ein Motorrad. Sie dürfen endlich auch in die Luxushotels gehen, die sie bisher nur von außen bestaunt, aber nie von innen gesehen haben. Plötzlich steht auch Land, das der Staat weitgehend in Besitz hatte, mehr privaten Bauern zur Bewirtschaftung zur Verfügung.

In verschiedenen Gremien, sogar in der kubanischen Presse, haben Diskussionen begonnen, ein unglaublicher Vorgang. Systemkritik stand bisher unter Strafe. Schriftsteller, Studenten, Politiker melden sich zu Wort, stellen kritische Fragen, verlangen Änderungen, ein besseres Leben.

Werden die jetzt eingeleiteten Veränderungen, die allenthalben begrüßt werden, nachhaltig sein? Werden sie einen dynamischen Prozess in Gang setzen, so wie er nach dem Fall der Mauer in Ber-

Erste Maßnahmen der Regierung, die zu sichtbaren Veränderungen führen: Neben der Restaurierung alter Gebäude werden in der Altstadt von Havanna zunehmend Lücken mit Neubauten geschlossen (oben); an zentralen Orten der Stadt stehen Telefoncontainer, die Verbindungen ins Ausland ermögli-
chen (unten).

lin nach dem November 1989 losbrach und nicht mehr aufzuhalten war? Für den ganzen Ostblock begann damals eine neue Ära, ein Aufbruch in die Demokratie, verbunden allerdings mit wirtschaftlichen Umbrüchen und persönlichen Belastungen.

Sind Raúl Castro und die ihn umgebenden Persönlichkeiten die Leute, die diese Dynamik auslösen könnten, die ähnlich Dubcek, Deng Xiaoping oder Gorbatschow einen Reformprozess beginnen könnten, der Kuba in eine neue, ungeahnte Zukunft führt? Werden sie es wagen, solange Fidel Castro noch lebt, deutliche Weichenstellungen in Wirtschaft und Politik vorzunehmen?

Sehr viel hängt von der Beantwortung dieser Fragen ab. Es sind Schicksalsfragen eines Volkes, das sich wie viele andere Völker nach Veränderungen und nach neuen Perspektiven sehnt, die eine bessere Lebensqualität bedeuten. Aus meinen Erfahrungen auf der Insel als deutscher Botschafter, meiner Begegnungen mit Kubanern und Persönlichkeiten in der Führung, sowie meinen anhaltenden Kontakten, möchte ich versuchen, Erklärungsansätze zu liefern.

Im Vordergrund meiner Betrachtungen steht der neue Staatschef Raúl Castro, der vielen, auch Kubanern, Rätsel aufgibt. Hat er zwei Gesichter oder hat er es verstanden, im Schatten seines mächtigen Bruders Fidel sein wahres Gesicht zu verbergen?

Raúl Castro bin ich mehrfach begegnet, doch es ist nie zu einem persönlichen Gepräch gekommen, wie mehrfach mit Fidel. Meine wiederholten Bitten um einen Gesprächstermin hat Raúl unbeantwortet gelassen. Bis heute gibt es keine Biographie, die Leben, Denken und Absichten von Raúl Castro entschlüsseln helfen könnte.

Der erste Teil des Buches besteht daher aus der Biografie Raúl Castros, wobei auch das Verhältnis der Brüder Castro zueinander beleuchtet wird. Im zweiten Teil wende ich mich der Wirtschaft zu, dem Sektor, der bisher den Schwerpunkt der Reformbemühungen bildet. Entscheidend wird aber sein, ob die politischen Strukturen aufgebrochen und verändert werden. Werden sich Meinungsfreiheit und Pluralismus durchsetzen können? Dies ist der Schwerpunkt des dritten Teils. Schließlich wird im letzten Teil die Außenpolitik analysiert. Hierbei steht das komplexe Beziehungsgeflecht zu den USA im Mittelpunkt. Auf diesem Feld sind Prognosen besonders schwierig, weil sie ganz wesentlich von der künftigen US-Administration abhängen, die erst bei den Wahlen im November 2008 neu bestimmt wird.

TEIL I: Der langwierige Aufstieg des Raúl Castro

Raúl, der Undurchsichtige, der Rätselhafte

Wer sich mit der nur schwer zugänglichen Persönlichkeit von Raúl Castro beschäftigt, kann feststellen, dass er nur selten aus dem Schatten seines älteren Bruders Fidel hervorgetreten ist. Seine politische Biografie scheint weitgehend mit der von Fidel identisch. Dies ist wohl mit ein Grund, weswegen es noch keine eigene Biografie Raúl Castros gibt. Auch das 2005 erschienene, in Teilen sehr aufschlussreiche Buch des ehemaligen Kuba-Referenten der CIA, Brian Latell, ist entgegen der erklärten Intention keine Biografie von Raúl, sondern eine neue und andere Art Biografie von Fidel Castro.

In der 2006 erschienenen Interview-Biografie von Ignacio Ramonet mit dem kubanischen Staatschef hätte man Passagen zu Raúl vermuten können. Aber Fidel erwähnt seinen Bruder Raúl nur am Rande.

»Raúl el terrible« (Raúl der Schreckliche), wie er gelegentlich in Oppositionskreisen genannt wird, steht ein »zweiter« Raúl gegenüber, der durchaus auch menschliche, pragmatische und sentimentale Züge trägt. Die Revolution hat ihn verändert und aus ihm einen eisernen Kämpfer gemacht, einen Kämpfer für die Bewahrung der Revolution, die Macht und die Unabhängigkeit Kubas.

Die verschiedenen Gesichter, mit denen er auftritt, lassen ihn rätselhaft erscheinen. Einige von denen, die ihn kennen, schildern ihn als freundlichen, verbindlichen und charmanten Gesprächspartner, allerdings mit wenig persönlicher Ausstrahlung. Er sei und verhalte sich immer noch wie der kleinere Bruder, der nicht aus dem Schatten des Älteren heraustrete. Andere halten ihn für doppelgesichtig, hinterhältig, intrigant und hochgefährlich. Sie berichten auch von schweren Auseinandersetzungen zwischen den Brüdern.

Die absolute Loyalität von Raúl gegenüber seinem älteren Bruder Fidel steht dennoch außer Frage. Sie ist ein tragender Pfeiler des kubanischen Systems. Trotzdem hat Raúl bei aller Loyalität und seinem Festhalten an den Strukturen von Partei und Armee neue Wege beschritten. Während Mitte der achtziger Jahre eine Zentralisierung einsetzte, hat er auf den Sektoren, für die er die Verantwortung trug, gegen den Trend gehandelt. Er hat zunächst der Armee zahlreiche Betätigungsfelder geöffnet, die traditionell nicht von Streitkräften wahrgenommen werden, nämlich den Tourismus und die Landwirtschaft. Damit hat er die Einnahmen der Streitkräfte steigern, aber auch ihr technisches und logistisches Know-how erheblich verbessern können.

Während der viereinhalb Jahre meiner Tätigkeit in Kuba habe ich es mindestens fünfmal versucht, bei Raúl Castro einen Termin zu bekommen. Auf meiner Wunschliste für Antrittsbesuche stand er ganz oben. Meine Bemühungen waren vergebens. Raúl wollte offenbar keinen unmittelbaren Kontakt zu ausländischen Diplomaten. Es gab zu meiner Zeit lediglich eine Ausnahme. Im Oktober 2004 hielt sich die Familie Cervera in Kuba auf, die Abkömmlinge jenes berühmten spanischen Admirals, der 1898 gegen seinen Willen, aber auf Befehl von oben, die sich der kubanischen Küste nähernde US-Flottille bei Santiago angriff und diesen Kampf und alle seine Schiffe verlor. Raúl empfing Angehörige der Familie Cervera im *Morro* von Santiago, jener Festungsanlage aus dem 16. Jahrhundert, die zu einem der Wahrzeichen der Stadt geworden ist. Bei dieser Gelegenheit hat Raúl auch mit dem spanischen Botschafter ein kurzes Gespräch geführt. Diese Begebenheit offenbart wieder einmal die engen Bande, welche zwischen Spanien und Kuba bestehen.

War sie vielleicht auch Vorbote für die nun folgende Aktion und einer erneuten Demonstration der Unabhängigkeit der Insel?

Einen seiner größten Auftritte der letzten Jahre hatte Raúl im Dezember 2004, als er die militärische Großübung *Bastion 04* leitete. Mit einem gigantischen Aufmarsch regulärer Truppen und Milizen sollte der Welt, vor allem aber den USA, vor Augen geführt werden, dass Kuba bereit ist, jedem Angreifer zu widerstehen. Der Verteidigungsminister unterstrich damit seine Doktrin des Kriegs des ganzen Volkes *(Guerra de todo el pueblo)* und die Fähigkeit, innerhalb weniger Stunden die Massen zu mobilisieren, die einem potentiellen Angreifer die Lust auf einen Überfall auf Kuba nehmen könnten, da er sich nicht nur der regulären Armee, sondern der bewaffneten Bevölkerung gegenüber sehen würde.

Weit über eine Million Menschen wurden mobilisiert. Raúl stand über eine Woche im Rampenlicht.

Die Zeit nach dem Unfall in Santa Clara im Herbst 2004, bei dem Fidel beim Hinuntersteigen von einer Tribüne stürzte und komplizierte Brüche am Knie, an der Schulter und am Arm erlitt, waren eine Art Vorübung für Raúl. Schon damals führte er für einige Zeit die Amtsgeschäfte, so wie es die Verfassung (Artikel 94) für den Fall der Verhinderung des Vorsitzenden des Staatsrats vorsieht.

Wird Raúl in der Lage sein, die Staatsgeschäfte über einen längeren Zeitraum zu führen? Dies ist eine Frage, die häufig gestellt wird. Sein mangelndes Charisma, seine Neigung, zu schweigen und sich zurückzuziehen, vielleicht auch Gesundheitsprobleme, von denen immer wieder die Rede ist, sprechen dagegen. Sie geben den Gerüchten, Raúl sei krank und womöglich alkoholabhängig, immer wieder neue Nahrung. Für ihn sprechen allerdings seine eiserne Disziplin, sein Organisationstalent, seine Beharrlichkeit und seine Verwurzelung in den Streitkräften, die ihm stets treu ergeben waren.

Eine entscheidende Rolle wird sein Alter spielen. Er ist jetzt 77 Jahre alt, eine Tatsache, die eher für eine begrenzte Machtausübung spricht.

Wer ist Raúl, über den sich manche lustig machen, weil er nicht reden könne und wie ein Gnom neben seinem athletischen Bruder wirke? Viele, die ihn kennen, schildern ihn als unbeugsamen, introvertierten Dogmatiker, dem allerdings Systematik in der Arbeit zu bescheinigen ist. Ist ihm ein allmählicher Kurswechsel und ein Wandel in seinem Land zuzutrauen oder wird Kuba letztlich doch weiter in der Starre verharren, die ihm der greise Fidel verordnet hat?

Eine Reihe von Rückschlüssen dürfte sich aus der Biografie des neuen »Steuermannes« ergeben.

Kindheit und Jugend

Raúl Modesto Castro Ruz, am 3. Juni 1931 in dem Dorf Birán im Osten Kubas geboren, wuchs in einer wohlhabenden Familie auf. Er stand schon in seiner Jugend ganz unter dem Einfluss seines fünf Jahre älteren Bruders Fidel, den er stets bewunderte und den er einmal als »Vater« bezeichnete. Es wird behauptet, Raúl sei eigentlich nur Halbbruder von Fidel. Sein leiblicher Vater sei ein Kubaner gewesen, dem man den Kosenamen *el chino* (Der Chinese) gab und der als Landgendarm in Birán fungierte. Auffallend ist die geringe Ähnlichkeit von Raúl mit seinen älteren Brüdern Ramón und Fidel, deren Gesicht, Statur und Habitus gelegentlich zu Verwechslungen Anlass geben. Auch ist Raúl erheblich kleiner als die beiden anderen Brüder. Seine Gesichtszüge trugen ihm schon als Kind den Beinamen *chinito*, kleiner Chinese, ein.

Es muss aber angezweifelt werden, ob diese Gerüchte über die Abstammung des neuen kubanischen Präsidenten stimmen. Belege dafür gibt es nicht.

Die Verhältnisse in Birán, in der Provinz Holguín, im Osten Kubas, haben Raúl ebenso geprägt wie seine Geschwister. In dem kleinen Ort am Fuß eines Gebirgszuges war sein Vater Ángel Castro, der aus dem nordwestspanischen Galicien stammte, tonangebend. Er war 1895 als Soldat nach Kuba gekommen, um gegen die Aufständischen, die *Mambises*, zu kämpfen, welche die Unabhängigkeit Kubas von Spanien erzwingen wollten. Bei Ende des Krieges 1898 und nach der Loslösung Kubas von Spanien kehrte Ángel Castro wieder nach Galicien zurück.

Wenn man von Holguín aus etwa 50 Kilometer nach Südosten fährt, erreicht man auf der Straße das von einer malerischen Landschaft umgebene Städtchen Cueto. Dahinter öffnet sich ein breites Tal, das vor allem gen Osten von Höhenzügen begrenzt wird, die fast tausend Meter hoch werden. Etwa fünf Kilometer südlich von Cueto stößt man auf die Zuckermühle von Loynaz, drei oder vier Kilometer dahinter biegt eine Erdstraße in östlicher Richtung nach Birán ab. Heute steht an der Weggabelung eine große Tafel, die auf die Revolution und auf die Wiege ihrer siegreichen Führer hinweist. Früher gab es keinerlei Hinweis. Es war schwer, Birán zu finden.

Offenbar war der Vater Ángel Castro von der landschaftlichen Schönheit und dem Reichtum Kubas so beeindruckt, dass er seine karge Heimat endgültig verließ und 1899 nach Kuba auswanderte. Er war ein sparsamer Mann, der jeden Peso, den er nicht unbedingt zum Leben brauchte, zurücklegte. Als Arbeiter und später als Angestellter in einer US-Firma diente er sich hoch und begann Arbeiter für dieses Unternehmen, die United Fruit, zu verdingen. Damit verdiente er genug Geld, um Ackerland zu kaufen und wurde ein wohlhabender Mann. Er dürfte über 10 000 Hektar vor allem mit Zuckerrohr bestellter Felder verfügt haben.[1] Darüber hinaus betätigte er sich auch als Unternehmer.

Da das Anwesen der Castros an der wichtigen und von Händlern und anderen Reisenden viel benutzten Verbindungsstraße von der Großstadt Holguín nach Santiago, dem Hauptort des Ostens, lag, baute Ángel Castro ein Hotel, eine Telegrafenstation und errichtete eine Reihe von Läden, in denen sich die Reisenden versorgen konnten.

Das Haus der Castros war ein sehr ansehnliches, einstöckiges Gutshaus, das nach einem Brand wieder aufgebaut wurde. Nur wenige Meter von ihm entfernt lag die kleine Schule, die die Geschwister Castro jahrelang besuchten. Auf dem Anwesen gab es eine Hahnenkampfarena, die auch zu anderen sportlichen Veranstaltungen, wie zum Beispiel Boxkämpfen, benutzt wurde.

Vater Castro war ein Patriarch. Er war mit der Lehrerin María Luisa Argota verheiratet. Aus der Ehe sind mehrere Kinder hervorgegangen, von denen Lidia und Pedro Emilio das Erwachsenenalter erreichten. Ángel Castro fand bald Gefallen an seiner Hausangestellten Lina Ruz González, die mit ihrer Energie und ihrer Kessheit von den meist unterwürfigen Hausangestellten abstach. Sie beeindruckte Ángel Castro durch ihr Organisationstalent, ihre Geschäftstüchtigkeit und ihre Fähigkeit, das Finanzwesen zu überwachen und den Hof zu verwalten.[2]

Fidel Castro schildert sie gegenüber Frei Betto als eine fromme Frau.[3] Die Heiligenbilder an der Wand des Wohnzimmers in Birán erinnern daran. Lina hat drei Söhne, Ramón, Fidel und Raúl, und vier Töchter, Ángela, Juanita, Emma und Agustina, geboren. Die energische Lina hat viele Jahre darum gekämpft, dass Ángel diese Kinder als die Seinen und als ehelich anerkannte.

Doch Ángel Castro schob die Frage der Anerkennung der Kinder aus seiner Beziehung zu Lina jahrelang hinaus. Darauf und auf die Schwierigkeiten des Zusammenlebens mit seiner ersten Frau und Lina dürfte es zurückzuführen sein, dass mehrere von Linas Kindern die Schule in Santiago besuchten und bei einer bekannten Familie untergebracht wurden. Erst 1943 hat Ángel Castro seine und Linas Kinder anerkannt.[4] Fidel war zu diesem Zeitpunkt bereits siebzehn und Raúl zwölf Jahre alt.

Wie in jener Zeit üblich, waren Grundbesitzer wie Ángel Castro die absoluten Herren über ihre Arbeiter und Tagelöhner. Während der Zuckerrohrernte standen oft Hunderte von Arbeitern bei Ángel Castro im Dienst. Fast alle von ihnen waren Analphabeten. Fidel Castro schildert in seinem Dialog mit Ramonet, wie diese Menschen lebten und wie er dem einen oder anderen geholfen hat, Zeitungen zu lesen oder Briefe aufzusetzen.[5]

Viele von diesen Leuten lebten wie Sklaven. Einige waren aus dem benachbarten Haiti gekommen, wo es keine Arbeit für sie gab. In Kuba hingegen, mit seinen riesigen Zuckerrohrplantagen, konnten sie sich oft verdingen. Fidel und Raúl Castro kannten die Nöte und die Probleme dieser und anderer Arbeiter. Sie wurden Zeugen von Auseinandersetzungen unter ihnen, die oft durch den Genuss von Alkohol ausgelöst wurden. Streit wurde immer wieder mit Stöcken oder sogar mit der scharfen Machete ausgetragen und erledigt. Der *patrón* war der Richter, der als Feudalherr handelte und, wenn er es für richtig hielt, auch mit Härte vorging. Sensibilität und Freundlichkeit waren nicht gefragt. Es herrschte ein rauer Umgangston.[6]

Dies mag das Aufbegehren der Söhne erklären, die allesamt den Gesichtspunkt sozialer Teilhabe der Bevölkerung und Fürsorge zu einem Eckpfeiler ihres politischen Denkens machten. Während der älteste Bruder Ramón, auch *mongo* genannt, politischen Aktivitäten weitgehend fernblieb und sich der Landwirtschaft annahm – er gilt heute in Kuba als einer der besten Sachkenner des Anbaus von Zuckerrohr und seiner Verarbeitung – begannen sich seine Brüder Fidel und Raúl früh politisch zu betätigen.

Nicht ohne Einfluss dürfte auch die Nachbarschaft des nordamerikanischen Großgrundbesitzes gewesen sein, der die Ländereien der Castros umschloss. Die Nordamerikaner behandelten die Kubaner oft herablassend und als Menschen zweiter Klasse, die sie nicht ernst nahmen. Dies dürfte zu einer reservierten und manchmal sogar feindlichen Haltung der einheimischen Bevölkerung gegenüber den sich wenig sensibel verhaltenden Nachbarn geführt haben.

Raúl, der jüngste der Castro-Brüder, galt zu Hause in Birán als ein »zärtliches und liebevolles Kind«[7]. Sie nannten ihn *pulguita*, den kleinen Floh. Er war der Liebling seiner Mutter. Fidel schildert ihn als ein wenig »verwöhnt«, so dass er ihn gelegentlich habe zurechtweisen müssen. Er war unsicher und schüchtern. Fidel übernahm seine Erziehung. »Gebt mir die Verantwortung (für ihn), ich kümmere mich um ihn.« Danach hat er ihm Bücher ge-

Die drei Castro-Brüder: Fidel, Raúl und Ramon (von links) Ende der 1930er Jahre in den Schuluniformen des Jesuitenkollegs »Dolores« in Santiago de Cuba.

geben und in ihm das Interesse am Studium geweckt.[8] So war es kaum verwunderlich, dass er Fidel zunächst in das Internat La Salle (Salesianer) in Santiago folgte und später in die Jesuitenschule Belén in Havanna, die der ältere Bruder gerade abgeschlossen hatte.

Besonders die Zeit in Santiago, in der die Brüder Castro in den ersten Jahren privat bei einer bekannten Familie untergebracht waren, muss sehr entbehrungsreich gewesen sein. Fidel schildert im Gespräch mit Ramonet, dass er oft Hunger hatte und sich freute, wenn ihm Dritte etwas zu essen gaben.[9]

Nach dem Zeugnis seiner Lehrer war Raúl »apathisch und wenig an der Schule interessiert«[10]. Er sei ein schlechter Schüler gewesen und habe auch keine Führungsqualitäten gezeigt. Raúl verließ die Schule in Havanna nicht lange nach seinem Eintritt wieder und kehrte für mehrere Jahre in sein Elternhaus im Osten Kubas zurück. Er soll auf eine Militärschule in Santiago gegangen sein. Von dort war es ihm häufig möglich, nach Hause zu fahren und in der Landwirtschaft auszuhelfen. Etwa 1949 holte ihn Fidel erneut nach Havanna.

Dieser betrachtete das Leben seines jüngeren Bruders in Birán als Zeitverschwendung. Er schlug daher seinen Eltern vor, Raúl in Havanna studieren zu lassen. Es gab eine Möglichkeit, auch ohne Schulabschluss Verwaltungswissenschaften zu studieren. Wer sich in diesem Fach einschrieb, konnte später sogar geisteswissenschaftliche Studiengänge belegen. Von dieser Möglichkeit machte Raúl Gebrauch und studierte einige Semester an der Universität. 1949 begann er mit dem Studium. Kommilitonen schildern ihn als ruhig und freundlich, aber oft in sich gekehrt und wenig gesprächig. Eine Studentin, die ihn einmal ins Kino begleitete, schildert ihn als »unscheinbar«.

Student in Havanna

Als Raúl seinem Bruder nach Havanna folgte, hatte gerade Carlos Prío Socarrás die Präsidentschaft inne. Der Führer des *Partido Revolucionario Cubano (Auténtico)* sah durchaus die Notwendigkeit, durch Reformen die Landwirtschaft neu zu strukturieren und die einseitige wirtschaftliche Abhängigkeit von den USA zu lockern. Auf dem Lande herrschten infolge des weit verbreiteten und mächtigen Großgrundbesitzes noch weitgehend feudale Strukturen. Etwa 70 Prozent des Agrarlandes waren im Besitz von mächtigen US-Firmen, wie zum Beispiel der United Fruit.

Aber die schüchternen Reformansätze von Prío Socarrás blieben stecken. Sie scheiterten an der Macht der durch die Bonanza der Nachkriegsjahre – der Zuckerpreis war erheblich gestiegen – erstarkten »Zuckerbarone«. Misswirtschaft, Korruption und die Herrschaft von Gangstern schwächten die Regierung. Die Mafiabosse in den USA hatten in Havanna eine ihrer größten Filialen eingerichtet. Im Dezember 1946 versammelten sich Leute wie Lucky Luciano, Frank Costello und Santo Traficante zu einem großen Fest im vornehmen Hotel *Nacional* am Malecón, der Uferpromenade von Havanna, das sie eigens für sich hatten schließen lassen.

Die stärkste oppositionelle Kraft war der *Partido del Pueblo Cubano (Ortodóxo)*, den Eduardo Chibás 1947 gegründet hatte. Die Partei kämpfte gegen die Korruption und gegen die Plünderung der öffentlichen Kassen durch die Regierenden und die sie stützenden Cliquen. Sie wurde von Leuten getragen, die sich den »Dieben« in der Regierung entgegenstellten. Dabei hatte die Partei durchaus antikommunistische Züge.[11]

Die Regierung unterstützte Gangsterbanden, die vor allem den Kampf gegen »linke« Kräfte aufgenommen hatten. Kommunisten, welche weitgehend die Gewerkschaften lenkten, wurden aus ihren Funktionen verdrängt. Die kommunistische Partei, die sich *Partido Socialista Popular (PSP)* nannte, zählte in dieser Zeit etwa 55 000 Mitglieder und etwas über 150 000 Anhänger.[12] Sie war im Jahre 1925 von zwei radikalen Denkern, Julio Antonio Mella und Carlos Baliño, gegründet worden, die sich ihrerseits an Lenin und der Oktoberrevolution orientierten.

Vor allem Mella, der 1929 mit fünfundzwanzig Jahren im mexikanischen Exil einem Mordanschlag zum Opfer gefallen war, galt als brillanter Kopf. Er wird heute noch in Kuba auf eine Stufe mit Che Guevara und Camillo Cienfuegos gestellt. Mella gründete 1923 die *Federación Estudiantil Universitaria (FEU)* und zwei Jahre später die Kommunistische Partei Kubas.

Die ausgehenden zwanziger Jahre mit der Weltwirtschaftskrise hatten auch erhebliche negative Auswirkungen auf Kuba. Es war die Zeit der Diktatur von Machado, eine Zeit der Krisen und des Hungers. 1933 ergriffen Unteroffiziere, geführt von Batista, in einem Staatsstreich die Macht. Fidel Castro hat dies als eine »eigentlich revolutionäre Aktion« angesehen.[13] Sie fand Unterstützung bei der studentischen Jugend und bei anderen revolutionären Kräften.

Der PSP unterstützte 1940 bis 1944 die erste aus demokratischen Wahlen hervorgegangene Regierung unter Fulgencio Batista und stellte mehrere Minister in seinem Kabinett. Die Partei war auf Geheiß Moskaus einer Regierung beigetreten, die sich als »antifaschistische Front« betrachtete.[14] Ihre prominentesten Führer waren Blas Roca (eigentlich Francisco Calderío) und Carlos Rafael Rodríguez. Der Kreml hatte es in der Zeit des Zweiten Weltkriegs für richtig befunden, in Kuba eine Regierung zu unterstützen, welche sich eng an die verbündeten USA anlehnte.

Auf die erste Regierung Batista folgten die aus demokratischen Wahlen hervorgegangenen Regierungen von Grau San Martín und Prío Socarrás. Für das Frühjahr 1952 waren erneut allgemeine Wahlen in Kuba angesetzt, denen Fulgencio Batista durch einen Staatsstreich, nur wenige Wochen vor den Wahlen, zuvorkam. Kuba wurde fortan diktatorisch regiert. Batista ließ politische Gegner verfolgen. Opfer wurden auch Kommunisten, die ihn vorher, in seiner ersten Regierung, unterstützt hatten.

Batista orientierte sich ganz an den USA, deren Unterstützung er zu gewinnen suchte. Dort hatte Anfang 1953 Präsident Eisenhower sein Amt angetreten. Sein Außenminister, John Foster Dulles, war ein erklärter Gegner der Kommunisten, die er außenpolitisch zu isolieren suchte. Es war sicherlich kein Zufall, dass Batista nach dem Amtsantritt des neuen Botschafters der USA in Havanna, Gardner, die PSP, die kommunistische Partei, im November 1953 verbieten ließ. Freilich wurde das Verbot lasch gehandhabt. Die beiden von der PSP herausgegebenen Zeitschriften konnten weiterhin ungehindert in Kuba zirkulieren.[15]

Vor allem unter Intellektuellen, meist Studenten, aber auch unter Arbeitern, hatten die Kommunisten immer noch ihre Anhänger. Mit knapp zwanzig Jahren begann Raúl Castro an der Herausgabe einer kommunistischen Studentenzeitschrift *Saeta* mitzuarbeiten. Etwa in dieser Zeit, wohl um 1951, entwickelte Raúl immer stärkere Sympathien für den Kommunismus. Fidel gab ihm Bücher mit den Werken von Marx und Lenin. Auch unterstützte er seine Reise im Frühjahr 1953 nach Wien, um an einer internationalen kommunistischen Jugendkonferenz teilzunehmen (er besuchte danach auch noch Bukarest, Prag und Paris). Dort hat er erstmals Kontakt zu sowjetischen Funktionären aufgenommen, was ihm später, nach dem Sieg der Revolution, zugute kommen sollte.

Interessant ist, dass Raúl hier zum ersten Mal aus dem Schatten seines älteren Bruders heraustrat und einen eigenen Weg ging. Fidel Castro, der Studentenführer, war Anhänger der orthodoxen Partei, der *Partido del Pueblo Cubano*, die wir heute als eine Partei der linken Mitte mit sozialreformerischen Zügen bezeichnen könnten. Sein Lehrmeister war der Parteiführer Eduardo Chibás, der 1951 Selbstmord verübte. Fidel hatte damals sein Studium bereits abgeschlossen und arbeitete als Anwalt.

Während Raúl in Havanna studierte, fand der bereits erwähnte Putsch Batistas statt. Bei den Wahlen, die damit zunichte gemacht wurden, war die orthodoxe Partei der Favorit. Fidel Castro hatte aussichtsreich für ein Abgeordnetenmandat kandidiert.

Der Putsch löste in weiten Kreisen Kubas und auch im Ausland Empörung und Bestürzung aus. Aber in Washington wurde er toleriert und sogar unterstützt. Es gibt Fotos, die Präsident Truman neben Fulgencio Batista zeigen. Der Staatsstreich führte zu dem Beschluss der Brüder Castro, Batista und sein Regime zu bekämpfen. Interessant ist, dass Fidel mit Mirta Diaz Balart eine Frau geheiratet hatte, deren Vater als späterer Staatssekretär im Innenministerium dem Establishment unter Batista angehörte.

Die unterschiedliche politische Affinität der Brüder Castro machte deutlich, dass Raúl sich in seiner politischen Grundrichtung erstmalig anders orientierte als sein Bruder Fidel. Dennoch hielten beide eng zusammen und bereiteten gemeinsam Aktionen gegen das Regime vor, wie zum Beispiel den Versuch, mit bewaffneten Kräften die wichtigen Armeekasernen in Santiago und Bayamo zu überfallen und zu besetzen. Ziel dieser abenteuerlichen Aktion war zum einen, deutlich zu machen, dass es entschlossene revolutionäre Kräfte im Lande gab, zum anderen, das Regime im Innern und nach außen hin zu schwächen. Die Brüder Castro und ihre Anhänger hofften, dass sie damit die meisten in der Opposition stehenden Kräfte, die sehr zersplittert und entschlusslos waren, hinter sich bringen würden. Aber ihr Plan misslang.

Bei dem Überfall auf die Moncada-Kaserne in Santiago am 26. Juli 1953 hat Raúl Castro zunächst nur eine untergeordnete Rolle gespielt. Während sich die eigentliche Aktion gegen die Kaserne richtete, wurde Raúl mit einer Gruppe Rebellen dazu ausersehen, den nahe gelegenen Justizpalast zu besetzen. Fidel Castro hat in seinem Gespräch mit dem spanischen Journalisten Ignacio Ramonet ausführlich die Gründe für das Scheitern des Sturms auf die Kaserne geschildert und vor allem das Halten des Sturmtrupps vor dem Eingang in die Kaserne und das nicht beabsichtigte Einbiegen einer Kolonne mit der anschließenden irrtümlichen Besetzung eines Nebengebäudes hierfür verantwortlich gemacht.[16]

Diese schweren Fehler gaben den in der Kaserne befindlichen Soldaten Zeit, den Gegenangriff zu organisieren und die Rebellen in die Flucht zu schlagen. Die meisten von ihnen kamen dabei ums Leben. Nach der Darstellung von Fidel konnte sich Raúl mit einer kleinen Gruppe von Rebellen retten. Er habe großen Mut und Reaktionsvermögen bewiesen, als er dem Sergeanten, der eine Gruppe Rebellen und ihn im Justizpalast festnehmen wollte, kurz entschlossen den Revolver abgenommen und ihn, wie auch die ihn begleitenden Soldaten, zu Gefangenen gemacht habe.[17]

Das Überleben nach dem Fiasko von Moncada hat Fidel dem Erzbischof von Santiago zu verdanken, der sich für ihn einsetzte.[18] Wahrscheinlich gilt dies auch für den jüngeren Raúl.

Asyl in Mexiko – Bekanntschaft mit Che Guevara

Raúl, der im Gegensatz zu seinem Bruder das Studium in Havanna nicht beendete, wurde zu einer Gefängnisstrafe verurteilt, die er auf der Isla de Pinos (später Isla de la Juventud) absaß. Gemeinsam mit Fidel wurde er 1955 amnestiert und ging noch im Juni 1955 nach Mexiko. Fidel hatte ihm dazu geraten, weil Raúl beschuldigt worden war, Bomben gelegt zu haben und sich daher in Gefahr befand.[19] Er kam noch vor seinem Bruder Fidel in Mexiko an und beteiligte sich später am Aufbau und an der Ausbildung einer Guerilla-Truppe.

Mexiko war es, das jungen kubanischen Revolutionären, die gegen Batista vorgegangen waren, Asyl gewährte. Es war das Land mit der ersten Revolution im 20. Jahrhundert, und diese Revolution hatte ähnliche Wurzeln wie die kubanische. Es war das Aufbegehren gegen vom Ausland beeinflusste Feudalherren, die das Land beherrschten und unter sich aufteilten. Nach dem Triumph seiner Revolution war Mexiko zum Zufluchtsort ausländischer

Intellektueller verschiedener Couleur geworden, aber meist waren es Menschen, deren soziales Gewissen ihnen den Kampf gegen Ungerechtigkeit und Diktatur auferlegt hatte.

Viele Spanier waren gegen Ende ihres Bürgerkriegs nach Mexiko geflüchtet, um sich vor den siegreichen Franco-Leuten in Sicherheit zu bringen. Später waren auch deutsche, italienische und österreichische Intellektuelle vor dem Faschismus in ihren Ländern hierher geflüchtet. Leo Trotzki hatte vergeblich versucht, sich in dem Vorort von Mexico-Stadt, Coyoacán, vor den Schergen Stalins zu retten.

Ein General der ehemaligen spanisch-republikanischen Armee namens Alberto Bayo sollte die Ausbildung der Castro-Truppe übernehmen.

In die Stadt am Popocatepetl hatte sich auch ein junger argentinischer Arzt und Intellektueller, Ernesto Guevara de la Serna, geflüchtet. Ihm drohte nach dem Sturz der demokratisch gewählten Regierung in Guatemala, die er energisch unterstützt hatte, Verfolgung. Guevara hatte bereits dort Exilkubaner kennengelernt, die sich nach ihrer Teilnahme an dem Moncada-Überfall nach Mittelamerika abgesetzt hatten. Zu ihnen gehörten die eng mit den Brüdern Castro verbundenen Ñico López und Calixto García, die ebenfalls zunächst nach Guatemala und später nach Mexiko geflüchtet waren.[20]

Mitte 1955 bestand bereits eine erste Zelle der von Fidel Castro gegründeten *Movimiento 26 de Julio* in Mexiko, die in der Wohnung von Maria Antonieta González gegründet worden war. Hier trafen sich die Mitglieder dieser Bewegung, die oft Gesinnungsgenossen, auch Ausländer, mitbrachten. Für Raúl Castro war die Wohnung von Maria Antonieta die erste Anlaufstelle, nachdem er Mitte Juni 1955 in Mexiko eintraf. Hier lernte er den drei Jahre älteren Argentinier Ernesto Guevara, den *Che*, kennen, der ihm von Ñico López vorgestellt wurde. Die beiden haben sich danach fast täglich getroffen.[21] Eine enge, für die kubanische Revolution sehr bedeutsame Freundschaft begann.

Raúl und Che bemerkten bald, dass sie die gleiche Ideologie einte. Für Che Guevara hatte mit seiner Mitte 1953 begonnenen zweiten Reise durch Lateinamerika eine immer stärkere Hinwendung zum Marxismus begonnen, die mit seinen Erfahrungen in Guatemala um die Jahreswende 1953/54 einen vorläufigen Abschluss fand. Mit ihr verband sich eine leidenschaftliche Ablehnung des US-Imperialismus, der für ihn mit dem Sturz des demokratisch gewählten guatemaltekischen Präsidenten Jacobo Arbenz auf Betreiben der USA einen sichtbaren Ausdruck gefunden hatte.

Der mit Raúl befreundete kubanische Revolutionär Ñico López war ebenfalls Marxist und fühlte sich, ebenso wie Raúl, dem Kommunismus sowjetischer Prägung zugetan. López war nach der Moncada-Aktion zunächst nach Havanna geflüchtet. Es war ihm noch 1953 gelungen, über eine lateinamerikanische Botschaft, die ihm politisches Asyl gewährte, nach Mittelamerika zu gelangen.

In Mexiko traf Raúl auch auf einen kubanischen Bekannten aus der Arbeiterbewegung, Lázaro Peña, einen »alten« Kommunisten, der jahrelang der Gewerkschaft der Tabakarbeiter vorgestanden hatte.[22] Peña war auch sein Kontaktmann zur kommunistischen Partei in Havanna, dem er sein »politisches Testament« anvertraute. Aus diesem Testament ergibt sich nach der Darstellung von Raúl die grundlegende Einstellung der drei führenden Revolutionäre Fidel, Raúl und Che vor der Reise nach Kuba Ende 1956: Ihr Kampf sollte einem kommunistischen Kuba dienen.[23] Dies hat Fidel Castro in seinem Gespräch mit Ignacio Ramonet im Jahre 2005 bestätigt.[24]

So begann sich um Raúl und Che ein dem Kommunismus nahestehender Kreis zu bilden, der auch später noch Bestand haben sollte.[25]

Raúl setzte in Mexiko seine Kontakte mit Sowjets fort, die er gut zwei Jahre zuvor während des kommunistischen Jugendkongresses in Wien geknüpft hatte. Besonders zu Angehörigen der sowjetischen Botschaft in Mexiko unterhielt er enge Beziehungen. Die aufstrebende Metropole, in der die Sowjets eine Reihe von Anhängern hatten und ihre geheimdienstliche Tätigkeit, auch in Anbetracht der relativ großen Nähe zu den USA, stark ausbauten, war einer der Aktionsschwerpunkte Stalins und seiner Nachfolger.

Enge Beziehungen knüpfte er zum Botschaftssekretär Nikolai Leonov, den er noch von Wien kannte, der ihn auf seiner Rückreise mit dem Schiff nach Kuba begleitete[26] und den er in Mexiko wieder getroffen hatte. Der Russe und KGB-Mann kam eines Tages sogar in den Unterschlupf des *Movimiento 26 de Julio*, ohne dies seinen Vorgesetzten vorher anzuzeigen. Er handelte damit

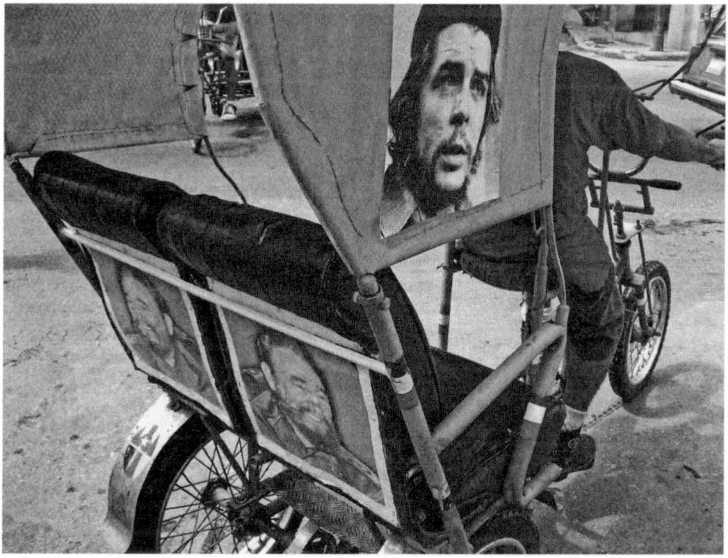

Eine lang anhaltende Freundschaft: Raúl Castro und Ernesto Che Guevara als Guerilleros in der Sierra Maestra 1958 (oben); im Volk lebt der 1967 in Bolivien getötete Che vor allem als Revolutionsikone fort – auf T-Shirts und Fahrradtaxis (unten).

pflichtwidrig.[27] Sein Verhalten war ein Beweis für das Vertrauen, das er Raúl Castro entgegenbrachte.

Angesichts der Übereinstimmung in den ideologischen Positionen von Raúl und Che Guevara lag es nahe, dass auch der Argentinier an den Begegnungen mit Vertretern der sowjetischen Botschaft teilnahm. Umgekehrt war Raúl häufig Gast bei den Guevaras. Che hatte im August 1955 die Peruanerin Hilda Gavea in Mexiko geheiratet, und Raúl sollte sogar Trauzeuge sein. Aber Fidel hielt es aus Sicherheitsgründen für besser, dass er am Tag der Hochzeit im Hintergrund blieb und seine Unterschrift unter das standesamtliche Protokoll nicht leistete.

Wie Recht er damit hatte, stellte sich im folgenden Jahr heraus. Batistas Geheimdienst hatte die jungen Revolutionäre in Mexiko aufgespürt, die mexikanische Regierung informiert und Druck ausgeübt, diese Leute zu verhaften und den kubanischen Behörden zu überstellen. Im Juni 1956 wurden Fidel und fast alle Mitglieder seiner Bewegung in Mexiko verhaftet. Nur Raúl und Bayo konnten sich der Verhaftung entziehen und über Anwälte die Verteidigung und schließlich die Freilassung der Gruppe in die Wege leiten. Als Argentinier war Guevara zwar eine zeitlang unbehelligt geblieben; er konnte sich des Trainingslagers der Rebellen annehmen und versuchte, Waffen in Sicherheit zu bringen. Schließlich wurde das Lager entdeckt und Guevara ebenfalls verhaftet.[28]

Innerer Wandel

In Mexiko durchlief der 24-jährige Raúl einen grundlegenden Wandel. Aus dem freundlichen, schüchternen jungen Mann wurde ein harter Guerilla-Kämpfer, der seinem älteren Bruder, dem Chef, seine Qualitäten als Truppführer unter Beweis stellen wollte. Es wird gesagt, dass Raúl mit unerbittlicher Strenge gegen einen Kameraden vorgegangen sei, der beim harten Training schlapp gemacht und sich geweigert hatte, weiter zu marschieren.

In dem »kriegsgerichtlichen« Verfahren, dem Fidel vorsaß, trat Raúl als »Staatsanwalt« auf. Wollte Fidel ihn auf die Probe stellen und herausfinden, ob er die Revolution bereits verinnerlicht hatte und der heiklen Situation gewachsen war? Raúl soll wie ein wütender Löwe aufgetreten sein. Der Angeklagte habe nicht die notwendige Achtung vor der Revolution und ihrer Ethik gezeigt und seine Uniform befleckt. Raúl forderte für ihn die Todesstrafe.

Seine Handlungsweise in Mexiko zeigt, dass er Fidel und den anderen beweisen wollte, dass er revolutionäre Stärke besaß und als Führer geeignet war. Offenbar waren seine Kameraden erstaunt über die Wandlung Raúls. Sie nahmen ihn fortan ernst. Fidel hat übrigens dem Angeklagten das Leben geschenkt. Er soll später zu einem guten Kämpfer geworden sein.

Die Wandlung Raúls von einem eher blassen Mitläufer zu einem harten Kämpfer erfolgte nicht plötzlich oder im Verlaufe weniger Monate. Sie bereitete sich allmählich vor. Entscheidend war, dass der etwa 17-jährige Raúl mit seinem Eintreffen in Havanna ganz unter den Einfluss seines fünf Jahre älteren Bruders Fidel geraten war, der für ihn die Bezugsperson wurde. Raúl erlebte den Älteren als Agitator, als Aufrührer, als Politiker. Seine Bewunderung für ihn scheint von Tag zu Tag zugenommen zu haben.

Das politische Denken des damals 22-jährigen Fidel Castro war entscheidend durch die Persönlichkeit und das Denken von José Martí geprägt worden. Martí, der heute in Kuba oft als der »Apostel« bezeichnet wird, ist der geistige Vater des Unabhängigkeitskampfes zwischen 1895 und 1898. Martí, der viele Jahre seines Lebens in den USA zubrachte, verfolgte, so Fidel Castro, zwei Ziele: Die Unabhängigkeit Kubas von Spanien und die Verhinderung der Ausbreitung der USA über den lateinamerikanischen Kontinent.[29]

Fidel Castro sah in Martí den Vorläufer der großen revolutionären Denker des beginnenden 20. Jahrhunderts, vor allem auch einen Mann, der sich für die Rechte der unteren Schichten, der Ausgebeuteten und der Armen, einsetzte. Für Fidel war er der Mann mit dem in der zweiten Hälfte des 19. Jahrhunderts fortschrittlichstem Denken: Gegner der Sklaverei, Kämpfer für die Unabhängigkeit und großer Humanist.[30]

Martí sah mit Besorgnis den Expansionismus der USA, die sich 1846 große Teile Mexikos, darunter Texas, einverleibt hatten. Für ihn war dies ein Fanal. Er fürchtete, dass Kuba eines Tages das gleiche Schicksal erleiden könnte, zumal es in Havanna und unter vielen Angehörigen der kubanischen Oberschicht Tendenzen gab, sich nach einer möglichen Unabhängigkeit von Spanien den USA anzuschließen.[31]

Ebenso wandte sich Martí heftig gegen die Grausamkeit, mit der in den USA gegen protestierende Arbeiter vorgegangen wurde. Ähnliche Vorgänge hatten in Kuba stattgefunden. Die spanische Kolonialmacht ging in Kuba mit äußerster Härte gegen Leute vor, die auch nur den Anschein eines Aufbegehrens erzeugten. Die Erschießung von acht Medizinstudenten im November 1871, die in den Verdacht des Aufruhrs geraten waren, beeindruckte ihn besonders. Er gründete im Exil die *Partido Revolucionario Cubano*.

Noch während seines Studiums unternahm Fidel seine erste große Auslandsreise. Ziel war Bogotá und ein vom argentinischen Staatspräsidenten Perón 1948 dort unterstützter Studentenkongress, eine Parallel- und Protestveranstaltung zu einer Tagung der amerikanischen Außenminister, welche unter Führung der USA die Organisation Amerikanischer Staaten gründen wollten. Fidel Castro wurde Zeuge des Mordanschlags auf den fortschrittlichen kolumbianischen Präsidentschaftskandidaten Jorge Eliécer Gaitán. Während der darauf folgenden schweren Unruhen und Ausschreitungen, im sogenannten *Bogotazo*, soll Fidel die Rolle eines Rädelsführers übernommen haben.

Das Jahr 1948 kann als das entscheidende im politischen Leben Fidel Castros angesehen werden. Es kennzeichnete den Beginn seiner Laufbahn als Politiker. Der 22 Jahre alte Jurastudent schloss sich der Oppositionspartei PPC (Ortodóxo) an, hielt sich aber alle Optionen offen. Während ihn zuvor neben den Werken von Martí auch faschistisches Gedankengut und die Reden Mussolinis beeindruckt hatten, fand er jetzt an den Werken von Marx, Engels und Lenin Gefallen.

Fidel entwickelte bereits während seiner Studienjahre in Havanna eine Besessenheit zur Macht. Er wollte alle Möglichkeiten ergreifen, um der Verwirklichung seines Traums – das Erringen von Größe und Ruhm *(gloria y fama)*[32] – näherzukommen. Offenbar hatte er jedoch schon damals erkannt, dass er als Marxist keine Chancen hatte, eine Politikerlaufbahn zu beginnen. Die Kommunisten würden ihn als Sohn aus bürgerlichem Hause nicht ernst nehmen, und das konservative Lager würde ihn als hoffnungslosen Außenseiter abtun. So begann er einen Weg des Lavierens und Taktierens, der ihn sogar in die Nähe des später sogehassten Diktators Batista führte.[33]

In der sich allmählich abzeichnenden Konfrontation zwischen den USA und der Sowjetunion hätte ein Bekenntnis von Fidel

Castro zum Kommunismus nicht nur den Argwohn in der herrschenden Klasse Kubas geweckt; vielmehr wäre er in das Fadenkreuz der mächtigen USA geraten, womit sich alle seine Träume, wenn nicht mit Unterstützung, so doch zumindest unter Duldung des mächtigen Nachbarn in Kuba die Macht zu erringen, in ein Nichts aufgelöst hätten.

In den USA gab es Ende der vierziger Jahre, aber besonders Anfang der fünfziger Jahre, eine Welle des Antikommunismus, an deren Spitze der republikanische Senator Joseph McCarthy stand. Als Vorsitzender des mächtigen House of Un-American Activities Committee (Senatsausschuss zur Bekämpfung unamerikanischer Umtriebe) leitete er eine Hexenjagd auf vermeintliche Kommunisten, der vor allem als liberal geltende oder »links« stehende Intellektuelle zum Opfer fielen.[34]

In Kuba führte dies 1953 zum Verbot der kommunistischen PSP, die ja lange mit Batista zusammengearbeitet hatte und ihn in den vierziger Jahren sogar unterstützte.

Für Raúl Castro bedeutete dies fortan die Arbeit in der Illegalität. Nach seiner Ankunft in Havanna hatte er seinen älteren Bruder beobachtet und ihn bei Diskussionen mit Kommilitonen oder bei seinen Auftritten als Redner begleitet. Er las auch die Schriften, die Fidel ihm gab. Das brachte ihn später in die Nähe kommunistischer Kreise und mag für seinen Entschluss, an einem Treffen der kommunistischen Weltjugend in Wien teilzunehmen, mit entscheidend gewesen sein.

Der These von Brian Latell, wonach Fidel seinen jüngeren Bruder in den gemeinsamen Jugendjahren in Havanna manipuliert und geformt habe, ihn schon damals systematisch auf seine spätere Rolle als Mittelsmann zur UdSSR vorbereitet habe, ist wenig überzeugend. Zum einen dürfte Fidel, der eine ganze Reihe von Aufgaben innerhalb der Universität übernommen hatte[35] und ständig unterwegs war, nicht genügend Zeit gehabt haben, um sich des Heranwachsenden ständig anzunehmen. Er, der kaum für seine junge Frau, die er 1948 geheiratet hatte, und den kleinen Sohn da war, dürfte nicht in der Lage gewesen sein, den Bruder systematisch zu unterweisen.

Auch hat es nicht den Anschein, dass Fidel schon damals dem Sozialismus oder gar dem Kommunismus anhing. Aber seine patriotische Einstellung, seine entschiedene Ablehnung des US-Imperialismus und seine sozialreformerische Gesinnung, die sich an

Martí orientierte, mögen ihn zu dem Schluss gebracht haben, dass mit der kommunistischen Sowjetunion eine Supermacht heranreifte, die dem Macht- und Hegemonialstreben der USA Schranken setzen könnte.

Es kann davon ausgegangen werden, dass Fidel beträchtlichen Einfluss auf den jüngeren Bruder ausübte. Aber Raúl dürfte auch zu eigenen Schlussfolgerungen gelangt sein. Infolge seines Umgangs mit Angehörigen und Sympathisanten der Kommunistischen Partei Kubas dürfte Raúl gut über die weltpolitischen Ereignisse jener Zeit unterrichtet gewesen sein. Es ist wohl davon auszugehen, dass die ferne Sowjetunion erhebliche Anziehungskraft auf ihn wie auch auf eine Reihe von Jugendlichen dieser Zeit gehabt haben dürfte. War es nicht die Sowjetunion, die durch über zwanzig Millionen Tote im Zweiten Weltkrieg das entscheidende Opfer für den Sieg über den Faschismus erbracht hatte? Die jungen »Wilden« dieser Zeit, wie Jean Paul Sartre, Cesare Pavese, Bertolt Brecht, betrachteten die Sowjets als die wahren Befreier Europas. Wer damals in den Intellektuellenkreisen Europas etwas gelten wollte, war links, so weit links wie möglich.

Der jüngere Castro ist daher nicht zu einem Bewunderer und Anhänger kommunistischer Ideologie geworden, weil sein älterer Bruder ihm dies so vorgab. Raúl folgte einem Trend dieser Zeit. Er erlebte, wie sich der Kommunismus in Europa ausgebreitet hatte, wie die Sowjets 1948 den USA die Luftbrücke in Berlin aufzwangen, wie sie Mao Zedong erfolgreich in seinem Kampf gegen Tschang Kai-Chek unterstützten und welche Erfolge das kommunistische China im Korea-Krieg gegen die USA errang.

Daher ist eher anzunehmen, dass sich Raúl letztlich aus freien Stücken der kommunistischen Jugend angeschlossen hat.[36] Vielleicht war er zum ersten Mal in seinem Leben für eine Sache begeistert. Sicherlich übte der ältere Bruder, den er bewunderte, Einfluss auf ihn aus. Vielleicht kam er durch ihn mit linksgerichteten Studenten und Intellektuellen zusammen. Es kann als sicher gelten, dass ihm Fidel, der von seinem Vater einen reichlichen Monatswechsel erhielt, die Reise zum internationalen kommunistischen Jugendkongress nach Wien finanzierte sowie weitere Reisen durch kommunistische Länder Europas.

Aber letztlich war es Raúl selbst, der Entscheidungen traf. Als er 1953 aus Wien zurückkehrte, trat er sogleich der kommunistischen Partei bei. Diesem Schritt war die gemeinsame Schiffsreise mit dem sowjetischen Funktionär Leonov vorausgegangen, den Raúl zuvor in Wien kennengelernt hatte. Offenbar war es die Bekanntschaft mit diesem späteren Angehörigen der sowjetischen Botschaft in Mexiko, die den Ausschlag für die Entscheidung gab.

Hinzu kam, dass in Raúl der Ehrgeiz erwachte. In seinen Jahren in Havanna bemerkte er erstmals, dass es Leute in der Politik zu etwas bringen konnten. Er sah, wie sich andere in loyaler Anhänglichkeit zu Aufsteigern die eigene Karriere aufbauten, sozusagen im Schatten Erfolgreicher selbst Statur bekamen und mit aufstiegen. Er, der keine Schule abgeschlossen hatte, sich zunächst als hoffnungsloser Außenseiter betrachtete, witterte eine Chance. Er wollte sie ergreifen.

Diese Chance bot ihm letztlich sein Bruder Fidel, der die Gabe hatte, andere zu überzeugen und für seine Ideen zu gewinnen. Die Idee war die Revolution, der Sturz des Tyrannen, die Freiheit des Vaterlandes. Hierin waren sich viele studentische Jugendliche Kubas einig. Für Raúl bedeutete dies die Unterordnung unter seinen Bruder, die Befolgung seiner Anordnungen.

Hilda Gavea, die erste Frau von Che Guevara, hat in ihren Memoiren zur Persönlichkeit von Raúl in der Zeit ihrer Bekanntschaft 1955 bis 1956 Stellung genommen. Einerseits, teilt sie mit, Raúl sei fröhlich und spontan gewesen. Es habe sich eine »enge Freundschaft zwischen uns« entwickelt. Raúl sei zu dieser Zeit ein treuer Anhänger seines Bruders, ein überzeugter Marxist und ein großer Bewunderer der Sowjetunion gewesen.[37] Hilda Gavea beschreibt ihn zudem als »reif, selbstsicher und wortgewaltig«. Offenbar hatte er sich während seiner Haft auf der *Isla de Pinos* gewandelt. Wenn man Raúl über die Revolution reden hörte, so sei dies »inspirierend« gewesen. Er habe eine unglaubliche Fähigkeit zur Analyse und zur Synthese gehabt.

Diese aus dem Rahmen fallende Beschreibung von Raúl mag darauf zurückzuführen sein, dass er sich mit Che Guevara gut verstand, dass er ihm Vertrauen schenkte und sich ihm öffnete. Das Bild, das Hilda Gavea von ihm gibt, bezog sie offenbar aus den Unterhaltungen, die ihr Mann mit ihm führte. So erschien auch der spätere Verteidigungsminister: Wer ihn ernst nahm, sich mit ihm auseinandersetzte und auf ihn einging, erlebte einen anderen Menschen als jemand, der ein oberflächliches Gespräch mit ihm suchte.

Aber seine Härte, seinen eisernen Willen und seine Unbeugsamkeit bezog er aus dem harten militärischen Training in Mexiko und aus der Wirklichkeit des täglichen Überlebenskampfs in den ersten Monaten nach der Landung auf Kuba. Die Revolution stählte den sensiblen und manchmal zur Sentimentalität neigenden jungen Mann. Es entstand der »andere Raúl«, wie er oft dargestellt wird.

Eine Revolution ist keine Ausfahrt in die Idylle. Sie bedeutet einen harten Kampf, der nur mit eiserner Disziplin und Strenge gegen sich selbst und andere gewonnen werden kann. Er konnte nur bestehen, wenn er die Spielregeln des revolutionären Kampfes akzeptierte. Sicherlich musste er anfangs gegen alles ankämpfen, was er an Sentimentalität, Schüchternheit und häuslichem Geborgenheitsstreben mitbrachte. Aber es war nicht in erster Linie der ältere Bruder, der ihm dies abverlangte, sondern er selbst, der eine Entscheidung getroffen hatte.

Hinzu kam, dass Raúl frühzeitig erkannte, welche Qualitäten einen Führer ausmachen. Es war der eigene Ehrgeiz, der ihn dazu anhielt, diese Qualitäten zu entwickeln und auch zu zeigen. Vielleicht ist er dabei manchmal in jugendlichem Elan sehr weit gegangen. Aber die Revolution und der Kampf waren eine Schule, die ihm diese Härte und Kompromisslosigkeit abverlangten.

So wird berichtet, Raúl habe seit dem Aufenthalt in Mexiko die Verantwortung für die Exekution von Verrätern zu tragen gehabt. Fidel habe bereits als Junge ein Gespür und eine Paranoia gegenüber Leuten entwickelt, die ihm etwas anhaben wollten. Dies habe sich in den Jahren des Kampfes verstärkt. Fidels Gespür für gefährliche Situationen habe ihm mehrfach das Leben gerettet, aber auch dazu geführt, dass er Leute liquidieren ließ, denen der vorgeworfene Verrat nicht habe nachgewiesen werden können.[38]

Offenbar waren Exekutionen von Verrätern nicht die Sache von Fidel. Er überließ dies anderen. So wird berichtet, dass Raúl während der Kämpfe in der Sierra Maestra häufig das Kommando bei Erschießungen von Verrätern und Leuten geführt habe, die sich an den Idealen der Revolution vergangen hatten.[39]

Auch nach dem Sieg der Revolution hat Raúl, teilweise eigenmächtig, Leute in Schnellverfahren zum Tode verurteilen und hinrichten lassen.[40]

Der Kampf in der Sierra Maestra

Die langgestreckte Insel Kuba, die größte der Karibik, wird im äußersten Westen, in der Mitte und im Osten von Gebirgen durchzogen. Die Gebirgslandschaften verleihen der Insel ihre Schönheit. Im äußersten Westen, am Fuße der bizarren Kalksteinberge von Viñales, den Mogotes, liegen die Vegas, die berühmtesten Tabakfelder der Welt. In der Mitte, in der Sierra de Escambray, befinden sich mit den Wasserfällen von Topes de Collantes und dem kolonialen Trinidad sowie dem Valle de los Ingenios landschaftliche Attraktionen, die zu den begehrtesten Zielen ausländischer Touristen zählen.

Aber unerreicht in ihrer erhabenen Schönheit und ihrem Reichtum an seltener Flora und Fauna ist die Sierra Maestra, ganz im Osten der Insel, eine Gebirgslandschaft, die sich von der Küste im Süden steil erhebt und in dem fast zweitausend Meter hohen Pico de Turquino ihren höchsten Gipfel hat. Einen besonders schönen Blick auf dieses Gebirge hat man unten von Pilón aus, einem kleinen Ort am Atlantik mit einer stillgelegten Zuckermühle. Von hier aus steigt das Gebirge sehr steil an. Eine mächtige Kulisse türmt sich auf.

Dieser Gebirgszug, der sich von Pilón im Westen bis Santiago im Osten über eine Entfernung von mehr als 60 Kilometern erstreckt, ist stark bewaldet und von tiefen Tälern durchschnitten. Der Aufstieg, fast nur über schmale Pfade, ist beschwerlich. In den dichten Regenwäldern gedeihen seltene Pflanzen und bewegen sich vom Aussterben bedrohte Tiere. In manche Gegenden der Sierra hat noch nie oder nur äußerst selten ein Mensch seinen Fuß gesetzt.

Gelegentlich wird ein *bohío*, eine meist mit Blättern der Guanopalme gedeckte Hütte oder ein kleines Dorf sichtbar. Die Bauern führen ein karges Leben, aber sie halten stets etwas Vieh und bebauen ein Stück Land, das ihnen den Lebensunterhalt sichert.

Der Plan Fidel Castros war es, sich in dieser unwirtlichen Gegend festzusetzen und seinem Feind, dem Diktator Batista, einen zermürbenden Guerillakrieg aufzuzwingen. Die wenigen Leute, die er hatte, sollten blitzartige Angriffe auf die meist kleinen Gefechtsstände der Batista-Soldaten führen, sich schnell in das Unterholz zurückziehen oder heranrückenden Truppen auflauern und sie in die Zange nehmen.

Castro wollte im Westen der Sierra, südlich der Hafenstadt Manzanillo, mit seiner Jacht *Granma* landen und mit seinen 82 Guerilleros, die in Mexiko einem harten Training unterzogen worden waren, in schnellem Marsch in die Sierra Maestra gelangen. Dabei sollten ihm die Kameraden seiner Bewegung, die vom Land her operierten, helfen und die Rebellen mit Nachschub versorgen.

Diese gut durchdachten Pläne drohten an einer Verkettung von unglücklichen Umständen zu scheitern. Raúl mit seinen 25 Jahren, seinem bartlosen und fast noch kindlichen Gesicht, war einer der Rebellen, welche die Truppe in schwierigen Momenten zusammenhielten und ein gutes Beispiel gaben. Der *Comandante* konnte sich auf ihn ganz verlassen.

Besonders nach dem katastrophalen Beginn der Operationen in Kuba im Dezember 1956 und bei den späteren Kämpfen in der Sierra Maestra zeichnete sich Raúl durch Disziplin und große Härte gegenüber sich selbst und anderen aus. Nur knapp konnten er und ein Dutzend der 82 Rebellen einige Tage nach der Landung der *Granma* der Vernichtung oder Gefangennahme bei Alegria de Pio, am Rande der Sierra Maestra, entgehen.

Die Rebellen hatten zunächst Pech mit dem Wetter. Sie waren in einen Sturm geraten, der sie und das überladene Schiff in Gefahr brachte. Auch lagen sie bereits zwei Tage hinter ihrem Plan, als sie sich der kubanischen Küste näherten. Sie hatten auf der Fahrt von Mexiko Navigationsfehler begangen und einen falschen Kurs eingeschlagen. Vor der kubanischen Küste, die sie allerdings noch nicht ausmachen konnten, verbrachten sie wertvolle Zeit bei der Suche nach einem über Bord gespülten Kameraden.

Als schließlich die kubanische Küste in Sicht kam, brach der Tag an. Ihre *Granma* lief auf eine Sandbank auf und strandete. Die Rebellen mussten fluchtartig das Schiff verlassen, weil sie bereits von Aufklärungsflugzeugen der Armee Batistas ausgemacht worden waren. Zunächst wateten sie durch das fast bis an ihre Schultern reichende Meerwasser, warfen einen großen Teil ihres Marschgepäcks ab, darunter auch Munition, die sie später dringend brauchen würden. An Land erwartete sie ein Mangrovendickicht, das ein Weiterkommen fast unmöglich machte.

Auf einer Reise in den Osten Kubas habe ich mir diese Stelle, die zu Recht *Las Coloradas* heißt, angesehen. Ein betonierter Steg führt kilometerlang über die Mangroven zum Meer. Diese roten Stangen, die aus den Sümpfen herausragen, mussten die Brüder

Castro und die übrigen Rebellen überwinden. Hinzu kamen Schwärme von Moskitos, die sie ständig angriffen und dann die Flugzeuge Batistas, die über ihnen kreisten und sie zu vernichten drohten. Wer sich diese Stelle ansieht, kann sich kaum vorstellen, dass sich Menschen in diesem Sumpfgelände haben fortbewegen können. Für Fidels Leute muss dieses mehrere Kilometer breite Dickicht zwischen der Küste und dem Festland die Hölle gewesen sein.

Wären die Rebellen zwei oder drei Stunden vorher an Land gegangen und nur wenige Kilometer nördlicher, hätten sie einen breiten Sandstrand vorgefunden und sich im Schutze der Dunkelheit in Sicherheit bringen können. Aber noch viel wichtiger: Sie hätten eine größere Chance gehabt, auf ihre Kameraden zu stoßen, welche vom Land her die Operation vorbereitet hatten. Ihr Aufstieg in die Sierra Maestra hätte damit reibungslos vor sich gehen können.

Aber trotz allem hielten die Rebellen durch, schafften es bis an den Rand der Sierra Maestra, wo sie allerdings eine Übermacht des Gegners stellte und beinah vernichtet hätte. In den hohen Zuckerrohrfeldern konnten sich die in verschiedene Gruppen aufgespaltenen Guerilleros tagelang verstecken. Dann ging der Kampf weiter. Als Fidel und Raúl sich einige Tage später wieder vereinigten, soll Fidel seinen jüngeren Bruder nach der Zahl seiner Gewehre gefragt haben. Er habe fünf, und er selbst hatte zwei. »Damit gewinnen wir den Krieg«, mit diesen als Legende überlieferten Worten von Fidel setzten sie dann gemeinsam ihren Marsch fort.

Julio Cortázar hat in seiner Erzählung »Reunión« später das Zusammentreffen von Che Guevara und Fidel Castro geschildert.[41] Die Härte des Guerilla-Lebens, die kräftezehrenden Märsche, aber auch der Kampf des Argentiniers mit sich selbst und seiner Asthmakrankheit werden meisterhaft dargestellt.

Die Freundschaft zwischen Che Guevara und Raúl Castro bewährte sich vor allem in den schwierigen Anfängen des Guerilla-Krieges der Jahre 1956 und 1957. Fidel Castro achtete zwar den Argentinier, seinen Durchhaltewillen, seinen Humor und den Geist, der von ihm auf die Truppe ausstrahlte. Aber eine Reihe von Vorfällen ließen ihn auch an Guevara zweifeln. Seine Einstellung zu anderen Mitkämpfern war oft eine andere als die von Fidel. Sie war eher von Milde und Großmut geprägt, typisch für die Lebensart vieler Argentinier.

Kampfgefährten: Raúl und Fidel Castro (erster und dritter von links) während des gemeinsamen Guerillakampfes gegen die Batista-Diktatur 1957 in den Bergen der Sierra Maestra.

So kam es, dass der »Che« bei den ersten Beförderungen, die Fidel aussprach, übergangen wurde. Während Raúl *Jefe de Pelotón*, also Kompaniechef und Offizier wurde, blieb Guevara weiter »nur« der Truppenarzt, ohne Kommando. Obwohl sich Raúl für seinen Freund einsetzte, blieb Fidel hart und beförderte den Argentinier zunächst nicht.[42] Dieser revanchierte sich bei Raúl und erteilte ihm in Kampfpausen Französischunterricht.[43]

Erstaunlicherweise hat Che Guevara nur wenig über die Gefechte seines Freundes Raúl berichtet. Er erwähnt den Angriff auf Estrada Palma, den Raúl mit 200 Männern im Herbst 1957 durchgeführt hatte.[44] Im Februar 1958 nennt er seinen Namen im Zusammenhang mit den Kämpfen von Oro de Guisa.[45] Schließlich kommt er auf Raúl als Absender eines Briefes der Rebellenführer an Fidel Castro vom 19. 2. 1958 zu sprechen, in dem sie ihn sehr eindringlich bitten, nicht persönlich in die Kämpfe einzugreifen,[46] da sie befürchten, Fidel könnte dabei etwas zustoßen und die Revolution dadurch ihres Kopfes beraubt werden.

Für diese jungen Kämpfer, die hoch motiviert und von ihrem Sieg überzeugt waren, erwiesen sich die kleinen, armen Bauern in der entlegenen Gegend der Sierra als wertvolle Verbündete. Sie teilten mit den Guerilleros die wenigen Lebensmittel, über die sie verfügten oder versteckten sie vor den Soldaten Batistas, die den Rebellen ständig auf der Spur waren.

Hier oben in der Sierra Maestra konnte die Truppe um Fidel zwar meist im dichten Unterholz operieren, dem Gegner auflauern und sich blitzartig zurückziehen, aber sie waren auch den Unbilden der Natur ausgesetzt: den häufigen Regenfällen, dem Nebel, der Kälte. Als ich bei einer Wanderung mit Freunden durch die Sierra in einer Berghütte übernachtete, konnte ich vor Kälte nicht schlafen. Selbst der Pullover reichte nicht. Hinzu kamen die große Feuchtigkeit und manchmal auch der Wind, der auf einer Höhe von 1200 bis fast 2000 Metern weht. Hier oben bewegten sich meist die Guerilleros.

Die Zweite Front

Raúl Castro bewährte sich in dieser unwirtlichen Gegend. Er hielt sich tapfer und wurde trotz seiner Jugend ein anerkannter Führer. Daher ernannte Fidel ihn zum *Comandante* und beauftragte ihn 1958 mit der Führung der Zweiten Front in der Sierra Cristal, ebenfalls im Osten Kubas.

Durch einen Zufall sind wir im Mai 2003 in diese Gegend geraten. An sich wollten wir von Holguín aus die Küste entlang über Moa nach Baracoa fahren. Eine Polizeistreife teilte uns aber (leider sehr spät) mit, dass die Brücke hinter Moa wegen vorangegangener Unwetter beschädigt worden war und die Straße nicht befahrbar sei. Wir mussten umkehren und entschlossen uns, von Sagua de Tanamo aus die Sierra de Cristal in Richtung Guantánamo zu überqueren.

Trotz der schlechten Straße, die wegen der Deckenabbrüche eher einer Freitreppe glich, war diese Reise ein einmaliges Erlebnis. Oft fuhren wir über den Wolken, sahen gelegentlich unter uns die tief eingeschnittenen Täler, ein Oberallgäu in den Tropen. Palmen, Yagrumas, Copeys und andere tropische und subtropische Baumarten prägen diese Landschaft. Gelegentlich sahen wir auch Kaffeesträucher und Bananen. Nebel, Sonnenschein und Wolken wechselten sich ab. Dieses schwer zugängliche Gebiet hatte etwas Geheimnisvolles, manchmal fast Unheimliches.

Dorthin rückte Raúl im März 1958 von der Sierra Maestra aus mit 50 Leuten vor, über offenes Gelände, aber ohne Feindberührung.[47] Er marschierte über Mangos de Baraguá und Pinares de Mayarí ganz in der Nähe seines Heimatortes Birán in die Sierra de Cristal.[48] Mit diesem riskanten Unterfangen begann im Sommer 1958 der schließlich erfolgreiche Kampf um den Norden des kubanischen Ostens und danach um die ganze Insel.

Besonders delikat war eine Konfrontation der Rebellen mit den USA, die von Raúl ausging. Er hatte 1958 bei Nicaro, östlich von Holguín, etwa 40 US-Amerikaner als Geiseln genommen. US-Firmen und Kanadier hatten dort, ebenso wie bei Moa weiter östlich, den Abbau und die Vermarktung von Nickel übernommen. Zahlreiche Angestellte, vor allem die in leitenden Positionen, hatten sie aus ihrer Heimat als Experten mitgebracht.

Mit seiner Aktion wollte Raúl die Einstellung amerikanischer Waffenlieferungen an das Batista-Regime erzwingen. Der Einsatz von Flugzeugen und Napalm stellte für die Rebellen eine wachsende Bedrohung dar. Washington drohte mit Gegenmaßnahmen, falls die Geiseln nicht auf freien Fuß gesetzt würden. Sein Vorgehen hatte Raúl nicht mit Fidel abgestimmt. Dieser wollte jedoch eine Konfrontation mit dem Nachbarland vermeiden. Es bedurfte seines persönlichen Eingreifens, um Raúl zu überzeugen. Nur widerstrebend und mit zeitlicher Verzögerung ließ er schließlich die Gefangenen frei.[49]

Auch danach kam es immer wieder zu Konfrontationen von Raúls Leuten mit US-Bürgern. Östlich von Holguín hatten Rebellen ein US-Bergbauunternehmen besetzt. 55 US-Amerikaner, die dort beschäftigt waren, ergriffen die Flucht und wurden von einem US-Handelsschiff, das von einem Flugzeugträger eskortiert wurde, evakuiert. Die Aktion der Kubaner war eine Folge der Weigerung der USA, ihre Militärmission in Kuba zu schließen. Dies hatte Fidel verlangt.

Äußerst gefährlich hätte der Plan Raúls ausgehen können, im Jahre 1958 in Guantánamo stationierte US-Soldaten festzunehmen und zu entführen. Im gleichen Jahr hatten Anhänger der Rebellen in Havanna den berühmten argentinischen Rennfahrer Manuel Fangio und andere Argentinier entführt. Fangio hatte beim Autorennen in Havanna nicht starten können. Die Blamage von Batista und seinen Leuten war perfekt. Es war ein erneutes Eingeständnis, dass der Diktator nicht Herr der Lage war.

Aber die Entführung von US-Soldaten wäre nicht nur ein Bruch des Völkerrechts gewesen, sondern hätte mit Sicherheit zu einem Eingreifen der USA geführt. Aber dies wollte Fidel auf jeden Fall verhindern. Er hat daher seinen Bruder daran gehindert, den Plan auszuführen.[50]

Fidel Castro wollte die USA unter anderem deshalb schonen, da sie die Unterstützung für Diktator Batista im Laufe des Krieges in der Sierra Maestra zurückgefahren hatten. Wahrheitswidrig behauptete Batista damals, Fidel Castro und die übrigen Rebellen seien bald nach der Landung getötet worden.

Aber im Februar 1957 erschienen in TIME/LIFE mit Bildmaterial unterlegte Interviews, die bewiesen, dass Fidel Castro am Leben war und mittlerweile erfolgreich im Osten Kubas kämpfte. Ein angesehener US-Reporter, Herbert Matthews, hatte dieses Interview geführt. In den USA und in anderen Ländern war das eine Sensation. Gleichzeitig trug das Interview maßgeblich dazu bei, die Glaubwürdigkeit Batistas zu untergraben.

Raúl bewies in seiner Zeit als *Comandante* in der Sierra Cristal militärisches und organisatorisches Talent. Er schuf sich eine Eliteeinheit, eine *fuerza de choque*, mit der Bezeichnung *Mau Mau*, die für sehr schwierige und gewagte Aktionen eingesetzt wurde.[51] Er begann seine Operationen mit 53 Mann und konnte die Truppe innerhalb von neun Monaten auf über 1000 Mann aufstocken. Er organisierte eine revolutionäre Verwaltung, die schon bald zum Vorbild für das neue Regime Kubas werden sollte.[52] Che Guevara hat in seinen Berichten über den Krieg in der Sierra Maestra die Maßnahmen von Raúl als vorbildlich für die Endphase der Kämpfe und für das nachrevolutionäre Kuba bezeichnet. Er führt aus:

> »Diese Zweite Front hatte eine große Bedeutung für die Entwicklung der späteren Auseinandersetzung. In jeder Hinsicht war sie am besten organisiert, es gab in ihr sieben Verwaltungsbezirke, in denen schon wirkliche Ministerien wirkten, in denen Recht gesprochen wurde, in denen es öffentliche Arbeiten gab und in denen revolutionäre Grundlagen für das Transportwesen geschaffen wurden.«[53]

Auch begann er mit kleinen, aber psychologisch wichtigen Hilfsmaßnahmen für die armen Bauern der Gegend, wie zum Beispiel die Abnahme überschüssiger Ernte, mit dem Bau von Straßen, Krankenhäusern und Apotheken sowie mit der Einrichtung von

Schulen.[54] Er fing auch damit an, kleine Fabriken zu errichten. Ganz entscheidend auch für das Ansehen der Rebellen war, dass sie bei den kleinen Bauern nie requirierten, sondern die Waren, die sie benötigten, stets bar bezahlten.

Raúl nach dem Triumph der Revolution

Nach dem Sieg der Revolution im Januar 1959 blieb Raúl zunächst im Osten der Insel. Fidel hatte die beiden *Comandantes de la Revolución*, Huber Matos und Raúl, damit beauftragt, für Ruhe und Ordnung in diesem wichtigen Teil des Landes zu sorgen. Fidel Castro soll sie sogar dazu ausersehen haben, falls ihm etwas zustoße, die Führung des Landes zu übernehmen.[55] Raúl war daher nicht dabei, als Fidel und die Rebellen am 8. Januar 1959 ihren Einzug in Havanna feierten.

Siegreiche Revolutionäre pflegen mit ihren Gegnern von einst hart ins Gericht zu gehen. Die kubanische Revolution machte dabei keine Ausnahme. Zu viele ihrer Anhänger waren den Schergen des Batista-Regimes zum Opfer gefallen, waren gefoltert, erschlagen oder erschossen worden. Man denke an den Moncada-Überfall 1953, an die Ermordung der Studenten in Havanna 1958, die unter Führung von Echeverría versucht hatten, den Präsidentenpalast zu stürmen oder an Frank País, einen Führer der Bewegung 26. Juli, der in Santiago erschossen worden war.

Fidel Castro wollte die Mörder seiner Freunde und Anhänger zur Rechenschaft ziehen. Eine Reihe von ihnen wurde in Schauprozessen, die teilweise in Stadien und unter Mitwirkung der Öffentlichkeit stattfanden, zum Tode verurteilt und anschließend exekutiert. Raúl hat oft, wie bereits in der Sierra Maestra, diese Hinrichtungen persönlich angeordnet oder überwacht.

Mit der Machtübernahme durch die Rebellen setzte sich Raúl konsequent für eine Zusammenarbeit mit der UdSSR und dem kommunistischen Ostblock ein.[56] Er war innerhalb der kubanischen Führung der Exponent eines konsequent kommunistischen Kurses. Der damalige Pressechef der Revolutionäre, Carlos Franqui, spricht von einer »penetración comunista« (kommunistischen Durchdringung), die von Raúl ausging.[57]

Dem stellten sich Leute wie Huber Matos, welche das neue Kuba als eine pluralistische Demokratie nach westlichem Vorbild konzipiert sehen wollten, entgegen. Fidel Castro schien zumindest anfangs zu schwanken und wollte sich in den ersten Monaten nach der Machtübernahme nicht festlegen. Raúl aber drängte auf eine klare Fixierung einer sozialistischen (oder besser: kommunistischen) Ausrichtung.

Für die Erreichung seines Ziels war er auch bereit, Opfer zu bringen. Im April 1959 unternahm er seine einzige Reise in die USA, nach Houston in Texas.[58] Er sah mit Sorge, dass sein Bruder Fidel während einer mehrwöchigen Tour durch die USA und wohl unter dem Eindruck der Gespräche, die er dort geführt hatte, immer häufiger den USA Avancen machte und wenig von den Zielen der Revolution erwähnte, für die man gekämpft hatte.

In den USA sah man mit dem Sieg Fidel Castros eine neue Ära in Kuba anbrechen. Man glaubte seinen Worten, wonach er ein zivilisiertes, demokratisches System errichten wollte. In Camagüey hatte er sogar die Wiederherstellung der (demokratischen) Verfassung von 1940 und freie Wahlen in ungefähr 15 Monaten versprochen.[59]

Alarmiert soll Raúl seinen Bruder während eines Aufenthalts in einem Hotel in Houston zur Rede gestellt und beschworen haben, den beschlossenen Weg der Reformen nicht zu verlassen. Auch soll er ihn eindringlich auf die Notwendigkeit der Hinwendung zum Sozialismus hingewiesen haben.

Für Raúl, ebenso wie für Che Guevara, war der Weg der Revolution vorgezeichnet: umfassende Landreform und Enteignung des Großgrundbesitzes sowie als zweite Stufe Enteignung der Banken und der Grundstoffindustrie. Bereits am 17. Mai 1959 wurde die Agrarreform beschlossen, welche eine Maximalgröße von zunächst 410 Hektar und einige Monate später sogar von nur 68 Hektar zuließ. Ab August 1959 folgte die Verstaatlichung von Industrie und Banken. Der Außenhandel wurde ins Staatsmonopol überführt.

Diese Schritte mussten zwangsläufig zu einer Konfrontation mit den Vereinigten Staaten führen, da ein bedeutender Teil des Großgrundbesitzes wie auch der Großindustrie in der Hand der USA waren. Fidel Castro hatte jedoch kein Interesse daran, in eine ernsthafte Konfrontation mit den USA zu geraten. Ihm lag vor allem daran, die Revolution nach innen zu konsolidieren. Dabei arbeitete er an mehreren »Fronten«. Einerseits kam es ihm darauf an, außenpolitisch den mächtigen Nachbarn, die USA, ruhigzustellen, andererseits aber auch nach innen die Revolution aus der Schusslinie zu halten.

Dabei erwies er sich als ein Meister des Jonglierens und Taktierens. Man gewinnt den Eindruck, dass er nach dem Triumph der Revolution noch kein klar umrissenes politisches Modell vor sich sah[60] und auch keine klar definierte Strategie verfolgte, sondern flexibel und pragmatisch vorging. Seine mehrwöchige Reise in die USA im April 1959 sowie die Einsetzung eines »bürgerlichen« Staatspräsidenten (Urrutia) waren meisterliche Schachzüge, die ihm die Umsetzung der beschlossenen radikalen Reformschritte ermöglichten.

Die häufig in den USA vertretene These, wonach Fidel Castro von vornherein auf ein kommunistisches Kuba und auf ein Bündnis mit der Sowjetunion hinarbeitete, halte ich für nicht vertretbar. Allerdings ist sie durch eigene Äußerungen Fidel Castros, er sei bereits in den vierziger Jahren überzeugter Marxist und Leninist gewesen, genährt worden. Vielmehr ist davon auszugehen, dass er im Laufe der ersten zwei Jahre des Revolutionsregimes allmählich zu der Überzeugung gelangte, dass ein Bündnis mit der Sowjetunion unausweichlich sei und dass er für das revolutionäre Kuba und für sich selbst die Konsequenzen daraus zog.

Jedenfalls zeigte Fidel Castro in den ersten Monaten nach der Übernahme der Macht weder Sympathien für den Kommunismus noch für die Sowjetunion. Er hatte die Revolution als »grün wie die Palmen, humanistisch und nicht kommunistisch«[61] bezeichnet. Daher waren die »linken« Revolutionäre zunehmend beunruhigt und ungeduldig. Vor allem Raúl befiel mehr und mehr Skepsis. Wenn sich sein Bruder Fidel während seiner Reise in die USA mit dem Vizepräsidenten Nixon traf oder in Industrieclubs und Universitäten Vorträge hielt, so sah Raúl die Gefahr einer Politik des Appeasement, die er seinem Bruder vorwarf. Darüber kam es im April 1959 zu heftigen Auseinandersetzungen zwischen den Brüdern, die dazu führten, dass in den nächsten Monaten zügig die Vorbereitungen für die Landreform und die Enteignungen im Industriesektor in Angriff genommen wurden. Raúl und Che Guevara setzten sich durch.

Aber unklar blieb die Parteienstruktur. Die Bewegung 26. Juli war keinesfalls eine marxistische Organisation, sondern bestand aus den verschiedensten Strömungen, welche die Beseitigung der Batista-Diktatur zum Ziel hatten. Bürgerliche Kräfte hatten darin durchaus einen erheblichen Anteil.[62] Allerdings gab es dort einen starken linken Flügel, der mit der wieder zugelassenen kommunistischen Partei, die sich weiterhin PSP *(Partido Socialista Popular de Cuba)* nannte, zusammenarbeitete.

Eine Annäherung von PSP und *Movimiento 26 de Julio*, sozusagen dem »zivilen Arm« der Rebellen, hatte erst nach der gescheiterten Sommeroffensive Batistas von 1958 begonnen. Zuvor herrschte eher Distanz, zumal auch Moskau anfangs kein Interesse an der von Fidel Castro geführten Rebellenbewegung zeigte. Die PSP hatte 1953 den gescheiterten Sturm auf die Moncada-Kaserne als »Abenteuer bezeichnet, bar der Unterstützung der Massen«[63]. Guerilla-Aktionen zum Sturz des Batista-Regimes lehnte sie ab und sprach sich stattdessen für die Bildung einer Volksfront aus. Die bevorzugten Kampfmittel der PSP waren der Generalstreik und parlamentarische Vorstöße.

Die von Castro angeführte revolutionäre Bewegung entsprach nicht den ideologischen Vorgaben der Kommunisten. Für sie konnte nur die Arbeiter- und Bauernschaft die Avantgarde der Revolution sein und nicht eine mehrheitlich aus dem bourgeoisen Milieu hervorgegangene Bewegung.

Als sich der Sieg der Rebellen jedoch allmählich abzeichnete, wollte die PSP verlorenes Terrain wiedergutmachen und strebte eine Zusammenarbeit mit dem *Movimiento 26 de Julio* an. Unterstützt wurde sie dabei von der KPdSU, die Ende der fünfziger Jahre damit begonnen hatte, ihre Konzeption über den revolutionären Prozess in unterentwickelten Ländern zu modifizieren.

Auch unter dem Einfluss von Mao Zedong erkannte die kommunistische Weltkonferenz von 1957 die Existenz verschiedener Wege zum Sozialismus an.[64] Im Jahre 1960 zeigte sich auch die KPdSU offiziell bereit, in unterentwickelten Ländern andere Kräfte als das Proletariat und die kommunistische Partei als Avantgarde einer sozialistischen Revolution anzuerkennen. Danach können auch »revolutionäre Demokraten«, das heißt Intellektuelle, Studenten, fortschrittlich denkende Offiziere etc. die Rolle der Arbeiterklasse übernehmen. Die kommunistischen Parteien haben dann die Verpflichtung, sie ideologisch und materiell zu unterstützen.[65] Die Entwicklung in Kuba, in dem die kommunistische Partei zunächst keinen Anteil an der revolutionären Entwicklung hatte und abseits stand, war wohl der auslösende Moment für diese ideologische Wende. Aus der Sicht der Ideologen der KPdSU stellte die kubanische Revolution eine Vorstufe zum sozialistischen Staat dar, die von einem nationalen demokratischen Staat ausgehend den Übergang zum Sozialismus in die Wege leitete. Interessant war dabei, dass es bei diesem Übergang keinen Führungswechsel gab, dass die Führer den Übergang selbst mit herbeiführten. Diese Wende bedeutete eine klare Abkehr von der marxistisch-leninistischen Doktrin der Hegemonie der Arbeiterklasse und der kommunistischen Partei bei der Errichtung des sozialistischen Staats.

Gerade im lateinamerikanischen Kontext war dies ein bedeutsamer Schritt. Die Geschichte Lateinamerikas lehrte, dass Revolutionen oft nicht von einer Partei oder einer politischen Klasse herbeigeführt wurden, sondern von einer Führerpersönlichkeit, von einem Caudillo oder einem Guerilla-Führer, der sich an die Spitze der revolutionären Bewegung stellte. Bolívar, Perón oder auch die Führer der mexikanischen Revolution von 1910 sind hierfür markante Beispiele.

Damit war auch ideologisch-theoretisch der Weg der Zusammenarbeit der kommunistischen PSP mit den Revolutionären unter der Führung Fidel Castros bereitet. Hilfreich dabei war, dass sich mit Raúl Castro und Che Guevara Persönlichkeiten in der Führung der Revolutionäre befanden, die als Mitglieder oder Anhänger der kommunistischen Partei oder ihres ideologischen Konzepts beide Seiten vertraten, nämlich die Bewegung des 26. Juli und die PSP und sozusagen eine Scharnierfunktion ausüben konnten. Gerade für Raúl Castro, seit 1953 auch formell Mitlied der PSP, muss das »Hineinwachsen« der PSP in die Revolution eine besondere Genugtuung bedeutet haben. Hier wurde nun endlich die Brücke hergestellt, über die er gehen konnte.

Dieser »ideologische Überbau« sollte sich für das Überleben der Revolution als außerordentlich wichtig herausstellen. Er garantierte nicht nur die Zusammenarbeit mit der PSP, sondern machte es sozusagen der KPdSU und damit der mächtigen Sowjetunion zur Pflicht, die kubanische Revolution zu unterstützen. Dies geschah seit Anfang 1960 zunächst im Handelsbereich, dann aber auch beim Aufbau der kubanischen Streitkräfte. Auch hier wieder stand Raúl Castro an einer Schaltstelle.

Die Beziehungen von Fidel und Raúl zur kommunistischen Partei Kubas sind eines der interessantesten und widersprüchlichsten Kapitel der Geschichte der Revolution.

Die in den zwanziger Jahren gegründete und sehr diszipliniert agierende PSP hatte, wie bereits erwähnt, während des Zweiten Weltkriegs und danach eng mit den jeweiligen Regierungen zusammengearbeitet. Infolge der sich verschlechternden Beziehungen zwischen den USA und der Sowjetunion und des beginnenden Kalten Krieges ließ Batista die kommunistische PSP 1953 verbieten. Sie schloss sich aber nicht etwa anderen oppositionellen Gruppen an, sondern agierte weitgehend autonom. Weder der Überfall Castros auf die Moncada-Kaserne 1953 noch der Beginn der Kämpfe in der Sierra Maestra fand bei ihr Unterstützung. Als jedoch gegen Ende 1958 ein Sieg Castros immer wahrscheinlicher wurde, kam es auf hoher Ebene zu geheimen Kontakten zwischen der PSP und den Rebellen. Carlos Rafael Rodríguez, Generalsekretär der kubanischen Kommunisten, leitete diese Gespräche, die allerdings anfangs zu keinem greifbaren Ergebnis führten.

Erst nach dem Triumph der Revolution und nach der Verschlechterung der Beziehungen zu den USA kam es zu offiziellen Verhandlungen zwischen der Spitze des von Fidel Castro 1955 gegründeten *Movimiento 26 de Julio* (M-26-7) und der Spitze der PSP. Es war dies ein opportunistischer Schachzug Fidel und Raúl Castros. Er sollte dazu dienen, das Bündnis mit Moskau, das die den Kommunisten in der Castro-Truppe nahestehenden Kämpfer schon seit einiger Zeit für unausweichlich hielten, vorzubereiten.

Nicht nur für Raúl, sondern besonders auch für Fidel, der den Kommunisten anfangs nicht nahegestanden hatte, stellte sich 1960 die Frage des politischen Überlebens. Die USA zeigten eine immer feindseligere Haltung. Sie verhängten erste, schwerwiegende Boykottmaßnahmen gegen Kuba. Sie stoppten die Einfuhr von kubanischem Zucker und brachen die diplomatischen Beziehungen ab. Wenn es den Revolutionären nicht gelang, unter den (atomaren) Schirm der UdSSR zu kommen, liefen sie Gefahr, zwischen den Fronten der Weltmächte zerrieben zu werden.

Besonders für Raúl dürfte auch die straffe Organisation der Kommunisten eine Rolle gespielt haben. Die Rebellen von 1959 setzten sich aus ganz unterschiedlichen politischen Strömungen zusammen. Sie einte der Wille, den Diktator zu stürzen und Kuba die Souveränität und nationale Würde zurückzugeben. Aber in vielen Detailfragen waren sie zerstritten. Die Revolution drohte in ein Chaos zu fallen. Das Zusammengehen mit den Kommunisten konnte daher nur nützlich sein und dazu beitragen, die eigenen Defizite in Organisation und Ideologie auszubalancieren.

Bei der Einigung mit den Kommunisten waren, wie bereits ausgeführt, Raúl und Che die treibenden Kräfte. Sie waren die »Radikalen« in der Bewegung des 26. Juli. Sie konnten Fidel auf ihre Seite bringen, wobei der immer aggressiver werdende Nachbar im Norden kräftig mithalf. Die noch von Eisenhower gutgeheißene Invasion in der Schweinebucht lieferte Fidel Castro einen glänzenden Vorwand, sich nun auch öffentlich zum Sozialismus zu bekennen und damit endgültig das Tor zur Allianz mit der Sowjetunion zu öffnen.

Es wäre jedoch einseitig, würde man nur diesen Gesichtspunkt anführen. Sicherlich waren für die UdSSR auch geostrategische Überlegungen von höchster Bedeutung. Die USA hatten vor allem nach dem Korea-Krieg damit begonnen, einen Ring von Stützpunkten um die UdSSR zu legen, der von Alaska, Japan bis nach Westeuropa reichte. Ein Bündnis mit Kuba und die Errichtung eigener Stützpunkte auf der Karibikinsel konnten dazu beitragen, den »Belagerungsring« zu durchbrechen und den USA in ihrer unmittelbaren Nachbarschaft gegenüberzutreten. Moskau konnte in einer wichtigen Phase des Kalten Krieges mit Washington wiederum gleichziehen. Vielleicht war dies sogar der alles entscheidende Gesichtspunkt, der seinerseits wieder auf ideologische Prinzipien ausstrahlte.

Bereits in den Anfängen der Revolutionsregierung galt Raúl als der Mann, der im Stillen die Streitkräfte organisierte, sie mit modernen Waffen versorgte und sie – unter Duldung von Fidel – zu einer mächtigen Organisation ausbaute. Sein Kontaktmann nach Moskau wurde Lázaro Peña, der kommunistische Führer der Tabakarbeiter, mit dem er im Exil in Mexiko eng zusammengearbeitet hatte. Peña war nach dem Triumph der Revolution nach Havanna zurückgekehrt, um die alte kommunistische Partei, die jetzt legal arbeiten konnte, wieder neu zu beleben.

Ihn entsandte Raúl als Emissär nach Moskau, um Hilfe beim Aufbau der kubanischen Streitkräfte und des Geheimdienstes zu erhalten. Dies war ein entscheidender Schritt bei der Konsolidierung der Macht, aber auch zur Verteidigung der Revolution, denn den Brüdern Castro war klar, dass sie immer mehr auf einen Konflikt mit den USA zusteuerten.[66]

Nikita Chruschtschow soll das Anliegen Raúls von vornherein unterstützt haben. Er zeigte sich über die Existenz kommunistischer Kräfte auf Kuba begeistert.[67] Seither war Raúl in Moskau gern gesehen und galt als prosowjetisches Mitglied der kubanischen Führungsgruppe. Im Oktober 1959 wurde Raúl Castro zum Minister der »Revolutionären Streitkräfte« ernannt. Dies war auch ein klares Signal an Moskau. Ihr »Mann in Havanna« war jetzt auch nach außen gut sichtbar in eine Schlüsselposition aufgerückt.

Der Besuch des einflussreichen stellvertretenden sowjetischen Ministerpräsidenten Anastas Mikojan während der ersten sowjetischen Messe in Havanna im Frühjahr 1960 kann als ein erster und großer Erfolg der von Raúl zielstrebig verfolgten Linie angesehen werden. Am 13. Februar 1960 unterzeichnen Che Guevara und Mikojan das erste Handelsabkommen, das unter anderem auch erste Lieferungen von Zucker seitens Kuba, einen 100 Millionen US-Dollar-Kredit sowie die Lieferung von Traktoren seitens der UdSSR vorsieht.

Raúl Castro arbeitete auch konsequent an einer prosowjetischen Wende in der kubanischen Außenpolitik. Ihm und seinen guten Beziehungen mit Moskau war es wohl in erster Linie zu verdanken, dass seit Ende 1960 allmählich eine immer engere Verbindung zur UdSSR und ihrem Führer Chruschtschow möglich wurde.

Dennoch zögerte Moskau bis zur Jahresmitte 1960, die kubanische Revolution durch eine öffentliche Erklärung zu unterstützen. Hier kam der Sowjetunion die VR China zuvor, die bereits im Oktober 1959 eine unterstützende Erklärung abgegeben hatte. Für die Sowjets mag auch dabei die Persönlichkeit Fidel Castros eine Rolle gespielt haben, der wohl aus ihrer Sicht eher ein Sozialrevolutionär als ein Kommunist war. Aber seine zügige und kompromisslose Durchsetzung der Landreform, der Enteignung des Großkapitals und der Bruch mit den USA Anfang 1961 dürften wohl mit entscheidende Faktoren für die Annäherung der Sowjets an Kuba gewesen sein.

Für Kuba wurde vor allem die militärische Unterstützung der UdSSR zur Schlüsselfrage. Diese begann im Laufe des Jahres 1960. Kuba war vor allem an einer Formalisierung der sowjetischen Militärhilfe interessiert. Diese zögerte sich jedoch hinaus. Moskau agierte mit Rücksicht auf die USA zunächst vorsichtig. Die aggressive Politik Washingtons gegenüber Kuba, wie sie sich auch in der Unterstützung der Invasion in der Schweinebucht 1961 zeigte, ließ den Sowjets jedoch keine Wahl. Nach dem Besuch einer Militärmission kam es schließlich im Sommer 1962 zu einem Militärpakt, den Raúl in Moskau unterzeichnete.[68]

Unter dem Schutz der mächtigen UdSSR konnte die Revolution überleben. Die Stationierung sowjetischer Raketen auf Kuba war eine Schutz- und Abwehrmaßnahme, die ganz der von Raúl eingeschlagenen Linie entsprach. Wenngleich die Welt im Oktober 1962 zitterte und einen Dritten Weltkrieg kommen sah, bedeutete sie für Kuba die Garantie seiner Existenz. Denn Kennedy musste als Gegenleistung zum Abzug der sowjetischen Raketen und ihrer Atomsprengköpfe aus Kuba 1962 für die USA die Verpflichtung eingehen, Kuba nicht anzugreifen.

Aus dem Privatleben von Raúl ist wenig bekannt. Er ließ den persönlichen Kontakt zu seinem Elternhaus nicht abbrechen. Im Gegensatz zu Fidel kehrte Raúl immer wieder zu seinen Eltern, bzw. nach dem Tod seines Vaters zu seiner Mutter Lina zurück, die er verehrte. Er bewies damit seine Anhänglichkeit an die Familie. Als Lina schwer krank und im Sterben lag, verbrachte Raúl viele Tage und Nächte bei ihr und sorgte für sie. Auch als er vom Tode seines Vaters erfuhr – es war kurz vor dem Auslaufen der *Granma* von Mexiko nach Kuba – habe er sich im Badezimmer eingeschlossen und lange geweint.[69]

Nach 1959 heiratete er eine der wenigen Heldinnen aus der Sierra Maestra, Vilma Espín Guillois, der, genau wie ihm, besondere Nähe zu Kommunisten in Moskau nachgesagt wurde. Sie war 1930 als Tochter des französischen Konsuls in Santiago geboren worden und hatte 1954 ihr Studium als Chemieingenieurin abgeschlossen. Danach hatte sie ein Postgraduate-Studium am renommierten »Institute of Technology« in Boston absolviert. Als sie nach Santiago zurückkehrte, nahm sie Verbindung zur 1953 gegründeten Bewegung 26. Juli und deren Führer in Santiago, Frank País, auf. Fortan stellte sie sich für Verbindungsaufgaben zu den Rebellen in der Sierra Maestra zur Verfügung und war auch Zeugin des berühmten Interviews von Fidel Castro mit Herbert Matthews von TIME/LIFE im Februar 1957.

Nach der Ermordung von País wurde sie Koordinatorin des M-26-7 im Osten Kubas. Sie schloß sich Raúl Castro an, als er 1958 die Zweite Front in der *Sierra Cristal* eröffnete und trug unter anderem den Decknamen *Déborah*. Aus der Ehe sind vier Kinder hervorgegangen. Vilma wurde 1962 Präsidentin des kubanischen Frauenverbandes und 1965 Gründungsmitglied des ZK

Die Sowjetunion als größter Freund Kubas: Raúl Castro, Leonid Breschnew und Fidel Castro (von links) 1977 in Moskau.

der Kommunistischen Partei Kubas. Im Jahre 1976 wurde sie Staatsratsmitglied und 1986 als erste Frau Mitglied des Politbüros. Sie starb im Juni 2007 im Alter von 77 Jahren. Da die Lebensgefährtin von Fidel Castro nie in der Öffentlichkeit auftrat, wurde Vilma Espín Guillois als »erste Dame« des Landes angesehen.

Raúl Castro und Vilma Espín galten als militante Kommunisten. Als ich sie 2001 bei einem Empfang in der chinesischen Botschaft kennenlernte, interessierte sie übrigens nur die Frage, aus welchem Teil Deutschlands ich stamme.

Es wird behauptet, Raúl habe sich von Vilma Espín schon lange vor ihrem Tod getrennt, sei aus der gemeinsamen Wohnung in Miramar ausgezogen und lebe, ähnlich wie sein Bruder, in einer größeren Finca in Atabay, im Westen Havannas. In der Tat habe ich es seit Ende 2003 mehrfach erlebt, dass der Verteidigungsminister morgens in einem Wagen russischer Bauart und mit einer Eskorte an uns vorbeifuhr. Er kam über die *Quinta Avenida*, die schnellste Verbindung von Atabay zum Verteidigungsministerium.

Die Brüder Castro

Von Fidel zu Raúl Castro

Fidel Castro ist als letzte der großen Figuren der Dritten Welt von der Bühne abgetreten. Er hat die alten Führer der Blockfreien Staaten, Nehru, Nasser, Sukarno und Tito lange überlebt. Mehr als 49 Jahre war er an der Macht. Für Kuba war er der *Libertador*, der Befreier, der ihm seine nationale Würde zurückgegeben hat. Die Revolution war sein Lebenswerk und seine *raison d'être*. Wehe dem, der sie in Frage stellte. Mit ihm wurde unerbittlich abgerechnet. Viele, die für ein demokratisches Kuba eintraten, schmachten noch heute im Gefängnis.

Castro wollte Lateinamerika und der Welt ein alternatives Modell anbieten, in dem das Volk Zugang zu Schulen und Bildung, aber auch zu umfassender medizinischer Versorgung haben sollte. So entstanden in den sechziger und siebziger Jahren Schulen, Universitäten und Krankenhäuser, die in Lateinamerika ihresgleichen suchten. Castro baute Wohnungen und ließ Straßen anlegen. Aber heute ist der große Aufbruch dieser Jahre vergessen. Verfall und Schludrigkeit verdecken die Leistungen jener Zeit. Kuba hat nicht mehr die Kraft, die einstigen Ideale zu verwirklichen. Das sozialistische Modell vermag die Menschen nicht mehr zu motivieren.

Wird Fidel Castro in die Annalen als der große Held, der Befreier seines Volkes von der Tyrannei, der Schützer seiner Souveränität und Würde eingehen? Oder wird er selbst eines Tages mehr als Unterdrücker und Tyrann, als Verderber der Qualitäten und Fähigkeiten seines Volkes verzeichnet werden? Kritiker werfen ihm heute schon vor, er habe eine Utopie verwirklichen wollen und sei damit gescheitert, wie viele andere vor ihm.

Die Auseinandersetzung mit der kapitalistischen Supermacht USA war ein Angelpunkt der Außenpolitik Fidel Castros. Der Invasionsversuch bei der Schweinebucht 1961, die Raketenkrise 1962, die Embargopolitik und die zahlreichen Attentatsversuche auf ihn boten ihm Anlass, den mächtigen Nachbarn im eigenen

Land und in den internationalen Foren auf die Anklagebank zu setzen. Auf Europa, dessen Touristen und wirtschaftliche Kooperation ihm in den schweren Krisenzeiten der neunziger Jahre überleben halfen, glaubte er seit 2003 weitgehend verzichten zu können. Lieber wollte er sich wieder auf seine »Familie« in Lateinamerika besinnen und seine Zusammenarbeit mit den kommunistischen Staaten Ostasiens stärken. Ganz im Vordergrund stand für ihn zuletzt die enge Beziehung zu seinem Freund Chávez, den er im Mittelpunkt einer fast ganz Lateinamerika umfassenden »Achse der Hoffnung« sah.

Fidel Castro war von der Idee der Gerechtigkeit besessen. Sie bedeutete für ihn vor allem Gleichheit, die er so absolut auslegte, dass die Rechte und Freiheiten des Individuums ganz in den Hintergrund traten. Im Verbund mit Che Guevara wollte er einen neuen Menschen schaffen, den nicht mehr Geld und Gewinnstreben bestimmen, sondern die seinen Fähigkeiten entsprechende Funktion im Kollektiv der Gesellschaft. Attribute des Kapitalismus verachtete er. Daher gibt es im heutigen Kuba keinen Neuerwerb von Häusern, Wohnungen und Kraftfahrzeugen. Selbst seinen Ministern gestattete er nur einen Lada, dessen serienmäßige Klimaanlage ausgebaut werden musste.

Fidel Castro, der Charismatiker, der Politiker, der in der ganzen Welt die Aufmerksamkeit der Menschen und der Medien auf sich zog. Wo immer er in Kuba auftrat, wurden im Volk Beifall und die Rufe »Fidel, Fidel« laut. Nur wenige machten ihn für die Misswirtschaft, die Krisen, die Armut, den täglichen Kampf ums Überleben, die Unterdrückung freier Meinungsäußerung und die Perspektivlosigkeit verantwortlich, welcher die Kubaner ausgesetzt waren. Die greise Vaterfigur stand über diesen Dingen. Fidel hatte abgehoben und vielfach den Bezug zur Realität verloren.

Raúl Castro ist jetzt der Nachfolger. Von ihm, der stets im Schatten seines älteren Bruders stand, wussten wir bislang nur wenig. Wir stehen vor der Frage, welche Fakten im Rahmen der Evolution der kubanischen Geschichte Raúl zuzuschreiben sind. Oder anders ausgedrückt: An welchen Stellen ist Raúl so deutlich aus dem Schatten seines großen Bruders getreten, dass er, seine Gedanken und sein politischer oder militärischer Beitrag im Kuba der Revolution erkennbar werden?

Die Figur von Fidel Castro ist so dominant, so ausgeprägt, dass Raúl durchgängig hinter ihr verschwindet. Nur an wenigen Stellen wird Raúl sichtbar, um bald danach wieder in den mächtigen Schatten seines Bruders hineinzutauchen und sich den Blicken des Betrachters zu entziehen.

Ein Handlungsstrang, der wie ein roter Faden die Jahre 1960 bis 1991 durchzieht, ergibt sich aus dem Verhältnis Kubas zur Sowjetunion und ihren Satelliten. Es ist ein Verhältnis mit vielen Berg- und Talfahrten, mit Licht- und Schattenseiten. Einmal entzieht sich Fidel dem Einfluss des mächtigen Verbündeten, ein anderes Mal wendet er sich ihm wieder zu. Es ist ein ständiges, spannungsgeladenes Hin und Her.[70] Daher rührt auch das Misstrauen, das führende sowjetische Politiker Fidel Castro gegenüber hegten.

Raúl Castro hingegen erscheint hier als eine Konstante, als eine für die Sowjets verlässliche und berechenbare Größe. Bei seinen zahlreichen Reisen nach Moskau und an andere Orte der UdSSR wird Raúl Castro, die faktische Nummer 2 in der kubanischen Hierarchie, mit Ehren empfangen. Gelegentlich hat er eine Lücke zu füllen, die Fidel Castro, der immer wieder im Streit mit der Moskauer Führung lag, durch demonstratives Fernbleiben, z. B. bei Feierlichkeiten der Sowjets, hinterlassen hat.[71]

Es dürfte kein Zufall gewesen sein, dass der kubanische Verteidigungsminister ausgerechnet am 24. Februar 1965 in Moskau ankam, dem Tag, an dem Che Guevara auf einer Konferenz der Blockfreien in Algier die Sowjets heftig attackiert und ihnen vorgeworfen hatte, sie verhielten sich gegenüber den Befreiungsbewegungen in der Dritten Welt genauso negativ wie die Imperialisten.[72]

Für Raúl müssen diese Worte hart in den Ohren geklungen haben. Aber die Sowjets gingen darüber hinweg. Für sie war es zu diesem Zeitpunkt wichtig, die Unterstützung Kubas in ihrer Auseinandersetzung mit dem China Mao Zedongs zu erhalten. Dabei konnten sie auf Raúl, ihren »Mann in Havanna«, zählen.

In Algier fand der letzte Auftritt Che Guevaras auf der internationalen Bühne statt. Er verschwand aus der Öffentlichkeit, nachdem ihm Fidel und Raúl Castro sowie der damalige Präsident Dorticós bei seiner Rückkehr nach Havanna heftige Vorwürfe gemacht hatten.[73] Die Zeit in Kuba war für den Argentinier abgelaufen. Es gab keine Aufgabe mehr für ihn in einem Regime, das sich gefestigt hatte und keine ernstzunehmenden Gegner mehr in seinem Inneren hatte.[74]

Raúl, der den »Che« noch vor seinem Bruder Fidel in Mexiko-Stadt kennengelernt und eine enge Beziehung zu ihm entwickelt hatte, dürfte anfangs zumindest eine zwiespältige Haltung zur endgültigen Abreise des Argentiniers aus Kuba gehabt haben. Einerseits war Guevara eine der ganz entscheidenden Stützen der Revolution. Gelegentlich wurde er sogar als »Gehirn« des revolutionären Kubas bezeichnet.[75] Er verfocht mit Vehemenz die Landreform und die Enteignung der Grundstoffindustrie in Kuba. Auch war er nach außen hin ein wortgewaltiger und vor allem bei der Jugend der sechziger Jahre ein Mann mit Visionen und Vorbildfunktion. Che Guevara war das Idol und die Symbolfigur für den Umbruch in vielen Ländern.

Aber Guevara war auch ein gefährlicher Mann, gefährlich auch für Kuba. Raúl hatte ihn vor dem Staatspräsidenten und vor Kommandanten im Januar 1964 einer pro-chinesischen Haltung beschuldigt. Schon vorher hatte er mit seinem Ziel, die Revolution in zahlreiche andere Länder zu übertragen, die Skepsis der Sowjets und ihrer Satelliten hervorgerufen. Die Auffassungen des Che und seine Aktionspläne schienen ihnen eher riskant.

Weder der (spätere) Krieg im Kongo noch die Kämpfe in anderen Gegenden Afrikas fanden anfangs die Unterstützung Moskaus. Bereits beim Beginn der Bekanntschaft in Mexiko hatte sich Guevara ausbedungen, dass Fidel Castro und die Revolutionäre ihn nach einem Sieg über Batista nicht daran hindern würden, die Revolution nach Argentinien zu tragen.[76] Den Einsatz des Che in Afrika wie auch in Bolivien betrachtete der Kreml als Abenteurertum. Die sich verstärkende Beziehung des Che zu dem maoistischen China war den Sowjets ein Dorn im Auge. Anderson schildert sehr anschaulich, wie ein sowjetischer Emissär in Kuba Guevara beobachtete und mit Missfallen davon berichtete, wie die Chinesen ihn hofierten und fast »belagerten«.[77]

Die Umstände für die endgültige Abreise von Che Guevara sind bis heute im Dunkeln geblieben.[78] Für den Moskau treu ergebenen Raúl dürfte der Abschied seines alten Gefährten und Freundes von Kuba insofern eine Erleichterung gewesen sein, als sie ihn eines schwierigen und gefährlichen Zwiespalts enthob.

Nur einmal sehen wir Raúl in einer kritischen und emotional aufgeladenen Haltung gegenüber den Sowjets: Etwa um die Jahreswende 1961/1962, als er gegen das »Sektierertum« *(sectarismo)* des vorübergehenden kommunistischen Parteiführers Aníbal Escalante antrat und den Sowjets, die er hierfür verantwortlich machte, mit dem Bruch drohte.[79]

In der Zeit des kubanischen Engagements in Afrika von 1975 bis 1991 kommt Raúl als Verteidigungsminister eine Schlüsselrolle zu. Gegen Ende des ersten Einsatzes kubanischer Truppen in Angola trifft sich Raúl Castro mit Präsident Agostinho Neto in Luanda, um Einzelheiten des Rückzugs der kubanischen Truppen zu erörtern.[80]

Dies war im April 1976. Zwölf Jahre später wird Raúl nach der siegreichen Schlacht von Cuito Canavale im Südosten Angolas den endgültigen Abzug seiner Truppen aus Afrika einleiten. Es ist der Beginn einer neuen Etappe, in der Kuba immer weniger auf die Hilfe der Sowjets und ihrer Verbündeten zählen kann.

Kuba hat Ende der achtziger Jahre etwa 180 000 Mann reguläre Truppen unter Waffen, davon 145 000 Mann Landstreitkräfte. Hinzu kommen 110 000 Reservisten, die jährlich eine Wehrübung von sechs Wochen durchlaufen. Mit 1100 Panzern, 1400 Artilleriegeschützen und 300 MIG-Flugzeugen ist Kuba das am höchsten gerüstete Land der Welt, gemessen an seiner Bevölkerung.[81]

Dieser Rüstungsumfang verschlingt Geld. Kuba ist auf die Hilfe der UdSSR angewiesen, die ihm jährlich eine Militärhilfe von mehr als 1,5 Milliarden US-Dollar gewährt. Aber diese Hilfe, die auch Treibstofflieferungen umfasst, nimmt nach 1990 drastisch ab. Raúl Castro kommt nicht umhin, die Truppen zu reduzieren und sich nach neuen Möglichkeiten der Finanzierung der militärischen Ausgaben umzusehen.

Der Weg, der sich ihm eröffnet, ist die wirtschaftliche Betätigung der Streitkräfte. Soldaten als Unternehmer, die Einnahmen erzielen und auf diese Weise die wesentlich verringerten Bezüge aus der UdSSR und Mindereinnahmen des eigenen Staatshaushalts überbrücken helfen.

Aber damit schwimmt Raúl in einer Zeit, in der die wirtschaftliche Betätigung wieder einmal konzentriert und von einer Stelle aus gelenkt wird, gegen den Strom. Es gelingt ihm, nach harten Auseinandersetzungen mit Fidel, die neue Linie durchzusetzen. Später wird er Recht bekommen, denn in der Krise nach dem Zusammenbruch der UdSSR und des Ostblocks werden es gerade die Unternehmen der Streitkräfte sein, die wesentlich dazu beitragen, ihre Folgen abzufedern.[82]

Auch an anderer Stelle zeigt Raúl sein Interesse für wirtschaftliche Reformen. Er, der sich stets in besonderer Weise den Sorgen der östlichen Provinzen angenommen hat, unterstützt im September 1990 einen Vorschlag von Juan Almeida, des einzigen dunkelhäutigen *Comandante de la Revolución*, mit Reformen im Osten zu beginnen, um die Landwirtschaft in dieser Krisenregion zu stärken. Er isoliert damit Fidel, der sich allein diesen Vorschlägen widersetzt. In diesem Zusammenhang soll es zu heftigen Auseinandersetzungen in der kubanischen Führung gekommen sein.[83]

In den Jahren danach offenbart Raúl Castro erneut Interesse an Reformideen. Dies bezeugt Carlos Solchaga, der frühere spanische Wirtschaftsminister, den der Ministerpräsident Spaniens, Felipe González nach Kuba entsandt hatte, um Fidel Castro aus der Krise zu helfen. Solchaga erhofft sich in seinen Gesprächen, die er 1994 in Havanna führt, Offenheit für seine Reformvorschläge und spricht vor allem mit Lage, der sich interessiert zeigt. An Raúl war ihm aufgefallen, dass er es vor den Streitkräften 1994 als »erste Pflicht« bezeichnet hatte, »den Leuten zu essen zu geben«.[84]

Die Gespräche Solchagas mit Raúl Castro 1994 waren jedoch letztlich unergiebig, da Fidel mittlerweile klar zu erkennen gegeben hatte, dass er sich einer »Sozialdemokratisierung« Kubas nicht öffnen werde. Reformen sollten seine Nachfolger in Angriff nehmen.[85]

Die »Raulistas«

Das neue Betätigungsfeld der Soldaten ist für Raúl noch aus einem anderen Grunde wichtig: Es stärkt die Loyalität der Streitkräfte ihm gegenüber. Die doppelte Bindung, einerseits an die soldatische Disziplin, andererseits an neu geschaffene Pfründe, sind für den Verteidigungsminister eine Rückversicherung. Es ist daher nicht verwunderlich, dass seit 1959 nur ein einziger hoher Offizier, nämlich der Luftwaffengeneral Rafael del Pino, aus Kuba geflüchtet ist. Er verließ die Insel 1987.

Im Gegensatz zu seinem Bruder Fidel gelingt es Raúl in meisterlicher Weise, die Loyalität seiner Untergebenen herzustellen und zu erhalten. Er weiß Verantwortlichkeiten zu delegieren, Meinungen einzuholen und seine Untergebenen auf eine gleiche Stufe mit sich selbst zu stellen. Er kümmert sich um ihre Bedürfnisse, ihr Wohlergehen und ihre Familien.[86] Seine Untergebenen wissen dies zu schätzen und erweisen ihrerseits Raúl ihre Dankbarkeit. Daher hört man immer wieder den Begriff *raulistas*, das heißt Mitglieder der kommunistischen Partei oder der Streitkräfte, die sich Raúl Castro gegenüber in besonderer Weise verpflichtet fühlen. Im Gegensatz zu dem oft emotional und impulsiv reagierenden Fidel, für den Loyalitätsbande wenig bedeuten, ist Raúl hier sehr sensibel und weiß seine Untergebenen zu motivieren.

In einer Interpretation des *Decreto Ley 196*, einer Anweisung an die Vorgesetzten zum Umgang mit ihren Untergebenen, führte Raúl wörtlich aus:

> »Ein Chef, der den Widerspruch seiner Untergebenen nicht herausfordert, wird scheitern. Nichts geht über die gemeinsame Entscheidung, den Konsens ... der Chef, dem nur der Untergebene gefällt, der ihm schöne Dinge sagt, ihn anlächelt und nur darauf wartet, um herauszufinden, was der Chef denkt, um ihm das zu sagen, was er hören möchte, ist ein Dummkopf, aber noch dümmer ist der Chef, der so handelt ...«[87]

Für diese Bindung an den (ehemaligen) Verteidigungsminister gibt es oft sehr persönliche Gründe. So auch im Fall des neuen 1. Vizepräsidenten José Ramón Machado Ventura. Er war zu Beginn des Revolutionsregimes Direktor des ärztlichen Dienstes in Havanna. Leichtsinnigerweise hatte er seinen Dienstwagen einem Freund zur Verfügung gestellt, der ohne sein Wissen damit Waffen transportierte, mit deren Hilfe Fidel Castro gestürzt werden sollte.

Machado hätte ohne weiteres standrechtlich erschossen werden können. Raúl aber schützte ihn, übernahm ihn zunächst als Vizeminister in seinen Verantwortungsbereich, machte ihn später zum Gesundheitsminister und erreichte damit die absolute Loyalität dieses Mannes, die ihm heute besonders von Nutzen ist.

Ein anderer Fall war der des späteren Justizministers und – nach Beendigung dieses Amts – Parlamentspräsidenten Juan Escalona Reguera, der vorübergehend in Ungnade gefallen war und in einem untergeordneten Amt »dahinvegetierte«. Raúl holte ihn dort heraus und machte ihn zunächst zum Vizeminister, später zum Minister. Auch dieser Mann war Raúl stets treu ergeben.[88]

Die *raulistas* waren eine Art Hausmacht, auf die sich der Verteidigungsminister in schwierigen Zeiten stützen konnte. Eine solche Zeit durchlebte er 1989 in der Affäre Ochoa. Bei dem General, dem Helden von Angola, der das begehrte Kommando über die Westregion übernehmen sollte, handelte es sich um seinen Mann. Es wird sogar behauptet, Raúl habe zu ihm und seiner Familie eine enge Freundschaft gepflegt.[89]

Arnaldo Ochoa wurde vorgeworfen, maßgeblich am Schmuggel von aus Kolumbien stammenden Drogen in die USA beteiligt gewesen zu sein, wobei er den Ertrag den Streitkräften, nicht aber seiner eigenen Tasche zugeführt habe. Der Fall war brisant. In den USA, die einen intensiven Abwehrkampf gegen die Einfuhr von Drogen führten, wurde behauptet, die gesamte kubanische Staatsführung sei in diese illegalen Geschäfte involviert. Dies wurde später auch von Kubanern bestätigt, die es aufgrund ihrer herausragenden Stellung und Freundschaft zur Führungsmannschaft wissen mussten.[90] Präsident Reagan hatte bereits 1986 der UdSSR und ihren »Alliierten« Kuba und Nicaragua Verbindungen zum internationalen Drogenhandel und dem Terrorismus vorgeworfen.[91]

Hinzu kam, dass Kuba noch im Dezember 1988 die Konvention der Vereinten Nationen gegen Drogenhandel unterschrieben hatte.[92] Seine internationale Glaubwürdigkeit stand auf dem Spiel. Fidel Castro glaubte durch das »Opfer« von Ochoa jeden Verdacht von sich und der Staatsführung ablenken zu können. Der General wurde in einem Verfahren von einem militärischen Ehrengericht zum Tode verurteilt und zusammen mit hohen Offizieren erschossen. Dabei dürfte auch eine Rolle gespielt haben, dass Ochoa durch ironische und kritische Bemerkungen über Fidel Castro und seine offen geäußerten Sympathien zur Perestroika Gorbatschows, die Fidel ablehnte, einen weiteren Grund für das harte Vorgehen gegen ihn geliefert hatte.

Raúl Castro hatte im Zusammenhang mit dem Prozess gegen den populären General Arnaldo Ochoa keine glückliche Figur gemacht. Seine Rede, in der er Offizieren gegenüber das Verfahren und die Exekution ihres beliebten Kameraden zu rechtfertigen suchte, kam nicht gut an. Die Affäre Ochoa blieb lange Zeit ein Makel für den Verteidigungsminister.[93]

Letztlich führt sie aber zu einem erheblichen Machtzuwachs für Raúl. Eine Säuberungsaktion ohnegleichen findet im Innenministerium statt. Innenminister Abrantes wird verhaftet (er kommt später im Gefängnis um). 300 Offiziere und hohe Beamte des »MININT« (Abkürzung für das Innenministerium) verlieren ihre Posten.[94] Einen seiner getreuesten Gefolgsleute, den General

Colomé Ibarra, der den Spitznahmen »Furry« trägt, macht er zum Innenminister. Raúl nimmt somit de facto das Innenministerium in seine Regie und damit auch den gesamten Apparat des Geheimdienstes. Mit dieser Machtbasis kann er die neuen Strukturen in den Streitkräften, ihre neue Ausrichtung auf wirtschaftliche Aktivitäten und das neue, an westlichen Vorbildern orientierte *perfeccionamiento empresarial*, das heißt moderne Managementmethoden, vorantreiben.

Die sehr verschiedenen Brüder

Mitte 1994 kam es in Kuba zu einer dritten, großen Fluchtwelle, der Proteste und Demonstrationen in Havanna vorausgingen. Es war das erste Mal seit 1959, dass die Leute gegen das Regime auf die Straße gingen und ihrem Unmut Luft machten. Die Unruhen drohten zu eskalieren, so dass Raúl Castro sich genötigt sah, diesen »Feinden der Revolution« mit dem Einsatz der Streitkräfte zu drohen. Man verfüge über genügend Kanonen und andere Waffen, um das Land zu verteidigen.

Diese Drohung zeigt das andere Gesicht des jüngeren Bruders, seine Verbissenheit und – wie schon seit den Tagen der Guerrilla – den Willen, bis zur letzten Konsequenz für die Revolution zu kämpfen und sich als Führer zu beweisen. Wie anders reagierte damals Fidel: Nur von zwei seiner engsten Mitarbeiter begleitet, fuhr er in einem Jeep zu den Demonstranten und redete mit ihnen. Er forderte sie auf, die Demonstrationen abzubrechen und nach Hause zu gehen. Jeder, der das Land verlassen wolle, könne dies tun. Seine Worte beruhigten. Die Leute zogen sich zurück.

Dieser Vorfall offenbart wie kein anderer die unterschiedlichen Führungsqualitäten der Brüder Castro. Fidel, der Charismatiker, wagt sich in die Höhle des Löwen, er spricht die Leute an, er verzaubert sie durch seine schlichte Anwesenheit. »No hay salida pero Fidel sabra encontrarla« (Es gibt keinen Ausweg, aber Fidel wird ihn finden) war lange Zeit das geflügelte Wort in der Zeit des Notstands, des *período especial en tiempos de paz.*[95] Seine Umgebung und schließlich die meisten Kubaner waren überzeugt von seinen übermenschlichen Kräften, seinem Spürsinn für die Lösung eines unlösbar scheinenden Problems.

Von Raúl hätte dies niemand gesagt. Er, der »Bürokrat«, dem jegliches Charisma abgeht, verfügte eben nicht über die Möglichkeiten, die seinem Bruder zu Gebote standen. Stattdessen drohte er stumpf mit Gewalt und mit dem Einsatz von Truppen. Die Haltung, die er damals, vor 14 Jahren, an den Tag legte, sollte auch bei der Bewertung seiner Persönlichkeit heute zu berücksichtigen sein. Sollte es erneut zu Unruhen kommen, wird Raúl nicht zögern, die Streitkräfte einzusetzen.

Der deutsche Soziologe Max Weber hat sich mit dem Phänomen der charismatischen Herrschaft auseinandergesetzt und die These vertreten, dass der Nachfolger des charismatischen Herrschers seine Macht durch Verankerung in den Institutionen sucht, die der Vorgänger hinterlassen hat.[96] Im Falle Kubas wäre dies vor allem die Partei, aber auch das Militär, die Säulen des Machtgefüges. Folgt man Weber, würde Raúl jetzt die Abstützung seiner Herrschaft in der Partei und im militärischen Apparat suchen, den er selbst aufgebaut hat und der ihm bisher zu Willen war.

Raúl war über Jahrzehnte eine Hauptstütze der charismatischen Herrschaft seines Bruders. Politische Beobachter, die sich mit Raúl Castro beschäftigt haben, gehen heute so weit, dass sie mehr Raúl als Fidel das Überleben der Revolution und des kubanischen Regimes zuschreiben. Fidel sei zwar Charismatiker und Visionär, aber im Grunde ein Chaot, dem eine Reihe gefährlicher Fehlentscheidungen, von 1953 an, zuzuschreiben seien. Raúl hingegen habe mit eiserner Disziplin und Organisationstalent die Fehler seines Bruders erfolgreich zu korrigieren vermocht. Er habe nicht nur die Streitkräfte gut geführt, sondern insgesamt auch die politische Stabilität Kubas garantiert.[97]

Es gehört zu den Fehlurteilen der Jahre 1959 und 1960 und auch danach, Raúl unterschätzt zu haben. Auch der US-Geheimdienst sah lange in ihm einen schwächlichen, unscheinbaren und ganz seinem Bruder Fidel untergeordneten Mann, dem keinerlei Führungsqualitäten und eigene Leistungen bei der erfolgreichen Revolution und den vorausgegangenen Kämpfen in der Sierra Maestra zugesprochen wurden.[98] Man hatte sich wieder einmal getäuscht.

Während sich Fidel oft in ideologische Höhenflüge begab, sich den Neoliberalismus und die Globalisierung als die Grundübel dieser Zeit vornahm, blieb Raúl der Praktiker, der die Mängel im eigenen System, die er erkannt hatte, abzustellen versuchte, jedenfalls in der Sphäre, für die er verantwortlich war. Höhenflüge, Feindbilder und das oft aggressive Vokabular seines älteren Bruders, das andere oft verletzte und negative Konsequenzen für das Land haben konnte, waren ihm weitgehend fremd.

Raúl Castro wirkt bei seinen Auftritten eher hölzern und trocken. Es gelingt ihm nicht, wie Fidel, seine Zuhörer mitzureißen. Er überlässt öffentliche Auftritte, die Leitung wichtiger Veranstaltungen oder den Empfang hochrangiger Besucher oft seinen Stellvertretern.

Gelegentlich wird behauptet, der »Narziss« Fidel blicke mit Geringschätzung auf seinen jüngeren Bruder herab, werfe ihm Alkoholabhängigkeit vor, zweifle an seinen intellektuellen Fähigkeiten und seinen Qualitäten als Führer und hege ein tiefes Misstrauen gegen ihn.[99] Dies könnte auch ein Grund dafür sein, weswegen Fidel in seinem »Testament« vom 31. Juli 2007 Raúl in ein Kollektiv einband und ihm zunächst noch die alleinige Machtausübung versagte.

Dennoch gründet sich die seit fast 50 Jahren währende Stabilität Kubas auf die Achse Fidel-Raúl. Von Anfang an duldeten die Brüder Castro keinen »dritten Mann« neben sich. Gefährliche Konkurrenten wurden ausgeschaltet. Das Verschwinden von Camilo Cienfuegos 1959, die Liquidierung von Ochoa 1989 und der Sturz des mächtigen Carlos Aldana 1992 könnten hiermit in Zusammenhang stehen. Es setzte sich allmählich die Auffassung durch, dass jeder der Brüder gefährlich sei, aber ihre vereinte Kraft sei schrecklich.[100] Gelegentliche Streitigkeiten und heftige Diskussionen unter den Brüdern waren dabei nicht ausgeschlossen. Oft hat sich Raúl durchsetzen können.

Besonders wichtig war für Fidel Castro die Loyalität von Raúl in den entscheidenden beiden Jahren des Kampfes in der Sierra Maestra. Die kleine Rebellenarmee konnte nur bei eiserner Disziplin und absolutem Gehorsam gegenüber ihrem Führer erfolgreich sein. Fidel Castro schildert die Einsetzung eines Obersts der Batista-Streitkräfte als Kommandeur einer Garnison in Santiago. Dies sei kurz vor dem Ende der Kämpfe geschehen. Raúl habe offenbar Einwände dagegen gehabt, stimmte dieser Maßnahme schließlich aber mit den Worten zu, »er wird schon wissen, was er macht«[101].

Sehr merkwürdig und manchmal sogar mysteriös ist der Umgang der Familien miteinander. Gelegentlich wird behauptet, ein

Verkehr unter den Familien bestehe so gut wie nicht. Fidel Castro, der seine Lebensgefährtin Dalia Soto del Valle niemals in sein öffentliches Leben einbezogen hat – bei Staatsbesuchen trat die Frau von Raúl Castro, Vilma Espín, als »erste Dame« auf – will weder Kontakte zwischen den Ehefrauen noch zwischen den Kindern. Dabei haben es einige der Kinder oder sogar der Enkel zu ansehnlichen Positionen gebracht. Der älteste Sohn von Fidel Castro, Raúl, genannt *Fidelito*, ist in Moskau ausgebildeter Nuklearphysiker und im Staatsrat für Technologiefragen zuständig. Sein Stiefbruder Antonio ist Facharzt für Orthopädie und begleitet seinen Vater gelegentlich. Eine Tochter von Raúl, die sehr umgängliche Mariela, ist Präsidentin des Nationalen Zentrums für Sexualerziehung (CENESEX). Ein Enkel von ihm ist Kommandeur seiner Leibgarde.

Raúl hat es auch nur selten gewagt, sich in einen ernsten Konflikt mit Fidel zu begeben. Meistens tauchte er ab, wenn es dazu hätte kommen können, und begab sich in den Osten des Landes, in seine engere Heimat, in der er sich mehr zu Hause fühlte, als in Havanna.[102] Wir haben es auch nach 2000 erlebt, dass Raúl Castro monatelang nicht in der Öffentlichkeit erschien. Dies führte regelmäßig zu Gerüchten, auch über seinen Gesundheitszustand.

Außenpolitisch scheint es so, als suche Raúl Castro einen Ausgleich mit den USA, dem mächtigen Nachbarn. Das Feindbild USA hatte wesentlich dazu beigetragen, die bizarre Revolution am Leben zu erhalten. Es hatte Fidel Castro das Argument gegeben, mit dem er die Massen hinter sich scharen konnte. Umgekehrt konnte George Bush, wie manche seiner Vorgänger, mit einer rigiden Politik der Sanktionen gegen Kuba die für seine Macht entscheidenden Stimmen in Florida gewinnen. Wird jetzt dieser *circulus vitiosus* durchbrochen werden können? Wird beiderseits der Straße von Florida die Vernunft obsiegen?

Wir hören heute immer häufiger das Schlagwort vom chinesischen und vietnamesischen Modell. Fidel Castro hatte zwar immer wieder seine Bewunderung für die Reformpolitik Chinas geäußert, es jedoch abgelehnt, ähnliche Reformen in Kuba einzuführen. Der Druck, sich aus dem Würgegriff der Zentralverwaltungswirtschaft zu befreien, dürfte jetzt zunehmen. Die Kubaner sind ein gut ausgebildetes Volk, das phantasiebegabt und unternehmerisch tüchtig ist. Geben Sie einem Kubaner ein altes Fahrrad und einen Rasenmäher und er macht daraus ein gut funktionierendes Motorrad.

Die Folge der wirtschaftlichen Unfreiheit war die grassierende und florierende Schattenwirtschaft. Viele Kubaner stellten illegal in Schuppen, Hinterhöfen und in der eigenen Küche Konsumartikel her, die sie schwarz verkauften. Dies gab ihnen eine Existenzgrundlage und war eine der Ursachen, weshalb Kuba die schwere Krise des *período especial* meistern konnte.

Wirtschaftliche Reformen, wahrscheinlich in kleinen, vorsichtigen Schritten, und eine allmähliche Annäherung an die USA könnten die Determinanten einer neuen Politik sein, die nicht nur logisch wären, sondern auch vom Volke gewünscht werden, von einem Volke, das wie nach einem langen Krieg endlich in Frieden zu leben wünscht.

Fidel und Raúl Castro – José Martí und Karl Marx

Kuba ist, wie viele andere Länder auch, ein Land zahlreicher Widersprüche. Aber nur selten prallen Widersprüche so hart aufeinander wie in Kuba. Wir haben uns daran gewöhnt, dass die Regierenden in Havanna den Kapitalismus der westlichen Länder verurteilen, aber gleichzeitig offen sind, wenn es darum geht, Hilfe und Geschenke der »kapitalistischen« Länder anzunehmen. Oder: Die USA werden in Havanna gern als der Feind schlechthin gebrandmarkt, aber wenn es darum geht, eine bedrohliche Krise in der eigenen Wirtschaft zu überwinden, wird schnell der Dollar eingeführt. Feind hin, Feind her.

Einer der Widersprüche betrifft ein ganz anderes Terrain. Es ist das Feld der Ideologie. José Martí, dem auf der Plaza de la Revolución ein riesiges Denkmal gesetzt wurde, ist der weithin in Kuba verehrte Vordenker der Freiheit, Unabhängigkeit und nationalen Würde des Landes. Gleichzeitig wird aber der Sozialismus als die Leitidee in der Verfassung verankert.

Wie passen Jose Martí und Karl Marx zusammen? Martí, der geistige Vater der kubanischen Unabhängigkeit, der Lehrer aller Kubaner, ob sie auf der Insel oder im Exil leben, dient Fidel wie Raúl Castro immer wieder als Referenz. Seine Statuen und seine Büsten stehen auf Plätzen, in Schulen und Fabriken. Von Marx, Engels oder Lenin ist in Kuba weniger zu sehen. Immerhin gibt es am Rande des vornehmen Stadtteils Miramar in Havanna ein »Teatro Karl Marx«, in dem die kommunistische Partei Kubas oder die Führer der Revolution gern ihre Feste feiern.

In seinen Gesprächen mit dem brasilianischen Theologen Frei Betto hat Castro einen Satz gesagt, den er später oft wiederholte: »Bevor ich utopischer Kommunist oder Marxist bin, bin ich Anhänger von Martí, und ich bin es schon seit meinem Abitur«. Er hat dann hinzugefügt, dass er die »enorme Attraktivität im Denken von Martí für uns alle nicht vergessen könne, die Bewunderung für Martí«. Er (Fidel Castro) sei immer ein großer Bewunderer der heldenhaften Kämpfe unseres Volkes für seine Unabhängigkeit im letzten Jahrhundert gewesen ... und man könne (auch) Marxist werden, wenn man vom Denken Martís ausgehe.[103]

José Martí, 1854 in Havanna geboren, war kein Marxist oder Sozialist. Aber er war ein Vorkämpfer gegen die soziale Ungerechtigkeit. Seine Aufmüpfigkeit, sein ziviler Ungehorsam und seine revolutionären Ideen trugen ihm bereits als 16-jährigem Arbeitslager und Verbannung nach Spanien ein. In den Vereinigten Staaten von Amerika, in denen er als Erwachsener viele Jahre lebte, sah er ein Monstrum, ein Imperium, gegen dessen Gelüste man sich zur Wehr setzen müsse. Den bewaffneten Kampf der kubanischen Aufständischen, der *Mambises*, unterstützte er unter Einsatz seines Lebens. Er fiel 1895 im Kampf, kurz nach seiner Landung im Osten Kubas.

José Martí hat ein umfangreiches Werk hinterlassen. Seine Schriften, seine Gedichte könnten fast eine kleine Bibliothek füllen. Er hat zu zahlreichen politischen, kulturellen und ökonomischen Fragen seiner Zeit Stellung genommen, zur Sklaverei, zur Unterdrückung der Menschen generell, wie zum Wunsch seines Volkes, endlich mit den übrigen Staaten Lateinamerikas gleichzuziehen und unabhängig zu werden. So ist es kein Wunder, wenn sich Kubaner auf beiden Seiten der Straße von Florida auf Martí berufen. Auch die katholische Kirche bezieht sich heute auf Martí, der von dem Gedanken der Brüderlichkeit und der christlichen Nächstenliebe durchdrungen gewesen sei.[104] Für ein Zitat als Belegstelle für die eine oder andere Auffassung, oft aus dem Zusammenhang gerissen, ist er allemal gut.

Martí – Apostel und Vater der Nation. Martí – höchste, verehrungswürdige Instanz in Sachen Patriotismus. Aber Karl Marx, Friedrich Engels oder Wladimir Iljitsch Uljanow (»Lenin«) lagen

Nationalheld José Martí: Dem identitätsstiftenden Dichter sind zahlreiche Gedenkstätten, eine Säule auf dem Platz der Revolution und ein Standbild im Zentralpark der Hauptstadt gewidmet.

Begriffe wie Vaterland oder Patriotismus fern. Ihre Lehre war internationalistisch angelegt. Sie dachten nicht an ein bestimmtes Land, wenn sie von der Revolution sprachen, von der Diktatur des Proletariats oder vom Kommunismus. Sie hatten die Weltrevolution im Auge. Erst später hat sich der Marxismus-Leninismus in verschiedene Richtungen entwickelt. Die »Revisionisten« wie Eduard Bernstein oder Karl Kautsky waren die geistigen Väter des gemäßigten »sozialdemokratischen« Flügels, der sich am Vorabend des Ersten Weltkriegs wieder auf den Patriotismus besann und die Kriegspartei unterstützte. Nur Rosa Luxemburg und Karl Liebknecht blieben Anhänger der »reinen Lehre«. Für sie stellten Vaterland und Nation keine Werte an sich dar.

Auch bei der Lehre vom »Sozialismus in einem Land« schimmerte eine Denkrichtung durch, die mehr die Nation als die Internationalität im Auge hatte. Von dort bis zum patriotischen Appell an den Kampf für die heimatliche »Mutter Russland« im Großen Vaterländischen Krieg (Stalin) war es nicht mehr weit. Daher könnte man auch das Bekenntnis von Fidel Castro zu José Martí vielleicht doch noch in den Toleranzbogen des modernen Marxismus – Leninismus stellen.

Was aber schwerer wiegt, sind die Umstände, unter denen sich Fidel Castro der marxistisch-leninistischen Ideologie bediente. Es war der Abwehrkampf gegen die immer feindlicher agierenden USA, der Fidel Castro schließlich bewog, seine Revolution im April 1961, also mehr als zwei Jahre nach dem Triumph der Revolution, als »sozialistisch« zu bezeichnen.

Er selbst hat behauptet, schon früh Marxist-Leninist gewesen zu sein. Allerdings war Fidel Castro vor der Revolution Anhänger der orthodoxen Partei des Eduardo Chibás, die zwar sozialreformerische Züge aufwies, aber keinesfalls kommunistisch oder sozialistisch war. 1952 kandidierte er für ein Abgeordnetenmandat dieser Partei; der Putsch von Batista, kurz vor den Wahlen, vereitelte seinen wahrscheinlichen Einzug ins Parlament und den Aufbau einer Karriere als Politiker in einem demokratischen Staatswesen.

Auch die Partei, die er nach dem gescheiterten Überfall auf die Moncada-Kaserne 1953 ins Leben rief, das *Movimiento 26 de Julio*, war keine kommunistische Partei, sondern ein Konglomerat aus verschiedenen politischen Orientierungen, die nur das Ziel des Sturzes der Batista-Diktatur einte. Erst nach dem Triumph der

Revolution, etwa im Spätsommer 1959, begann sich im M-26-7 eine radikale, dem Kommunismus zugewandte Gruppe durchzusetzen, der demokratisch gesonnene Kameraden zum Opfer fielen. Aber damals war die Auseinandersetzung mit den USA als Folge der begonnenen Landreform und der auf Enteignung großer US-Firmen in Kuba gerichteten Politik absehbar.

Fidel Castro nannte seine Revolution »humanistisch« in dem Sinne, dass er den Lebensstandard der Bevölkerung heben und den Zugang der Massen zu Erziehung und Bildung öffnen wollte.

Daher neige ich der These zu, dass Fidel Castro die Wende zum Kommunismus nicht aus ideologischen Gründen, sondern aus politischem Kalkül vollzogen hat. Er bediente sich dieser Ideologie gewissermaßen, um die Revolution, sein Lebenswerk, durch ein Bündnis mit der kommunistischen Sowjetunion abzusichern.

Ganz anders steht es bei Raúl Castro. Er war bereits mit 22 Jahren der Kommunistischen Partei Kubas (PSP) beigetreten. Allerdings unterstützte er, im Gegensatz zu seinen Parteigenossen, den bewaffneten Kampf seines Bruders gegen Batista und ging mit ihm 1955 ins Exil nach Mexiko. Raúl Castro und sein Freund Che Guevara waren treibende Kräfte bei der Annäherung des M-26-7 an den kommunistischen PSP seit dem Sommer 1958.

Fidel Castro, der Taktiker, der Opportunist, Raúl hingegen der von vornherein überzeugte Kommunist. Wir wissen, dass die ideologisch geschulten Doktrinäre im Kreml Fidel Castro mit Vorbehalten begegneten. Er hatte nicht den »Stallgeruch« eines wirklichen Marxisten. Hingegen haben sie Raúl, wie wir bereits an anderer Stelle bemerkt haben, als »ihren Mann« betrachtet und entsprechend gewürdigt.

Offenbar machen diese Widersprüche heute auch den Führern in Havanna zu schaffen. Armando Hart Dávalos, Mitglied des Politbüros des PCC und früherer Kulturminister, hat in einer interessanten Rede, die er 2007 in Neapel hielt, eine Brücke zwischen Martí und Marx zu bauen versucht. Er stellt José Martí neben Antonio Gramsci, jenen italienischen Kommunisten, der nach langer Haft 1937 im Alter von 46 Jahren im Gefängnis Mussolinis umkam. Gramsci ist vor allem für seine These bekannt, dass die Oktoberrevolution nicht auf die Länder Westeuropas übertragbar sei. Die Ausgangssituation im zaristischen Russland sei eine völlig andere gewesen als in den europäischen Demokratien.

Heute wird vor allem Antonio Gramsci beträchtlicher Einfluss auf die KP Kubas beigemessen. Seine Theorie eines Kommunismus, der vom Konsens der bestimmenden politischen Kräfte in einem Land getragen wird und dem pragmatischen, an den Notwendigkeiten der Praxis ausgerichteten Denken haben ihm weltweit zahlreiche Anhänger zugeführt. So gilt er als der »geistige Vater« des Eurokommunismus. Auch den Gründer der peruanischen kommunistischen Partei, José Carlos Mariátegui, hat er stark beeinflusst.

Gramsci betonte die Notwendigkeit, den Aufbau einer sozialistischen Gesellschaft auf den vorherigen weitgehenden, mehrheitlichen Konsens der Zivilgesellschaft zu gründen. Dieser Konsens könne nur durch eine intellektuelle und moralische »Hegemonie« des sich bildenden »neuen Blocks« (gemeint ist das Zusammenwirken von Intellektuellen, Arbeitern und Bauern in einer Gesellschaft) hergestellt werden. Gramsci rückt damit von der von Marx und Lenin vertretenen Kernthese der Diktatur des Proletariats als Voraussetzung für den Aufbau der kommunistischen Gesellschaft ab.

In Kuba wird vor allem betont, Gramsci habe den Zusammenbruch des »realen Sozialmus« in den Ländern des europäischen Ostblocks vorausgesehen und in seinen Schriften vorweggenommen. Dort sei der Sozialismus nicht auf einem gesellschaftlichen Konsens, sondern durch eine gewaltsame Oktroyierung von außen und von oben durchgesetzt worden.

Raúl Castro und die kubanischen Parteiideologen gehen heute davon aus, dass der gesellschaftliche Konsens als Voraussetzung für das sozialistische System in ihrem Land gegeben sein müsse und dass es ständiger Anstrengungen der Intellektuellen wie auch der Partei bedarf, um dies zu garantieren.[105] In seiner Rede vom 24. Februar 2008 spricht er von der »direkten Abstimmung« *(consulta directa)* mit den Bürgern oder sogar mit dem ganzen Volk. Er spricht auch vom »vertieften Austausch zwischen unterschiedlichen Auffassungen, aus denen die besten Lösungen entständen«.[106]

Bereits im März 1996 hatte er in einer Rede *(Informe del V Pleno del Comité Central)* den Begriff der Zivilgesellschaft verwandt. Er spricht von der in Kuba existenten Zivilgesellschaft und von der sozialistischen Zivilgesellschaft. Der kubanische (sozialistische) Philosoph Jorge Luis Acanda leitet daraus das Konzept einer kubanischen Zivilgesellschaft ab, die für die Errungenschaften der Revolution mitverantwortlich ist und »Transformationen« begünstigt.[107]

Für Armando Hart sind es »die Politik und die Erziehung, in denen die entscheidende Schlacht ... zur Erhaltung einer gesunden Gesellschaft geschlagen wird«[108].

Die Angst wird deutlich, man könne in Kuba in die gleichen Fehler verfallen, wie sie im Sowjetkommunismus begangen wurden. Sie haben schließlich seinen Zusammenbruch herbeigeführt. Mit Gramsci und seinen Lehren, wie er sie in den »Heften aus dem Kerker« (*Quaderni del Carcere*) zusammengefasst hat, glauben Leute wie Hart oder andere »fortschrittliche Kommunisten« in Kuba ein Allheilmittel gefunden zu haben. Die Gedanken und Lehren von Martí können über Gramsci mühelos in das Gebäude des kubanischen Sozialismus eingebaut werden.[109]

Legt man den Gedanken des Konsenses den kubanischen Verhältnissen zugrunde, so leuchtet ein, dass die Berufung der Führer der Revolution auf den anerkannten »Apostel Kubas« die eigene Legitimation fördert. Das Problem ist nur, dass auch die andere Seite, das Exil, José Martí genauso für ihre Ziele eines demokratischen Kubas heranzieht, so dass sich diese Legitimation bei näherem Licht betrachtet als sehr subjektiv erweist.

Aber vielleicht könnte Martí und sein allgemein anerkanntes Gedankengut dazu beitragen, eine Brücke der Verständigung für alle Kubaner zu schaffen.

TEIL II: Die kubanische Wirtschaft

Einführung

Die Geschichte eines Staates verläuft selten geradlinig. Sie ist oft ein ständiges Hin und Her, abhängig von den verschiedensten Faktoren, wie dem Führungspersonal, den gesellschaftlichen Gruppen, den Nachbarstaaten, Ideologien, Toleranz der Bevölkerung etc. In Kuba ist das nicht anders. Die Geschichte dieses Landes ist in der zweiten Hälfte des 20. Jahrhunderts maßgeblich von Fidel Castro geprägt worden. Obwohl er seit bald 50 Jahren an der Macht ist, können wir keineswegs von einem geradlinigen Verlauf der kubanischen Geschichte in dieser Zeit sprechen.

Für Kuba hat der Zusammenbruch des Ostblocks, dem es wirtschaftlich angehörte, immense Folgen gehabt, die eine teilweise Neuorientierung erforderlich machten. Dennoch hat Fidel Castro an der »kommunistischen« Ideologie und an der Zentralverwaltungswirtschaft festgehalten. Er wollte nicht zugeben, dass dieser Weg gescheitert war. Vor allem konnte er dies gegenüber dem »feindlichen« Nachbarn, der diese Ideologie ablehnte und bekämpfte, nicht eingestehen.

Die Wirtschaftspolitik der kubanischen Regierung in den letzten Jahrzehnten zeichnet sich durch einen Zickzackkurs aus, man könnte auch sagen durch »stop and go«. Konstanten sind das ständige Eingreifen des Staates durch Korrekturen, um krisenhafte Erscheinungen abzufedern und ein völliges Abrutschen der Wirtschaft in die Katastrophe zu verhindern.

Schon Lenin hatte festgestellt, dass eine von oben gelenkte Zentralverwaltungswirtschaft in lebensbedrohende Krisen führen kann und sie für ein paar Jahre ausgesetzt. NEP (Neue Ökonomische Politik) stand für die vorübergehende Rückkehr in die kapitalistische Marktwirtschaft Anfang der 1920er Jahre in der Sowjetunion, um eine bevorstehende Hungerkatastrophe zu verhindern. Fidel Castro griff zu ähnlichen Mitteln, um aus der Krise der beginnenden 1990er Jahre herauszukommen. Er ließ private

Kleinunternehmen zu, öffnete Märkte und führte den Dollar als Zahlungsmittel ein, dessen Besitz bislang bei Strafe verboten war.

Aber kaum hatte sich die Wirtschaft etwas erholt, drosselte er die Öffnung wieder, würgte die private Initiative durch eine exzessive Besteuerung ab und ließ den erfolgreichen Sektor der gemischten Unternehmen, die sogenannten Joint-Venture-Betriebe, durch Wegfall staatlicher Förderung und durch bürokratische Hürden praktisch austrocknen. »Konsequente Tatenlosigkeit« (Burchardt) führte zur Verkümmerung großer Teile der Landwirtschaft.

Auf diese Weise schlitterte die kubanische Wirtschaft von einer Krise in die andere. Die Regierung nahm zwar immer wieder Korrekturen vor *(rectificaciones)*, versäumte es aber, die ineffizienten und unproduktiven wirtschaftlichen Strukturen von Grund auf zu reformieren. Statt den Binnenmarkt auszubauen, verlegte sie sich auf die einseitige Stärkung der externen Wettbewerbsfähigkeit. Die Regierung ging weder den Weg einer Liberalisierung der Kapitalmärkte noch den einer Währungsreform. Sie befürchtete, zu sehr in die Nähe einer kapitalistischen Wirtschaft zu gelangen und damit die ehernen Gleichheitsprinzipien zu verletzen.

Daher bietet die kubanische Wirtschaft heute ein trauriges Bild.

Aber wie steht es mit Raúl? Kann er sich nach dem Zusammenbruch der Sowjetunion und ihres Machtblocks nicht frei fühlen und einen neuen Kurs festlegen, vor allem dann, wenn er allein und ohne den Einfluss seines älteren Bruders die Geschicke Kubas zu bestimmen hat?

Wie ist Raúl aufgrund seiner Biographie einzuordnen? Was lehrt sie uns? Die Gefolgschaft zu seinem Bruder war für Raúl ein Wesenselement seines Lebens. Obwohl er seit seinem 22. Lebensjahr Mitglied der kommunistischen Partei war, zog er es vor – im Gegensatz zu seinen Parteigenossen – Fidel zu unterstützen und mit ihm den Angriff auf die Moncada und drei Jahre danach den Kampf in der Sierra Maestra aufzunehmen. Raúl stand stets loyal auf der Seite seines älteren Bruders und wird daher dieses Grundprinzip nicht verlassen. Wenn sein Bruder nicht mehr ist, wird auch diese Loyalitätsverpflichtung nicht mehr bestehen. Raúl wäre dann frei, eigenen Prinzipien zu folgen und neue, eigene Wege einzuschlagen.

Sicherlich war Raúl, der zahlreiche Reisen in die Sowjetunion unternahm und Begegnungen mit sowjetischen Politikern und hochrangigen Militärs hatte, das wichtigste Bindeglied der östlichen Supermacht zu Kuba. Er galt in der kubanischen Führung als der Mann Moskaus, schließlich kamen von dort auch die Waffen. Fidel Castro hingegen, der oft eigene Ideen entwickelte und unabgestimmt vorging, misstraute der Kreml, wenngleich er in ihm einen Verbündeten sah. Dies hat wesentlich mit dazu beigetragen, in Raúl den Verfechter eines Kurses zu sehen, der sich an die Vorbilder Nikita Chruschtschow und Leonid Breschnew anlehnte und vor allem auch die Zentralverwaltungswirtschaft, wie sie im ehemaligen Ostblock praktiziert wurde, zum wesentlichen Angelpunkt hatte.

Es ist aber zu fragen, ob Raúl, besonders nach dem Zusammenbruch der UdSSR und dem Ende des östlichen Wirtschaftsbündnisses Rat für gegenseitige Wirtschaftshilfe (RGW), seine Positionen aufrechterhalten hat. Sechs Tatsachen scheinen mir in diesem Zusammenhang interessant:

1. Seine Begegnungen mit dem spanischen Wirtschaftsfachmann Solchaga (1993/1994).
2. Der Ausbau von modern geführten Wirtschaftsunternehmen der Streitkräfte.
3. Sein Interesse an der Reform- und Öffnungspolitik der VR China und den Reformen in Vietnam.
4. Seine in letzter Zeit geäußerte Kritik an der mangelnden Effizienz und Produktivität, vor allem in der Landwirtschaft.
5. Offenbare Auffassungsunterschiede zwischen Raúl und Fidel in der Frage der Herstellung alternativer Kraftstoffe aus Zuckerrohr.
6. Seine Ausführungen anlässlich der Übernahme des Vorsitzes des Staatsrats und die ersten Maßnahmen, die zur Umsetzung seiner Pläne getroffen wurden.

Nach dem Zusammenbruch der UdSSR und des Ostblocks in den Jahren 1990 und 1991 verlor Kuba über Nacht seine wichtigsten Handelspartner. Es stürzte damals in eine tiefe, jahrelang anhaltende Krise. Ein Hilfsangebot richtete 1993 Felipe González, der Ministerpräsident Spaniens, an Fidel Castro. Er entsandte einen seiner fähigsten Fachleute, den ehemaligen Wirtschaftsminister Carlos Solchaga, nach Havanna. Solchaga sollte Vorschläge für eine Umstrukturierung der kubanischen Wirtschaft unterbreiten.[110]

Raúl Castro, aber auch Carlos Lage, mit dem Solchaga die längsten Gespräche führte, schienen für die Ideen einer allmählichen Umstrukturierung der kubanischen Wirtschaft Interesse zu zeigen. Von Raúl stammte der Satz: »Unsere erste Pflicht ist es, den Leuten zu essen zu geben.« Aber beim zweiten Besuch von Solchaga wollte Raúl nichts mehr von grundlegenden Reformen wissen. Er zeigte dem Spanier unterirdische Verstecke für Panzer und andere schwere Waffen. Die Wirtschaft war kein Thema mehr für ihn.

Raúl hatte mittlerweile erkannt, dass Fidel keine tiefgreifenden Reformen wollte. Dieser lehnte die »Sozialdemokratisierung« Kubas ab. Rául, der sich jetzt ganz an seinem älteren Bruder orientierte, wusste, dass die Pläne Solchagas auf Ablehnung gestoßen waren. Für Fidel stand die Revolution auf dem Spiel. In seinem abschließenden Gespräch lobte er zwar die Ideen Solchagas, wies aber gleichzeitig darauf hin, dass ihm Leute nachfolgen würden, die dann diese Pläne durchführen könnten. Zu seinen Lebzeiten sollte es offenbar keine Einführung marktwirtschaftlicher Prinzipien geben.

Aber seither sind fast 15 Jahre vergangen. Die Wirtschaftskrise ist immer noch nicht überwunden. In der kubanischen Bevölkerung hat sich Unmut über die Misere, in der sie lebt, aufgestaut. Raúl Castro will, dass die Probleme beim Namen genannt werden, dass die Bevölkerung sich daran gewöhnt, Kritik zu üben und Verbesserungsvorschläge zu machen. Und die Kritik setzt nun allmählich ein, sogar in schriftlicher Form.

Ende November 2007 war davon erstmalig in der Jugendzeitung »Juventud Rebelde« zu lesen. Dort kritisierte man das fehlende Interesse und die mangelnde Effizienz von Funktionären auf den verschiedenen Ebenen der Volksmacht *(Poder Popular)* und rief dazu auf, das Prinzip der »überwältigenden Mehrheit« aufzugeben und stattdessen die offene Debatte zuzulassen. Sowohl im »Parlament« wie auch bei anderen Staatsorganen seien Diskussionen mit unterschiedlichen Positionen sehr selten. Forderungen von Gemeinschaften und Ortschaften seien zahlreich, würden jedoch nicht durch die öffentlichen Einrichtungen unterstützend begleitet.

Dies ist ein Vorgang, wie ich ihn in den vergangenen Jahren nicht erlebt habe. Sicherlich gab es vereinzelt, auch in der Presse, Kritik an bestimmten Vorgängen (zum Beispiel zur Korruption im öffentlichen Verkehrswesen), aber niemals in dieser allgemeinen und sehr eindringlichen Form, in der ich einen Aufruf von Raúl Castro aus den neunziger Jahren wiedererkenne, in dem er zu kritischem Denken aufgefordert hatte.[111]

In seiner »Antrittsrede« am 24. Februar 2008 hat Raúl Castro die »Befriedigung der Grundbedürfnisse der Bevölkerung«, eine nachhaltige Stärkung der Volkswirtschaft, die Erhöhung der landwirtschaftlichen Produktion und die Abschaffung von Subventionen angekündigt. Dabei hat er ausdrücklich die Lebensmittelkarten *(libretas de abastecimiento)* genannt, die er, wie andere extrem subventionierte Dienstleistungen und Waren, als »irrational« und »unhaltbar« bezeichnete.

Im gleichen Zusammenhang nannte er eine mögliche Währungsreform, bei der allerdings ein integrales Herangehen *(enfoque integral)* erforderlich sei, in welches das Lohnsystem, die Einzelhandelspreise und die oben genannten Subventionen einbezogen werden müssten. Die »Löhne müssten wieder ihrer Funktion gerecht werden« und der Lebensstandard jedes Einzelnen müsse wieder in einem Verhältnis zu seinen legalen Einkünften stehen.

In seiner Rede nannte der neue Staatschef auch die Einführung des Leistungsprinzips (Bedeutung und Umfang der Arbeit, die jemand für die Gesellschaft erbringt) als ein weiteres Ziel.

Dies, wie auch eine Verwaltungsreform (Stichworte »Dezentralisierung« und »bessere Koordinierung«) sind zwar sehr allgemeine und teilweise vage Begriffe, sie deuten aber darauf hin, dass sich die neue Führung in Havanna Gedanken, vor allem auch über die Wirtschaft, macht. Raúl hat es nicht ausgesprochen, aber zwischen den Zeilen seiner Rede liest man immer wieder den Imperativ: So kann es nicht weitergehen.

Aber was wird konkret veranlasst werden? Ich vermute, dass Raúl gegenwärtig verschiedene Optionen und Modelle prüfen lässt. Dabei wird er einerseits auf eine Steigerung der Effizienz der Betriebe, auf mehr Produktivität, andererseits aber auch auf eine Erhaltung der sozialen Ausgewogenheit bedacht sein. Dies ist eine schwierige Gratwanderung, die in der Tat, wie Raúl in seiner Antrittsrede ausführt, »ein kohärentes, solides und gut durchdachtes Vorgehen« notwendig macht.

Während die westeuropäische Wirtschaft durch freie Märkte bestimmt ist, wird die kubanische Wirtschaft vom Staat gelenkt. Sie ist eine Zentralverwaltungswirtschaft, in der die Betriebe weitgehend dem Staat gehören. Private Betriebe gibt es seit einigen Jahren in der Landwirtschaft und in Form von Kleinstbetrieben den sogenannten *cuentapropistas*, von denen es auf der ganzen Insel mehr als 100 000 geben dürfte. Vor allem handelt es sich um Handwerksbetriebe und Restaurants, die *paladares*.

Fidel Castro kam es darauf an, die Produktionsmittel der großen und mittleren Unternehmen zu verstaatlichen und damit eine sozialistische, antikapitalistische Staats- und Gesellschaftsordnung zu errichten. Die Einbindung in den Ostblock (Rat für gegenseitige Wirtschaftshilfe – RGW oder Council für Mutual Economic Assistance – COMECON genannt), die bis 1991 galt, machte die kubanische Wirtschaft von diesen Partnern stark abhängig. Als der COMECON aufgelöst wurde, büßte Kuba mehr als 70 Prozent seines Außenhandels und etwa 35 Prozent seines Bruttosozialprodukts ein.

Ein weiteres Wesensmerkmal der kubanischen Wirtschafts- und Sozialpolitik unter Fidel Castro war die Nivellierung der Einkommen. Niemand sollte mehr verdienen, als er zum Leben benötigte. Dies war Teil einer auf dem Marxismus aufbauenden Ideologie, die freilich im Kontext Lateinamerikas zu sehen ist. Die lateinamerikanischen Gesellschaften in der ersten Hälfte des vergangenen Jahrhunderts zeichneten sich durch ein erhebliches, ja oft dramatisches Gefälle zwischen Arm und Reich und eine fast völlige Ignorierung des sozialen Faktors aus.

Während in Europa, vor allem nach dem Ersten Weltkrieg, die Sozialpolitik eine zunehmend wichtige Rolle spielte und in einigen Ländern sozialrevolutionäre Parteien zeitweise die Macht ausübten, waren in den Ländern Lateinamerikas fast ununterbrochen die alten, konservativen Eliten an der Macht, die der sozialen Frage und sozialen Reformen weitgehend gleichgültig gegenüberstanden. Zwar hatte die mexikanische Revolution zeitweise zu einer Verbesserung der Lage der kleinen Bauern und der *ejidos*, der traditionellen Agrargenossenschaften, geführt, aber mit der Zeit waren die alten Missstände und die Herrschaft der *patrones*, der Landherren, zurückgekehrt.

Erst in Argentinien unter den beiden Regierungen unter Juan Domingo Perón, in den vierziger und fünfziger Jahren des vergangenen Jahrhunderts, wurde die soziale Umverteilung zum Programm, das – mit Unterbrechungen – bis heute nachwirkt. Auch in Brasilien und Chile gab es ähnliche Ansätze, die aber immer wieder letztlich am Widerstand der reichen Landbesitzer scheiterten.

Fidel Castro wollte dieses Gefälle von Reich zu Arm, das er bereits in seiner Kindheit als Sohn eines Großgrundbesitzers mit zahlreichen verarmten und ungebildeten Arbeitern und Tagelöhnern, den *peones*, erlebt hatte, beenden. Die Landreform von 1959 und die folgenden revolutionären Maßnahmen, vor allem Enteignungen des Großgrundbesitzes und Verstaatlichung von Banken und Industrie, liefen darauf hinaus. Die Abhängigkeit vom US-Kapital wurde aufgehoben. Kuba wurde in Lateinamerika und in der Dritten Welt zu einem Sinnbild für nationale Selbstbestimmung, wirtschaftliche Entwicklung und soziale Gerechtigkeit. »Bescheidener Wohlstand für alle« war nicht nur eine Parole, sondern war nahe daran, verwirklicht zu werden.

Kuba hatte es im Gegensatz zu fast allen anderen Staaten Lateinamerikas vermocht, die Unterentwicklung zu überwinden, soziale und geographische Disparitäten auszugleichen und seine Gesellschaft zu homogenisieren. Das vorbildliche Gesundheitswesen sorgte für eine Lebenserwartung, die zehn Jahre über dem lateinamerikanischen Durchschnitt lag. Kuba verfügte über ein besonders gut entwickeltes Erziehungswesen, es gab nur noch wenige Analphabeten und gute Aufstiegschancen.

Aber bereits in den achtziger Jahren zeigten sich ein Nachlassen der Dynamik und eine Erschlaffung. Kuba kopierte zusehends das sowjetische Modell mit all seinen Nachteilen, vor allem bei der Vernachlässigung sozialer Kernbereiche wie Wohnungsbau, Infrastruktur, Verkehrswesen und Umweltschutz. Eine zunehmende Bürokratisierung setzte ein, die von einem Verlust an Produktivität begleitet war. Der Staat verteilte zwar gut, produzierte aber schlecht. Die Abhängigkeit Kubas vom Ostblock führte zu einem ständigen Anwachsen der Außenwirtschaft auf Kosten des Binnenmarktes.[112]

Für die Bevölkerung bedeutete das Ende des COMECON eine Katastrophe. Die wirtschaftliche Lage verschlechterte sich im Laufe der neunziger Jahre erheblich. Diese negative Entwicklung setzte sich auch in diesem Jahrhundert fort. Ein großer Teil der

Bevölkerung sank in die Armut ab. Obwohl es keine verlässlichen Zahlen gibt, kann davon ausgegangen werden, dass eine Mehrheit der Kubaner heute allenfalls nur das Existenzminimum an Einkommen zur Verfügung hat.

So verdient ein Tabakarbeiter umgerechnet zwischen 8 und 10 Dollar im Monat, ein Staatsangestellter der gehobenen Laufbahn zwischen 15 und 25 Dollar, ein Arzt bis höchstens 30 Dollar, und ein Rentner hat kaum mehr als zehn Dollar im Monat zur Verfügung. Der Durchschnittsverdienst eines Kubaners dürfte bei etwa 17 Dollar monatlich liegen.

Diese schwierige Situation wird durch eine Reihe von Subventionen abgemildert, wie zum Beispiel die Bezugsmöglichkeit über die sogenannte *libreta*, das heißt die Lebensmittelkarte, von Grundnahrungsmitteln wie Reis, Öl, schwarzen Bohnen, Zucker etc. zu sehr niedrigen Preisen. Ebenfalls subventioniert sind die Mieten, der öffentliche Transport und eine Reihe weiterer Dienstleistungen.

Wer eine solche *libreta* und die Läden gesehen hat, die für den Verkauf von Grundnahrungsmitteln geschaffen wurden, der weiß, dass weder die Karte noch das Warenangebot auch nur entfernt ausreichen, um einen Kubaner mit den erforderlichen Grundnahrungsmitteln zu versorgen. Die Karte reicht, wenn es hochkommt, für 10 Tage des Monats, und das Warenangebot ist unglaublich limitiert. Auf den Regalen herrscht meist gähnende Leere, man glaubt manchmal nicht, dass man es mit einem Lebensmittelgeschäft zu tun hat.

Die Krise zu Beginn der neunziger Jahre hatte zur Folge, dass Fidel Castro einerseits verschiedene Maßnahmen ergriff, um die prekäre Lage der Bevölkerung zu erleichtern. Hierzu gehörte die Einführung des US-Dollar als Zahlungsmittel, die Zulassung von privaten Kleinstunternehmen sowie eine gewisse Förderung von Agrargenossenschaften, den UBPC *(Unidad Básica de Producción Cooperativa)*.

Aber diese Maßnahmen reichten bei weitem nicht aus, um die schwere Krise, in die Kuba geraten war, überwinden zu können, zumal sie teilweise bald wieder zurückgenommen wurden. Da die Einkommen der meisten sehr niedrig waren, begannen zahlreiche Kubaner, auf illegale Weise an Geld zu kommen, sei es, dass sie sich Produkte aus den Betrieben, in denen sie arbeiteten widerrechtlich aneigneten, sei es, dass sie selbst in ihrer Wohnung damit

Zeugen der anhaltenden Versorgungskrise: Ein Lebensmittelladen mit leeren Regalen, der Verkäufer spielt mit einem Kunden Schach (oben); ein leerer Zeitungskiosk (unten); Rentner kaufen morgens meist alle Exemplare auf, um sie dann devisenbringend an Touristen weiter zu veräußern.

begannen, Waren illegal herzustellen oder bestimmte Dienstleistungen gegen Entgelt zu verrichten. Heute kann davon ausgegangen werden, dass diese Schattenwirtschaft etwa 30 Prozent des kubanischen Volkseinkommens ausmacht.

Auch legal versuchen Kubaner, an zusätzliche Einnahmen zu kommen. Diese Möglichkeit eröffnet der Tourismus. Dieser Sektor verzeichnet seit Jahren ein erstaunliches Wachstum. Heute gelangen jährlich mehr als zwei Millionen Touristen nach Kuba. Eine Reihe neuer Luxushotels befindet sich im Bau oder in der Planung. Kubaner, vor allem solche mit fremdsprachlichen Kenntnissen, zieht der Tourismussektor deshalb stark an, weil sie dort zu Trinkgeldern kommen können, die oft höher sind als ihr eigentliches Gehalt.

Aber dies hat auch eine Schattenseite. Vor allem kubanische Akademiker verlassen oft ihre schlecht bezahlten Jobs, um in einem Hotel an Devisen zu kommen. Hierunter leidet zum Beispiel der Sprachunterricht an Schulen und Universitäten, weil qualifizierte Lehrer durch Abwanderung in den Tourismus fehlen. In Kuba herrscht, auch wegen des Auslandseinsatzes vieler Lehrer, vor allem in Venezuela, mittlerweile Lehrermangel, der wohl eine der Ursachen für die Ablösung des langjährigen Erziehungsministers Gómez war. Um diese Lücke zu schließen, werden Abiturienten in Schnellkursen zu Hilfslehrern gemacht, den sogenannten *maestros emergentes*, die aber, wie die Praxis zeigt, meist nicht den Anforderungen gewachsen sind. Die Folge ist eine sich immer stärker abzeichnende Krise des Erziehungs- und Bildungswesens.

Der Tourismus, zusammen mit den Überweisungen der Exilkubaner an ihre Verwandten und Freunde auf der Insel, den verbilligten oder Gratislieferungen, vor allem von Erdöl aus Venezuela, und den erheblichen Wertsteigerungen beim Export von Nickel verhinderten bisher, dass die kubanische Wirtschaft zusammenbricht. Es sind vor allem externe Faktoren und illegales Wirtschaften, die den Ausschlag geben.

Der Besitz von Dollars oder ihres Gegenwerts in der künstlich geschaffenen Ausländerwährung CUC *(peso cubano convertible)*, hat in Kuba zwei Klassen geschaffen, nämlich die der Dollarbesitzer und der Leute, die ihn nicht zur Verfügung haben. Nur wer Dollar oder CUC besitzt, kann in bestimmten Läden einkaufen, in denen jetzt auch Computer, Handys oder Motorräder erhältlich

Banknoten der konvertiblen Parallelwährung CUC: Der staatliche Umtausch von Dollar erfolgt im Kurs 1:1 mit einem (politischen) Abschlag von 10 Prozent; andere Währungen sind von dieser Gebühr befreit.

sind. Nur mit Dollars oder CUC kann in den schönen Ausländerhotels bezahlt werden. Zugang zu Dollars dürften heute etwa die Hälfte der Kubaner haben.

Diese Situation hat in der Bevölkerung zu wachsender Unzufriedenheit geführt. Sie möchte an den Segnungen der heutigen Zeit teilhaben, sich, auch ohne im Besitz von Dollars zu sein, erstrebenswerte Dinge kaufen wie etwa einen Kühlschrank oder einen Ventilator.

Viele Kubaner träumen heute oft davon, einmal eine längere Reise im eigenen Land zu unternehmen. Manche wagen sogar daran zu denken, einmal für einige Wochen das Land zu verlassen und ins Ausland zu reisen, Verwandte in Miami zu besuchen oder gar in Europa, das mehr als neun Flugstunden entfernt liegt.

Die Reiseträume entstehen manchmal vor dem Fernsehapparat, neben der langwierigen Post und dem nur wenigen zugänglichen Internet die einzige Verbindung ins Ausland. Einen Fernsehapparat haben heute die meisten Kubaner. Aber um Programme aus dem Ausland zu empfangen, braucht man eine Satellitenschüssel. Ihr Besitz ist illegal. Dennoch ist es vielen gelungen, sich auf dem Schwarzmarkt für viel Geld eine solche Schüssel zu beschaffen.

Heute fragt man sich, nachdem Raúl Castro bei seiner Wahl zum Vorsitzenden des Staatsrats erneut angekündigt hat, er werde dafür Sorge tragen, dass unnötige Verbote und Restriktionen aufgehoben werden, ob auch der Besitz der Satellitenschüsseln hierunter fällt.

Andere Kubaner wären daran interessiert, Zugang zum Internet zu haben. Sie wollen sich informieren, die Schlagzeilen der Zeitungen in Miami, Madrid und Mailand lesen können. Sie wollen wissen, was auf der Welt heute vor sich geht.

Nachdem im März 2008 der Kauf und der Besitz von elektronischem Equipment, einschließlich Computern und Mobiltelefonen, erlaubt worden war, fragten sich viele Kubaner, ob sie sich auch endlich bald ein Auto werden anschaffen können, damit sie die oft Stunden dauernde Wartezeit auf einen Bus verkürzen und endlich ohne Stress ihre Verwandten auf dem Land besuchen können.

Angesichts der beengten Wohnverhältnisse würden viele Kubaner, wenn es den gesetzlichen Rahmen hierfür gäbe, eine größere Wohnung kaufen oder gar ein Haus bauen. Heute ist dies nur auf dem Weg des Tausches, der *permuta* möglich. Aber wer ist schon bereit, eine größere Wohnung gegen eine kleinere einzutauschen?

Der neue Staatschef hat einerseits Erwartungen geweckt, aber andererseits auch angekündigt, dass die Aufhebung einer Reihe von weiteren Verboten und Restriktionen einer sorgfältigen Prüfung bedürfe. Damit wird zunächst vieles offenbleiben, und manche Erwartung wird sich nicht so schnell wie erhofft, erfüllen.

Aber immerhin, es gibt wieder Hoffnung. Hoffnung nach einer langen Zeit, in der es keine Perspektiven mehr gab. Die Hoffnungslosigkeit hatte viele Kubaner zur Flucht und dazu veranlasst, ihr Leben aufs Spiel zu setzen.

Ebenso wie die Kubaner, aber viel weniger direkt betroffen, blicken Ausländer heute auf Kuba. Gespannt verfolgen sie jede Äußerung einer der führenden Persönlichkeiten auf der Insel, gehen jedem Gerücht nach. Welcher wird der nächste Schritt der neuen Leute an der Spitze sein?

Es ist die Stunde der Diplomaten, die bei ihren Zusammenkünften in Havanna neueste Nachrichten austauschen und, wenn sie von mehreren Seiten bestätigt werden, sich an den Computer setzen und einen Bericht an ihre Hauptstädte senden. Natürlich mit Vorsicht und mit Vorbehalten, denn keiner will sich die Blamage leisten, einer Falschmeldung aufgesessen zu sein.

Für die Journalisten ist es einfacher. Bei ihnen nimmt man schon eher einmal in Kauf, dass ihre Quelle nicht so ganz zuverlässig war. Denn sie müssen schnell sein und können nicht lange recherchieren, wenn sie eine interessante Meldung »an der Angel« haben. So wird auch im Fall Kuba die Presse oft den schnelleren »Schuss« tun.

Endlich: Erste Signale von Veränderungen

Seit der Wahl Raúl Castros zum Vorsitzenden des Staatsrats sind jetzt bald fünf Monate vergangen. Aber es ist erfreulich, was in dieser kurzen Zeit umgesetzt und auf den Weg gebracht wurde. Eine der ersten Maßnahmen, die Raúl jetzt ergriffen hat, betrifft die Aufhebung des Verbots des Erwerbs von Computern, Handys, anderem elektronischen Equipment und Motorrädern. Auch gibt es die Möglichkeit, Hotels zu besuchen, die bisher nur Ausländern vorbehalten waren. Dies hatte den Unmut vieler Kubaner ausge-

Öffentliches Internetcafé in Havanna: Gegen Devisen erhalten inzwischen auch Kubaner Zugang zum Netz; für je acht Computer-Plätze gibt es offiziell eine Aufsichtsperson (unten).

löst, die sich hierdurch diskriminiert fühlten. Leistungsbezogenere Löhne und Gehälter sind ein weiteres wichtiges Signal, das mit dazu führen dürfte, Fachkräfte im Lande zu halten.

Es dürfte wohl nur wenige Völker geben, die so kommunikationsfreudig sind wie die Kubaner. Das Verbot, an den modernen Massenkommunikationsmitteln teilzuhaben, traf sie daher besonders hart. Jetzt eröffnet sich ihnen die Möglichkeit, mit ihren Freunden und Verwandten im In- und Ausland über Computer oder Handys regelmäßigen Gedankenaustausch zu pflegen. Da die Internetzugänge noch sehr eingeschränkt sind, bietet sich vielen Kubanern jetzt die Möglichkeit, in den Ausländerhotels das Internet zu nutzen.

Wer die katastrophale Verkehrssituation in Kuba kennt, der weiß, welch großen Wert ein Motorrad hat. Viele Kubaner haben sich ein Motorrad selbst gebastelt; allerdings waren solche Vehikel, die man oft auch als *riquimbilis* bezeichnete, selten wirklich verkehrstüchtig und dazu gefährlich, weil sie keine guten Bremsen hatten. Die Möglichkeit, ein Motorrad erwerben zu können, hilft diesem Mangel ab. Auch eröffnet es die Aussicht, in naher Zukunft ein kleines Auto erwerben zu können, auch wenn es ein Vielfaches kosten sollte. Bisher ist der Erwerb von Neuwagen nur einem sehr beschränkten Personenkreis gestattet, dazu zählen bekannte Künstler, Schauspieler, Piloten, Seeoffiziere etc.

Von großer Bedeutung, auch für die oft prekäre Ernährungssituation in Kuba, ist die Möglichkeit des Landerwerbs durch Private. Sie ist eine weitere Maßnahme, welche die Regierung umzusetzen begonnen hat. Nach der Rückzahlung von lange fälligen Schulden der Regierung an private Bauern und der Erhöhung der Erzeugerpreise für wichtige Nahrungsmittel wie Milch und Fleisch ist dies die dritte wichtige Maßnahme zur Verbesserung der Situation auf dem Agrarsektor.

Diese Maßnahme hat vielfältige Bedeutung. Einmal bedeutet sie das Eingeständnis, dass der Staat, der mindestens zwei Drittel des Grund und Bodens besitzt, nicht in der Lage ist, ihn ordentlich zu bewirtschaften. Staatsland ist oft Brachland. Zum andern könnte die Maßnahme auf weitere Privatisierungen hindeuten, vielleicht sogar auf dem Sektor Handel und Industrie.

Volkswirtschaftlich bedeutet die Reform mehr Einkommen für den einzelnen Landwirt, der jetzt frei wirtschaften kann und höhere Preise erzielt, aber auch für den Staat: Kuba hat jetzt eine

Chance, die bisher sehr hohen Lebensmittelimporte zu verringern und damit Devisen zu sparen. Vor dem Hintergrund der weltweit erheblich gestiegenen Preise für Nahrungsmittel ist dies ein vernünftiger, längst überfälliger Schritt.

Weitere Maßnahmen kündigen sich an, beispielsweise die Anhebung der Löhne und Gehälter. Ärzte sollen demnächst etwa 50 Pesos monatlich mehr verdienen. Dies sind etwas mehr als 2 Dollar, wahrlich keine Sensation. Schon im letzten Jahr waren die Gehälter im besonders schlecht bezahlten Erziehungssektor um 125 Prozent angehoben worden.

Bereits Ende April 2008 hatte die kubanische Regierung die Anhebung der Gehälter des Justizpersonals und – von erheblicher Bedeutung – auch die Anhebung der Renten, angekündigt. Für die Renten wurden Mindest- und Höchstbeträge festgesetzt, die von 200 bis 400 Pesos reichen (8 bis 16 US-$). An dieser Erhöhung partizipieren über zwei Millionen Rentner. Die »bittere Pille« ist allerdings die künftige Anhebung des Renteneintrittsalters von bisher 60 auf 65 Jahre bei den Männern und von 55 auf 60 Jahre bei den Frauen. Die ungünstige Bevölkerungspyramide mit zu niedrigen Geburtenraten lässt hier offenbar keine andere Wahl.

In seiner Abschlussrede anlässlich der neuen Sitzungsperiode des kubanischen Parlaments, am 11. Juli 2008 hat sich Raúl Castro auch vom Prinzip gleichen Lohnes für alle verabschiedet. Sozialismus bedeute zwar soziale Gerechtigkeit, gleiche Rechte und Chancen für Alle, aber nicht gleichen Verdienst. Damit wird nun ansatzweise das Leistungsprinzip eingeführt, das für die Wirtschaft der westlichen Länder charakteristisch ist.

Leider hat sich die – vor allem in Ausland – vermutete Aufhebung von Beschränkungen der Reisefreiheit für Kubaner nicht bestätigt. Kubaner, die eine Reise ins Ausland unternehmen wollen, müssen immer noch eine Ausreiseerlaubnis *(tarjeta blanca)* und die Einladung einer Person oder Institution im Ausland *(carta de invitación)* vorweisen. Während eine Einladung relativ einfach zu erhalten war, ist die Ausreiseerlaubnis oft nur mit großen Mühen zu erlangen. Nicht nur, dass der Bewerber hierfür rund 100 Euro an Gebühren zu zahlen hat – für viele ist das umgerechnet ein ganzes Jahreseinkommen – sondern auch die meist Monate dauernde Wartezeit wirkt auf die Reisewilligen zermürbend.

Kurzum, die Kubanerin oder der Kubaner, der nicht in offiziellem Auftrag der Regierung reist, sondern eine private Reise plant,

Privater Geldtransfer aus dem Ausland: Kubaner können bei staatlichen Banken Devisenkonten eröffnen und an Geldautomaten Bargeld in konvertiblen Peso CUC erhalten (oben); Waren ausländischer Herkunft werden in speziellen CUC-Geschäften angeboten (unten).

begibt sich in einen Nervenkrieg mit ungewissem Ausgang. Daher hatten viele Kubaner, als Raúl im vergangenen Jahr die Bevölkerung zu Kritik aufforderte, die mangelnde Reisefreiheit als erstes thematisiert und wiederholt eine Änderung dieser Praxis verlangt. Freilich bedeutet dies wohl mehrere Millionen Dollar Einnahmen, auf die der Staat künftig verzichten müßte.

Wenn Raúl Castro mit der Liberalisierung von Auslandsreisen noch wartet, so wirft dies auch ein Schlaglicht auf den Zustand des inneren Führungszirkels und der Parteispitzen. Reisefreiheit würde nicht nur einen Qualitätssprung für das Leben der Kubaner bedeuten, sondern auch einen bedeutsamen Schritt auf dem Weg zu mehr Freiheit. Ihre Gewährung wäre ein erster Bruch mit der Vergangenheit, ein fühlbares Signal der Hoffnung für viele Kubaner auf der Insel. Für die »alte Garde«, angeführt vom skeptischen Fidel Castro, dürfte dies zu weit gehen und könnte ein Ende des bisherigen revolutionären Kurses bedeuten. Raúl Castro will aber, jetzt am Anfang seiner Reformschritte, keine Belastungsprobe, keinen Riss in Partei und Regierung, die den von ihm eingeschlagenen Weg infrage stellen könnte.

Reaktionen von Kubanern und Ausländern

In Havanna haben in den letzten Jahren die Geschäfte zugenommen, in denen man sich gegen Dollar oder die Ersatzwährung CUC hochwertige Importware kaufen kann. In den gut gefüllten Regalen stehen dort Lebensmittel aller Art, von Teigwaren über Konserven bis zu importierten Alkoholika, die mitunter allerdings mehr als das Doppelte als in den Ursprungsländern kosten.

In den »Dollarläden« kaufen Ausländer oder jene Kubaner ein, die Devisen besitzen. Schlangen vor diesen Läden gab es bisher nicht, dafür waren die Dinge einfach zu teuer, das Angebot der Industriewaren zu schmal. Der Kubaner zog es vor, gegebenenfalls Geld zu tauschen und Lebensmittel zu den niedrigeren Preisen in den »Pesoläden« oder auf den Bauernmärkten zu erwerben. Dabei gab man sich mit einer oft wesentlich geringeren Qualität zufrieden.

Jetzt hat sich dies schlagartig geändert. Die Möglichkeit, Computer, Handys, elektronische Geräte, Waschmaschinen und sogar Motorräder zu erwerben, hat zu einem Kaufrausch geführt. Lange

Schlangen bilden sich nun vor den Dollarläden. Die Waren müssen schnell aufgefüllt werden, weil sie im Nu ausverkauft sind.

War Schlangestehen bisher eine eher mühsame Angelegenheit, immer mit einem Anflug von Tristesse und Frustration verbunden, so hat sich dies geändert. Die Menschen sind jetzt voller Erwartungen, strahlen Optimismus und Zuversicht aus. Ja, jetzt wird bei uns alles anders. Jetzt lohnt es sich, etwas zu verdienen und zu sparen, weil man sich für sein Geld Dinge kaufen kann, von denen man bisher nur geträumt hatte.

So denken viele Kubaner, die es nicht erwarten können, endlich den Gegenstand zu besitzen und in ihren Händen zu halten, von dem sie so lange geträumt haben. Über 6000 Handys wurden allein in Havanna in wenigen Tagen verkauft. Kuba verfügt mittlerweile über ein Mobilfunknetz, das die staatliche Firma Etecsa betreibt. Der Mobilfunkanbieter Cubacel, eine Tochterfirma von Etecsa, bietet Handys ab 65 US-Dollar an. Die Zuteilung einer Mobilfunknummer kostet 120 US-Dollar. Dies sind für Kubaner hohe Ausgaben, die sich nur wenige leisten können. Wohl auch deswegen hatte Präsident Bush dazu aufgerufen, Kubanern Handys zu schenken.

Ein kubanischer Freund, der mich Ende April 2008 besuchte, berichtete mir von einem Verwandten, einem Rentner, der jahrelang auf diesen Augenblick gewartet hatte. Von seiner kargen Rente hatte er gespart, hatte jeden Monat einige Pesos zur Seite gelegt. Dann hatten ihm Verwandte aus Florida die noch fehlenden Dollars überwiesen. Voller Freude und Erwartung reihte er sich in die Schlange vor dem Dollarladen ein, in dem es heute Handys gab und bekam das vorletzte. Er strahlte und konnte es nicht erwarten, seine Verwandten in Miami mit einem Anruf aus dem neuen Handy zu überraschen.

Von einem Arzt, einem ehemaligen Stipendiaten in der DDR, den ich während meines Aufenthalts in Havanna kennengelernt hatte und mit dem ich mich freundschaftlich verbunden weiß, erhielt ich kürzlich eine E-Mail. Stolz teilte er mir mit, dass er sich endlich einen Computer gekauft habe und seinen neuen Netzanschluss teste. Ganz zuversichtlich meinte er, jetzt gehe es in Kuba aufwärts. Die Talsohle sei durchschritten.

Viel Aufsehen hat auch die Möglichkeit erregt, endlich die eleganten Ausländerhotels betreten und ihren Service in Anspruch nehmen zu können. Viele Kubaner können sich zwar eine Übernachtung in einem der Luxushotels in Varadero nicht leisten, aber sie können dort ausländische Fernsehprogramme sehen und, noch wichtiger, sie haben hier Zugang zu ausländischen Zeitungen und zum Internet.

Diesen Zugang hatten bisher nur Ausländer, Wissenschaftler und natürlich die Angehörigen der »Nomenklatura«, der politisch führenden Klasse. Aber jetzt verbreitert sich der Zugang, und es ist zu hoffen, dass bald jeder Kubaner die Möglichkeit erhält, via Internet frei zu kommunizieren. Für die gut ausgebildeten Kubaner ist dies eine hervorragende Möglichkeit, mit der Außenwelt in Kontakt zu treten und sich zu informieren.

Es ist erstaunlich, wie viel Geld in Kuba vorhanden ist. Obwohl fast alle, gemessen an unseren Einkommen, nur ein Trinkgeld verdienen, gelingt es ihnen, Geld zu sparen und es zur Seite zu legen. Als 2004 der CUC eingeführt wurde, sollen die Kubaner 700 Millionen Dollar getauscht haben, um den nach der Umtauschfrist drohenden Abschlag von 10 Prozent zu vermeiden. Das war eine unglaublich hohe Summe.

Dieses Geld rührt weniger aus dem meist spärlichen Verdienst, sondern vor allem aus den Überweisungen von Verwandten und Freunden aus den USA. Außerdem verdienen zahlreiche Kubaner inzwischen auch Dollar. Ein Angestellter bei einem gemischten kubanisch-ausländischen Unternehmen, einem Joint Venture, erhält neben Pesos auch Dollars, die ihm bisher heimlich und unter der Hand gezahlt wurden. Jetzt dürfen die kubanischen Angestellten ganz legal von ihrem ausländischen Arbeitgeber Dollars entgegennehmen. Bei den niedrigen Lebenshaltungskosten kann sich ein solcher Angestellter, der vielleicht 300 Dollar monatlich zusätzlich verdient, schon ein Menge leisten, vielleicht sogar ein Wochenende im Jahr in einem Luxushotel.

Andere Dollarverdiener sind in ausländischen Botschaften, in Konsulaten oder bei der US-Interest-Section, der diplomatischen Vertretung der USA in Havanna, beschäftigt. Auch sie verdienen durchweg im Vergleich zu ihren Landsleuten ein Vielfaches. Dies gilt übrigens auch für kubanisches Hotelpersonal, Parkwächter oder für Stipendiaten, die das Glück haben, vielleicht ein halbes oder sogar ein ganzes Jahr im Ausland zu verbringen und sich von ihrem Tagegeld einiges zurücklegen können.

In China, damals unter Deng Xiaoping, war dies ähnlich. Es gab viele Chinesen, die Geld besaßen. Wir merkten dies weniger in den Läden, als vielmehr bei der Vergabe von Stipendien. Um die Rückkehr der chinesischen Stipendiaten nach China sicherzustellen, musste eine Kaution, eine beträchtliche Summe von mehreren tausend DM, hinterlegt werden. Wir haben keinen Fall erlebt, in dem die Summe nicht aufgebracht werden konnte. Oft legten mehrere Familien zusammen. Denn es bedeutete für sie einen erheblichen Zuwachs an Prestige, wenn eines ihrer Mitglieder ein Stipendium im Ausland erhielt.

Ähnliches ist in Kuba zu erleben. Die ersten Schritte, die Raúl Castro gegangen ist, haben die Stimmung unter vielen Kubanern bereits spürbar verändert. Es ist eine Stimmung von Optimismus, Hoffnung, aber auch von Erwartungen auf weitere Schritte. Die Überwindung der zur Gewohnheit gewordenen Trägheit, eine »Revolution in der Revolution« erhoffen sich viele Kubaner. Einige von ihnen ergreifen bereits die Chance, mehr zu erwirtschaften und Geld zu verdienen, wie zum Beispiel der 84-jährige Antonio Felix Hidalgo Meneses, der in Velasco bei Gibara im Osten Kubas die Zuteilung von 25 Hektar Land und einen Kredit erhalten hat, wovon er sich zehn Milchkühe gekauft hat und dazuverdienen will.[113]

Die neue Atmosphäre wirkt ansteckend. Sie hat nun auch auf die ausländischen Botschaften übergegriffen. Mein ehemaliger argentinischer Kollege, der gerade aus Kuba zurückgekommen ist, berichtete mir in Buenos Aires, dass auch die Botschaften in Havanna die jüngsten Ereignisse gespannt verfolgen. Täglich gibt es etwas Neues. Kuba ist wieder interessant und aufregend geworden. Die letzten Jahre der unmittelbaren Herrschaft von Fidel, die sich wie Mehltau auf das Land gelegt hatten, sind vorbei. Ein Aufbruch, ja ein Umbruch, wird sichtbar.

Die Kollegen in Havanna sind sich einig, dass die von Raúl Castro getroffenen Maßnahmen von erheblicher psychologischer Wirkung sind. Die Erstarrung der letzten Jahre, die Perspektivlosigkeit, die viele Kubaner verzweifeln ließ oder zur legalen oder illegalen Auswanderung veranlasste, löst sich allmählich. Hierzu tragen auch die Diskussionen bei, die von der Regierung und von einigen Zeitungen angestoßen worden sind. Man beginnt jetzt, freier zu diskutieren und nicht nur, wie zuvor, hinter der vorgehaltenen Hand.

Kritische Leserbriefe, die in der Parteizeitung *Granma* abgedruckt werden, aufmüpfige Blogs im Internet und viele Diskussionen innerhalb und außerhalb einzelner Gremien tragen jetzt zu einem überraschend offenen Diskussionsklima bei. Es scheinen sich neue Freiräume zu eröffnen. Dabei bleibt die Bevölkerung ruhig, in der Grundtendenz eher passiv. Neugierig fragen sich viele, wie es weitergehen wird.

Es erinnert mich an meine erste lange Reise durch die Sowjetunion, in der Zeit des Übergangs von Michail Gorbatschow zu Boris Jelzin Anfang der neunziger Jahre. Während sich die Russen noch ein paar Jahre zuvor ständig ängstlich umdrehten, bevor sie etwas Kritisches sagten, diskutierten sie damals schon sehr freimütig. Denn die Regierung hatte mit Glasnost und Perestroika selbst die neuen Stichworte gegeben und das entsetzliche Regime der Angst beendet.

Wenn die Angst aus Kuba verschwände, dann wäre das bereits ein erheblicher Fortschritt. Denn Angst lähmt, lässt nicht zu, dass sich die Menschen entfalten können. Kuba leidet hierunter, auch wenn es vielen gelingt, dieses Leiden im Rhythmus von Salsa und Son oder auch im Rausch von Rum, Mojito oder Daiquiri zu verdrängen.

Im Exil beobachtet man die neuesten Vorgänge auf der Insel ebenso mit großer Aufmerksamkeit. Kein Tag vergeht, ohne dass nicht eine neue Meldung aus Havanna einen Kommentar der wortgewaltigen und meist gut informierten Redakteure von *El Nuevo Herald* oder von *Radio Martí* hervorruft.

Offenbar können es sich die meisten von ihnen nicht vorstellen, dass unter Raúl Castro die Veränderungen stattfinden, die die Mehrheit des Exils erhofft. Sie sind und bleiben skeptisch. Sie sehen in den bereits durchgeführten wie auch in den angekündigten Reformschritten nur Retuschen, aber keine essentiellen Veränderungen. Huber Matos, von dem bereits im Zusammenhang mit den ersten Monaten der siegreichen Revolution die Rede war und der nach seiner Entlassung aus zwanzigjähriger Haft in Miami lebt, hält das, was Raúl jetzt an Kritik zulässt, für einen untauglichen Versuch, die Glaubwürdigkeit zurückzugewinnen und sieht darin vor allem ein »Schuldeingeständnis«.[114]

Für ihn ist die »Bewegung, welche die Hoffnung des kubanischen Volkes in eine von Frieden und Gerechtigkeit geprägte Zukunft verkörperte, den Weg für eine Erlösung der Armen in Lateinamerika und ein Beispiel für Unabhängigkeit, das weltweit lebhafte Zustimmung fand, zu einer Karikatur des Missbrauchs, der Korruption und der Ineffizienz geworden«, wie er in einem Gespräch erklärte. Er meint damit die von den Brüdern Castro angeführte Revolution, für die er selbst als Kämpfer und *Comandante* sein Leben aufs Spiel gesetzt hatte.

Aber es gibt auch Stimmen im Exil, die Hoffnung schöpfen und welche die jetzt Regierenden in Havanna zu weiteren, noch signifikanteren Schritten der Reformen ermutigen wollen.

Aufbau einer modernen Wirtschaftsstruktur?

Die kubanische Wirtschaft ist durch einen schmalen Primärsektor (Bergbau, Rohstoffproduktion) mit schwerwiegenden Krisenerscheinungen, vor allem in der Landwirtschaft, durch einen kaum vorhandenen Sekundärsektor (verarbeitende Betriebe), einen allmählich erstarkenden, aber sehr einseitig strukturierten Tertiärsektor (Dienstleistungen, Kleingewerbe) und eine wachsende Rentiersmentalität gekennzeichnet. Kuba lebt heute weitgehend von Almosen aus dem Ausland.[115]

Diese Mentalität, die auch in anderen Ländern spürbar ist, wird bei den Überweisungen der Exilkubaner an ihre Verwandten und Freunde auf der Insel, den so genannten *remesas familiares*, am deutlichsten. Obwohl keine genauen Zahlen vorliegen, kann man annehmen, dass jährlich weit mehr als 1 Milliarde Dollar nach Kuba überwiesen werden. Die Administration Bush hatte als Folge der Repressionswelle von 2003 versucht, die *remesas* durch eine zahlenmäßige Begrenzung der Beträge und eine entsprechende Kontrolle der Überweisungen nach Kuba zu limitieren, war jedoch damit weitgehend gescheitert, weil viele Exilkubaner diese Überweisungen über Drittländer ausführten.

Der Primärsektor wird durch den weiter wachsenden Nickelbergbau beherrscht, der heute für die größten Deviseneinnahmen Kubas sorgt. Zu den traditionellen Vorkommen im Osten der Provinz Holguín, bei Moa, sind große Vorkommen in der Provinz Camagüey getreten, die vor allem auch mit chinesischer Hilfe erschlossen werden sollen. Die jährlichen Einnahmen aus dem Nickelbergbau liegen bei über 1,5 Milliarden US-Dollar und zeigen angesichts der starken Nachfrage – Nickel wird vor allem zur Herstellung von Edelstahl verwandt – wachsende Tendenz. Besonders die chinesischen Nickelimporte schlagen dabei zu Buche. China sucht durch die enge Kooperation mit Kuba seine Interessen auf diesem wichtigen Sektor absichern zu können.

Das Interesse der VR China an Kuba, das sich auch während des Besuchs von Staatspräsident Hu Jintao im Jahre 2003 manifestierte, liegt vor allem in der Herstellung von Edelstahl. China ist seit Jahren durch seine boomende Wirtschaft, die große Mengen von Rohstoffen verarbeitet, für die gestiegenen Preise für Metalle wie Kupfer, Zink oder Nickel mit verantwortlich.

Während der Nickelbergbau floriert, liegen andere Teile des Primärsektors im Argen. Vor allem die Landwirtschaft, die über Jahre ein negatives Wachstum kennzeichnet (allein 6,1 Prozent 2006) bedarf dringend tiefgreifender Reformen. Sie ist augenblicklich das größte »Sorgenkind« der kubanischen Wirtschaft. (Dies wird noch an anderer Stelle zu erörtern sein.)

Not leidend bzw. nicht existent sind auch große Teile des Sekundärsektors. Das verarbeitende Gewerbe war einerseits durch die Bindung Kubas an den früheren Ostblock negativ beeinflusst worden. Im COMECON gab es eine Arbeitsteilung, die Kuba weitgehend auf die Produktion von Zucker und andere Agrarprodukte wie Zitrusfrüchte und Tabak verpflichtete und ihm andererseits die Einfuhr der wichtigsten Industriegüter wie Maschinen, Kraftfahrzeugen und Chemikalien aus den »Bruderländern« ermöglichte. Dies führte zu einer Vernachlässigung des industriellen Sektors und zu einem stark rückläufigen Beitrag zum Bruttoinlandsprodukt (-20 Prozent zwischen 2002 und 2006). Insgesamt trägt die verarbeitende Industrie nur mit 11 Prozent zum Bruttoinlandsprodukt bei.

Ein weiterer Faktor war die Energiekrise, die seit 2003 über Kuba hereinbrach. Die veralteten Kraftwerke sowjetischer oder tschechischer Bauart taten ihren Dienst nicht mehr. Ersatzteile waren nicht mehr verfügbar. Die Stromversorgung brach in weiten Teilen des Landes zusammen. Viele Kubaner konnten in den heißen und schwülen Sommernächten nicht mehr schlafen, da die Ventilatoren und Klimaanlagen, soweit vorhanden, in ihren Schlafzimmern nicht funktionierten. Schwärme von Moskitos übernahmen das Regiment und wurden für die Menschen zur Plage.

Die erste Reaktion war die Schließung von 120 Betrieben, von denen es hieß, sie verbrauchten zu viel Energie. Die zweite Reaktion war die Entlassung des zuständigen Ministers. Die dritte Reaktion war die Dezentralisierung des Energiesektors und die

Anschaffung von zahlreichen großen Diesel-Generatoren, die man aus dem Ausland kommen ließ, darunter auch aus Deutschland.

Dem ohnehin schwachen Sekundärsektor versetzte die Energiekrise einen schweren Schlag. Eine der Folgen war der Ausbau des Tourismussektors. Kuba hat seit der Mitte der neunziger Jahre diesen Bereich mit erheblichen eigenen Anstrengungen und mit ausländischer Hilfe stark ausgebaut. Vier große Zentren entstanden: Varadero, eine Halbinsel 130 Kilometer östlich von Havanna, Guardalavaca 60 Kilometer nordöstlich von Holguín, im Osten, Cayo Largo, im Süden der Insel, und in der Mitte, nördlich, der *Jardín de la Reina* (Garten der Königin) mit der großen Insel Cayo Coco und der kleineren Insel Cayo Guillermo.

Über zwei Millionen Touristen besuchen heute jährlich Kuba, davon fast ein Drittel aus Kanada. 1991 waren es noch unter 400 000. Toronto liegt nur dreieinhalb Flugstunden von Havanna entfernt. Aus Europa kommen vor allem Touristen aus Italien, Deutschland, Frankreich und Großbritannien, die jeweils im Schnitt zwischen 150 000 bis 200 000 Touristen stellen. Sogar aus den USA reisen – meist illegal über Mexico – jährlich mehr als 100 000 Touristen ein.

Mit Hilfe ausländischer Hotelgruppen konnte Kuba in den letzten 15 Jahren den Tourismussektor deutlich erweitern. Allein die spanische Gruppe Meliá hat mehr als 25 Hotels der gehobenen Kategorie in Kuba eröffnet. Zeitweise hatten sich auch deutsche Unternehmen (LTU) durch Managementverträge engagiert.

In Kuba steht der Tourismussektor weitgehend unter der Kontrolle des Militärs. Nicht nur die Gruppe Gaviota, sondern auch Cubanacán und das Tourismusministerium werden von ehemaligen Generälen oder anderen hohen Offizieren geleitet. Ende 2003, Anfang 2004 gab es nach einem Korruptionsskandal bei Cubanacán eine »Säuberung«, die dazu führte, dass Raúl Castro weite Teile des Tourismussektors seiner direkten Kontrolle unterstellte und dadurch seine Machtbasis weiter verstärkte. Diese Entwicklung ging vor allem zu Lasten von Carlos Lage, der am Aufbau dieses Sektors maßgeblich beteiligt war.[116]

Lage hatte als Sekretär des Ministerrats und Koordinator der Wirtschaftspolitik weitgehend die Planung des Tourismus unter sich. Er wollte vor allen Dingen, dass sich Kuba auf die zu erwartende Tourismuswelle aus den USA einstellt, die mit einer neuen Administration in Washington immer wahrscheinlicher wird.

Devisenbringer Touristen: Neueingerichtete Stadtrundfahrten mit offenen Bussen sollen den Tourismus beleben (oben); renovierte Restaurants und Bodegas stehen für Devisen zahlende Gäste zur Verfügung.

Kuba plant heute den Ausbau des Tourismussektors und will in den nächsten zwei Jahren weitere 30 große Hotels errichten. Die Partnerunternehmen kommen vor allem aus Spanien und der VR China. Die Zimmerkapazität soll von gegenwärtig 46 000 um 22 Prozent angehoben werden. Neben dem Nickelbergbau und den Überweisungen von Exilkubanern aus Florida und dem übrigen Ausland ist der Tourismussektor der größte Devisenbringer.

Eine weitere wichtige Einnahmequelle sind die Hilfen, die Kuba durch Venezuela erhält. Insgesamt gibt es mittlerweile 34 Abkommen über wirtschaftliche Zusammenarbeit. Kuba bezieht eine Reihe von Gütern, die im Lande nicht mehr hergestellt werden, aus Venezuela. Am bedeutendsten sind jedoch die Erdöllieferungen, die sich auf etwa 100 000 Barrel pro Tag belaufen. Kuba »bezahlt« sie durch Ärzte und Lehrer, die es Chávez in einem entscheidenden Moment, nämlich während der Staatskrise im Jahre 2002 zur Verfügung stellen konnte. Man geht davon aus, dass mehr als 10 000 kubanische Ärzte und über 3000 kubanische Lehrer in dem südamerikanischen Ölland Dienst tun.

Mit Hilfe Venezuelas hat Kuba an der Bucht von Cienfuegos, 250 Kilometer südöstlich von Havanna, eine Großraffinerie in Gang gesetzt, die vor allem das aus Venezuela gelieferte Öl verarbeitet. Das südamerikanische Land hat sich in den letzten Jahren zum Handelspartner Nummer eins entwickelt. Allein im Januar 2007 haben Kuba und Venezuela 16 Vereinbarungen über die wirtschaftliche Zusammenarbeit abgeschlossen, deren Wert auf 1,2 Milliarden Dollar geschätzt wird. Es soll ein gemeinsames Stahlwerk entstehen, auch soll die Zusammenarbeit in den Bereichen Fernmeldewesen (Verlegung eines 1500 Kilometer langen Glasfaserkabels) und Schifffahrt (Bau von Hafenanlagen und kleinen Frachtschiffen) intensiviert werden. Auch plant Kuba die Errichtung eines neuen Kraftwerks mit einer installierten Leistung von 175 MW.

Durch Prospektionen und Probebohrungen vor der Küste östlich von Havanna erhofft sich Kuba die Erschließung vermuteter Öl- und Gasvorkommen. Kuba hat neben den USA und Mexiko einen beträchtlichen Anteil am Golf von Mexiko. Die beiden Nachbarländer beuten bereits seit den dreißiger Jahren ihre Vorkommen an Kohlenwasserstoffen im Golf aus. (Zu Fragen der Erdölexploration, die insbesondere das Verhältnis Kubas zu den USA betreffen, werde ich noch an anderer Stelle eingehen.)

Kuba hatte in den letzten 15 Jahren auch zahlreiche Maßnahmen eingeleitet, um die Probleme der Wirtschaft etwas zu lindern, aber es hat sich nicht dazu durchringen können, parallel zu den Staatsbetrieben kleine und mittlere private Unternehmen zuzulassen. Diesen Weg sind die VR China und Vietnam erfolgreich gegangen. Selbst den Staatsbetrieben hat man keinen größeren Freiraum gewährt. Die Produktion wird von den Ministerien zentral staatlich geplant, die Produkte werden vom Staat komplett angekauft und über den staatlichen Handel verteilt.

Das Resultat: Der Lebensstandard der Kubaner ist weitgehend auf ein niedriges Niveau abgesunken. Die Einkommen sind extrem gering, was besonders hart die Rentner trifft, die einen immer größeren Teil der Bevölkerung ausmachen. Sie können sich bei Renten ab 200 Pesos im Monat (etwa zehn Dollar) so gut wie nichts mehr leisten und sind auf die Hilfe ihrer Angehörigen angewiesen.

Ein Umsteuern wäre dringend geboten. Kuba braucht neue Wirtschaftsstrukturen, die private Initiativen belohnen. Es besteht aber die Gefahr, dass sich Kuba zunächst auf erhoffte zusätzliche Einnahmen aus Grundstoffexporten und dem Tourismus verlässt und darauf baut, dass ein Teil dieses Segens der Bevölkerung zugutekommt. Die immer häufigeren Kommentare des offenbar nur schwer genesenden Fidel Castro gerade zu Wirtschaftsfragen, die eher statisch – konservativ und wenig ermutigend klingen, deuten in diese Richtung.

Leider hat auch Raúl Castro bei seiner Rede am 26. Juli 2008 keine weiteren Reformen angekündigt, sondern eher Durchhalteparolen ausgegeben.

Kuba ist überzeugt davon, dass es in den nächsten Jahren zu einem Durchbruch bei der Produktion von Erdöl und Erdgas im Golf von Mexiko kommen wird. Es verstärkt seine Anstrengungen bei der Exploration. Schon heute deckt es etwa die Hälfte der Nachfrage aus eigener (on-shore) Förderung. Hierbei hat die VR China eine wichtige Funktion übernommen und kanadische Firmen, die im Raum östlich von Havanna tätig waren, weitgehend abgelöst.

Vorrangig auf Ölfunde zu setzen wäre aber höchst fahrlässig. Bei der wachsenden Verarmung der Bevölkerung kann die Regierung auf Dauer der Frage nicht ausweichen, was sie zusätzlich selbst und im eigenen Lande tun muss, um die Lage substantiell zu verbessern. Neue Mittel für die Umverteilung reichen nicht mehr

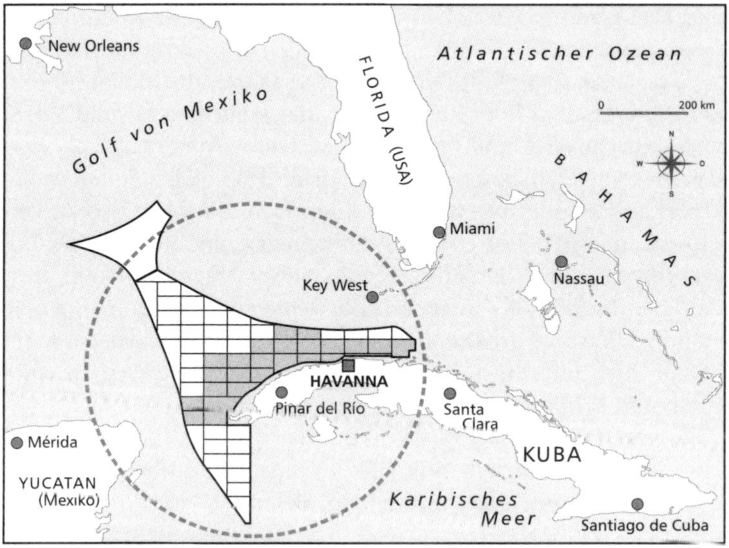

1 Repsol (Spanien) 40 %
Norsk-Hydro (Norwegen) 30 %
ONGC (Indien) 30 %

2 Sherritt (Kanada)

3 Sherritt (Kanada) 50 %
Pebercan (Kanada) 50 %

4 PetroVietnam

5 Petronas (Malaysia)

6 PDVSA (Venezuela)

7 China

8 ONGC (Indien)

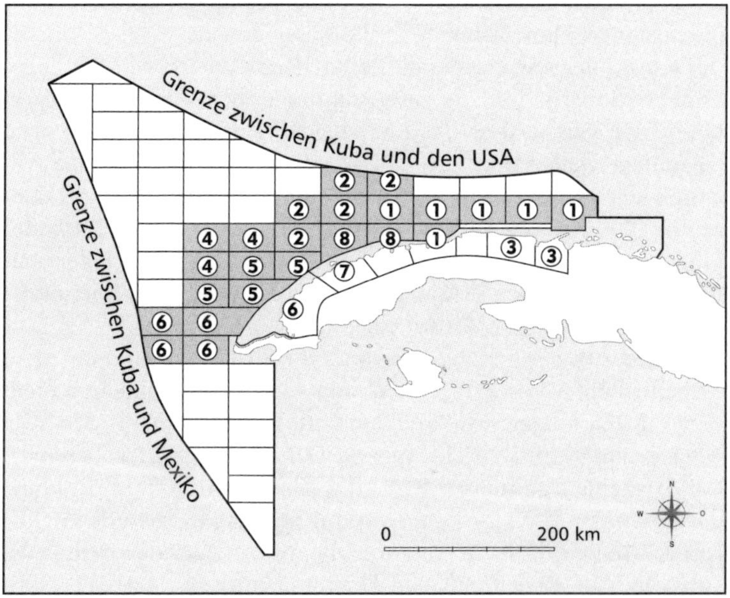

aus. Das gesamte Wirtschaftssystem bedarf einer Erneuerung von Grund auf.

Wir haben diese Frage vor etwa drei Jahren mit einem führenden kubanischen Politiker erörtert, der weltoffen ist und selbst viele Jahre im Ausland verbracht hat. Unser Ausgangspunkt war das marode Transportwesen, das vielen Kubanern täglich große Opfer an Zeit und Nerven abverlangt. Um es substantiell zu verbessern, müssten Tausende von Fahrzeugen, vor allem Busse, Lokomotiven und Eisenbahnwaggons zur Verfügung gestellt werden. Sie müssen aber auch den notwendigen Treibstoff und eine ständige Wartung erhalten. All dies kostet viel Geld, das der Staat allein nicht aufbringen kann. Es führt daher kein Weg an einer fühlbaren Erhöhung der Transporttarife vorbei.

Angesichts der niedrigen Einkommen der Bevölkerung ist dies jedoch nicht möglich. Schon jetzt können viele Kubaner öffentliche Transportmittel kaum bezahlen. Sie laufen viele Kilometer zu Fuß oder fahren bei tropischer Hitze mit einem Fahrrad. Autos hat ja kaum jemand. Daher müssten die Einkommen beträchtlich erhöht werden. Da der Staat der fast ausschließliche Arbeitgeber ist, schließt sich der Kreis bei ihm. Ein Teufelskreis, aus dem man nur herauskommt, wenn private Unternehmen zumindest neben die staatlichen treten, und sowohl der Einzelne wie auch der Staat (über Steuern) ausreichende Einkommen erzielt.

Dies ist der entscheidende Punkt. Raúl Castro, Carlos Lage, Francisco Soberón und die übrigen kubanischen Wirtschaftsexperten wissen genau, dass das Land seine Wirtschaft auf eine neue Grundlage stellen muss. Auch kann es sich auf Dauer keine Abhängigkeit vom Ausland leisten. Wie das Referendum vom 2. Dezember 2007 in Venezuela gezeigt hat, ist die Macht des Freundes Hugo Chávez nicht unbegrenzt. Im Jahre 2013 läuft nach der heutigen Verfassung sein Mandat ab, was danach kommt, ist ungewiss. Kuba muss sich darauf einstellen.

Angesichts der Erfolge, die andere »Bruderländer« mit dem Nebeneinander von Privat- und Staatswirtschaft gemacht haben, dürfte Kuba längerfristig keine andere Wahl haben, als den Weg einer grundlegenden Reform- und Öffnungspolitik zu beschreiten. Nur eine signifikante Rolle der Privatwirtschaft im Rahmen des gesamten Gefüges kann Kapital und Kräfte generieren, die Kuba dringend braucht, um vor allem den Sekundärsektor auszubauen. Die Regierenden in Havanna müssen dazu allerdings eine soziale Differenzierung zulassen, ansonsten gibt es nur das weitere Abrutschen Kubas in eine Gesellschaft der solidarisch Verarmten.

Bei aller jetzt zur Schau gestellten Loyalität dem erkrankten Fidel gegenüber könnte ich mir vorstellen, dass Raúl insgeheim am Projekt einer allmählichen wirtschaftlichen Öffnung arbeitet. Natürlich kann *oder will* er dies augenblicklich nicht zugeben. Aber seine eigene Stellungnahme kurz nach seiner Wahl zum Staatsratsvorsitzenden sowie Äußerungen von Wirtschaftsminister Rodríguez im vergangenen Jahr lassen zumindest darauf schließen, dass sich die Führung hierüber eingehend und gründlich Gedanken macht.

Eine Veröffentlichung des kubanischen Amts für Statistik von 2007 macht deutlich, dass Kuba die Folgen des Zusammenbruchs des Ostblocks noch keineswegs überwunden hat. So ist laut den statistischen Angaben in den letzten Jahren die Industrie- und Agrarproduktion geschrumpft, während die Importe, vor allem bei Agrarprodukten, erheblich zugenommen haben. Die Erzeugung von Milch, Fleisch, Kartoffeln, Getreide und Früchten liegt gegenwärtig unter der Produktion von 2001.[117]

Für die Umstrukturierung der Wirtschaft wird Raúl auf Lage und Soberón angewiesen sein, die seit geraumer Zeit die Fäden in der Hand halten und sich als Krisenmanager und Fachleute ausgewiesen haben.

Schon jetzt, im Frühsommer 2008, ist ein neuer Grundton in der ökonomischen Debatte spürbar, ein »neuer Realismus« (Bert Hoffmann), der dem »Triumphalismus« von Fidel Castro entgegengesetzt ist. Wohlstand ist möglich, legitim und erwünscht. Wir sehen dahinter die asiatischen Modelle einer Symbiose sozialistischer Politik mit kapitalistischer Wirtschaft, auch wenn Kuba dies nicht zugibt.

In einem Interview mit der spanischen Tageszeitung »El País« hat der Vorsitzende des Wirtschaftsausschusses des kubanischen Parlaments, Osvaldo Martínez, die Denkrichtung der neuen Führung beschrieben. Danach ist im Rahmen einer völligen Umstrukturierung der kubanischen Wirtschaft, die eine Währungsreform und Absenkung der Subventionen einschließt, auch die Zulassung privater Betriebe nicht mehr ausgeschlossen. Geldverdienen soll möglich werden, allerdings will der Staat bei Exzessen durch Anhebung der Einkommenssteuern korrigierend eingreifen.[118]

Die Zulassung von kleineren und mittleren Unternehmen, wie es sie in China und in Vietnam in großer Zahl gibt, wäre zwar ein wesentlicher, aber in Wirklichkeit gar kein allzu großer Reformschritt. Viele von ihnen bestehen bereits, sind jedoch illegal und stehen ständig in der Gefahr, bei einer Kontrolle oder Razzia aufgedeckt und geschlossen zu werden. Daher könnte es jetzt darauf ankommen, sie zu legalisieren und ihnen Zugang zu Krediten zu gewähren. Im Grunde wäre dies die Fortführung des Gedankens der Zulassung von Kleinstbetrieben, sogenannten *cuentapropistas*, von denen es mittlerweile eine beträchtliche Zahl gibt, zum Beispiel Friseure, Reparaturwerkstätten aller Art, Dienstleistungen.

Hieraus könnte sich ein Schub ergeben, der ähnlich den Reformanfängen in der VR China die Kaufkraft eines Teils der Bevölkerung stärken und dazu führen könnte, dass sich die Regale in den Läden füllen. Auch könnten dem Staat hieraus erhebliche Steuereinnahmen erwachsen, die für dringend notwendige Infrastrukturmaßnahmen und die Stärkung des Transportsektors verwendet werden könnten.

Hiergegen wird eingewandt, dass eine solche Politik letztlich nur zu einer Bereicherung einer kleinen Schicht, der Nomenklatura, führen würde. Sie werde nicht das erwünschte Ergebnis haben, dass weite Teile der Bevölkerung von ihr profitieren. Dies liege im Wesen des Übergangs der charismatischen Herrschaft eines Einzelnen auf ein Kollektiv, so wie dies in Kuba gegenwärtig der Fall sei. Unter Hinweis auf Max Weber wird angeführt, dass sich die Nachfolger über eine »erfolgreiche Politik der vollen Bäuche und symbolischen Freiheiten ausreichend neue Legitimität« schafften, bevor, das »Fehlen des Charismas die Macht und mit ihr die Elite im Land ganz in Frage stellt«. Das neue Programm in Kuba bestehe aus einer »Institutionalisierung«, die den *máximo líder* ablöse. »Wie schon in anderen ex-sozialistischen Ländern werden sich Clanbeziehungen bilden, die nur ihre eigenen Interessen im Auge haben, aber nicht mehr die der Nation, der Bevölkerung oder gar die hehren Ideale der Revolution.«[119]

Der Politikwissenschaftler an der Universität Kassel, Hans-Jürgen Burchardt, führt hierzu aus:

> »Nach Weber verwandelt sich charismatische Herrschaft im politischen Alltagsgeschäft oft in eine Regierungsform, die eher über Legitimität als über Institutionalisierung verfügt. Sie erlangt ihre Glaub-

würdigkeit durch Protektion, die der Herrscher seinen Anhängern gewährt und wird über Klientelismus untermauert – der Herrschende ist nicht Vorgesetzter, sondern der persönliche Herr. Diese Patronage wird häufig über gemeinsame Interessen und Pfründe gesichert. Zwei zentrale Voraussetzungen dafür sind zum einen eine fehlende Solidarität innerhalb der Elite: sie machen die Herrschaftsbeziehungen unvorhersehbar, begünstigten einen autokratischen Führungsstil und erhöhen die Loyalität gegenüber der Führung. Und zum anderen ist eine Monopolisierung der zentralen Ressourcen erforderlich, durch die der Herrschaft eine wirtschaftliche Grundlage gegeben wird. Lange hierarchische Netzwerke organisieren dann das ganze System über eine Unzahl von Seilschaften, sichern es ab und laufen in der Führungsspitze zusammen. Max Weber bezeichnet diese Form des Herrschens Patrimonialismus. In Kuba nennt man die Dinge direkt beim Namen. Dort spricht man schon lange vom ›sociolismo‹, der Vetternwirtschaft. Die charismatische Herrschaft ist eine Machtform, die bis zum Tode des Charisma-Trägers genuin bleibt. Danach steht die zurückgebliebene Elite vor einem Problem: Sie muss die Herrschaft versachlichen und rationalisieren, ohne dass der Glauben an sie verloren geht. Weber erinnert daran, dass solche Übergänge in der Geschichte oft nicht kampflos stattfanden und die einstigen politischen Ziele meist in ihr Gegenteil verkehrt wurden. Wohl um solche Gefahren zu minimieren, hat Fidel seine Macht schon zu Lebzeiten übergeben. Den Hinterbliebenen – allen voran seinem jüngeren Bruder – wird die Gelegenheit gegeben, über eine erfolgreiche Politik der vollen Bäuche und symbolischen Freiheiten ausreichend neue Legitimität zu schaffen, bevor das Fehlen des Charismas die Macht und mit ihr die Elite im Lande ganz in Frage stellt. Nicht mehr der máximo líder, sondern die Maxime Institutionalisierung ist nun das neue Programm in Kuba.«[120]

Eine solche Entwicklung ist in Kuba möglich, aber unter den gegebenen Umständen halte ich sie für nicht wahrscheinlich. Es wird übersehen, dass der Erwartungshorizont eines großen Teils der Bevölkerung so geschärft ist, dass er sich einer Clanwirtschaft widersetzen würde. Hinzu kommt die für ein Entwicklungsland hervorragende Bildung breiter Schichten der Bevölkerung. Schließlich lässt diese Betrachtung auch die bereits heute bestehende heimliche Opposition in der Machtspitze außer Betracht, über die noch zu sprechen sein wird.

Ganz ähnlich wie in den sozialistischen Staaten in Osteuropa, könnte auch in Kuba einerseits durch die ersten Schritte einer

Öffnung eine Dynamik einsetzen, die auch die Partei schließlich dazu zwingt, über den an sich vorgesehenen Rahmen hinauszugehen und tiefgreifendere Reformen anzugehen. Schon heute ist Aufbruchstimmung spürbar, vor allem auf dem Lande. Man will dort teilhaben an den Früchten der Arbeit und sich nicht mehr auf das verlassen, was von oben zugeteilt wird.

So könnte es bald zum Abschied vom bisherigen Wirtschaftssystem kommen, zu einer Stärkung des Binnenmarktes, der Schaffung neuer Produktionskapazitäten, der Abschaffung der Rationierung *(libreta)*, einer Währungsreform, die allerdings immer die Gefahr sozialer Ungleichheit in sich tragen.

Wenn Raúl Castro in seiner Rede vom 26. Juli 2007 auch auf die Möglichkeit hinweist, sich wieder stärker ausländische Investitionen ins Land zu holen, so wäre dies ein weiterer wichtiger Schritt. In den letzten Jahren waren sie stagnierend oder sogar rückläufig. Ganz wesentlich haben zu dieser negativen Entwicklung ideologische Barrieren und bürokratische Hürden beigetragen, die vielen ausländischen Investitionsinteressenten den Schritt nach Kuba verleideten oder sie zum Rückzug bewogen.

Wie oft habe ich in meiner Zeit als Botschafter Klagen deutscher und anderer europäischer Unternehmen über die mangelnde Bereitschaft Kubas gehört, sie bei ihren Bemühungen um die Gründung von Joint Ventures zu unterstützen. Anderslautende Aussagen, die immer wieder aus dem zuständigen Ministerium für die Zusammenarbeit mit dem Ausland und Investitionen, MINVEC, kamen, waren fern von der Realität. Das MINVEC mit Marta Lomas an der Spitze war ein Ministerium zur Verhinderung neuer Auslandsinvestitionen. Die Zahl der Joint Ventures ging von 2002 bis 2006 von über 406 auf 236 zurück.

Das chinesische und das vietnamesische Modell

Im Frühjahr 2005 besuchte Raúl, wie bereits häufiger in der Vergangenheit, die VR China und Vietnam. Im Herbst 2004 hatte er in Vertretung des vorher schwer gestürzten und dienstunfähigen Fidel den chinesischen Staatspräsidenten Hu Jintao in Havanna willkommen geheißen. Raúl soll sich bei beiden Gelegenheiten sehr ausführlich über die wirtschaftlichen Fortschritte Chinas unterrichtet haben. Es hat den Anschein, dass Kuba jetzt, nachdem

Raúl an der Schaltstelle der Macht ist, die Beziehungen zu China, aber auch zu Vietnam, aufwertet. Besuche hochrangiger Delegationen aus den beiden asiatischen Ländern sind häufiger geworden.

Können China oder Vietnam doch noch zu einem Modell für Kuba werden?

Die VR China hatte, im Gegensatz zur Sowjetunion unter Gorbatschow, seit Anfang der achtziger Jahre eine ausschließlich wirtschaftlich ausgerichtete Reformpolitik begonnen, die mit der Erhöhung der Kaufkraft der Bauern begann. Deng Xiaoping erhöhte die Getreidepreise, und dies führte mittelbar zu einer Revolution in den Geschäften und Kaufhäusern. Auf einmal gab es in China Waren, die man noch nie gesehen hatte. Die Regale begannen sich zu füllen. Die Wirtschaft kam in Schwung.

Die nächste Stufe war die Zulassung privater Betriebe neben den staatlichen. Die chinesische Führung hatte erkannt, welches Potential in der privaten Initiative steckte und wie die kleinen Tigerstaaten in Südostasien, Südkorea, Taiwan, Hongkong und Singapur florierten. Parallel dazu ließ man Joint Ventures zu, gab Anreize für ausländische Investitionen. Vor allem in den Städten und ihrer Peripherie entwickelte sich der »Kapitalismus«, der jedoch vielfach kontrolliert wurde, zum Beispiel über die Kreditvergabe der ausschließlich staatlichen Banken.

Als »Testfälle« dienten die sogenannten Sonderwirtschaftszonen (SWZ), in denen China nach dem Vorbild von Hongkong ein liberales Modell praktizierte. Schon nach wenigen Jahren produzierten die acht SWZ an der chinesischen Ostküste 18 Prozent der Exporte. Diese kleinen Punkte auf der riesigen chinesischen Landkarte, wie zum Beispiel Shenzhen, Fujian oder später Pudong, wurden zur wirtschaftlichen Avantgarde. China entwickelte Geschmack am kapitalistischen Modell.

Die Zulassung privater Betriebe führte zur Entfaltung ungeahnter Energien. Ich habe mich selbst beim Besuch dieser Betriebe in den neunziger Jahren davon überzeugen können. Die Mitarbeiter waren hoch motiviert. Sie bezogen nun Löhne, die ihnen einen bescheidenen Luxus gestatteten. Auch den Betrieb selbst verwandelten sie durch Einrichtung eines Gemeinschaftsraumes, in dem gefeiert und getanzt werden konnte, zu einem attraktiven Teil ihrer Existenz.

Der Staat profitierte über Steuern und andere Abgaben vom privaten Handel und Wandel. Wichtige Infrastrukturvorhaben, wie zum Beispiel der Bau von Straßen und Eisenbahnlinien, konnten vorangetrieben werden. Dies kam wiederum der Wirtschaft zugute. Nur wenn Straßen vorhanden sind, macht die Anschaffung eines Kraftwagens Sinn. In den letzten zehn Jahren hat sich der Verkauf von Kraftwagen in China verfünffacht. (Die deutschen Automobilhersteller, die teilweise seit 20 Jahren in der VR China produzieren, haben davon übrigens mit profitiert.)

Das chinesische Modell hat jedoch auch Nachteile, die in Kuba besondere Beachtung finden. So ist es einer kleinen Schicht gelungen, immense Reichtümer anzusammeln, während die überwiegende Mehrheit der Bevölkerung weiterhin in Armut lebt. Korruption und Misswirtschaft sind an der Tagesordnung. Eine unkontrollierte Zuwanderung in städtische Regionen bringt das an sich intakte soziale Gefüge in Gefahr. So kam es, auch infolge der Landflucht, zu hoher Arbeitslosigkeit, die dazu führte, dass heute etwa 200 Millionen Chinesen keinen festen Wohnsitz haben und als Wanderarbeiter durchs Land ziehen. Auch bestehen erhebliche Mängel im Sozialsystem, bei der Arbeitssicherheit und im Umweltschutz.

Noch rasanter als in China ist der gegenwärtig in Vietnam zu beobachtende Umstrukturierungs- und Modernisierungsprozess. Vietnam mit seinen etwa 80 Millionen Einwohnern und einem durchschnittlichen Wirtschaftswachstum von 7,5 Prozent in den letzten fünf Jahren gilt heute als einer der Wachstumsmotoren in Asien. Das Einkommen pro Kopf der Bevölkerung hat sich seit 1986 verdoppelt. Nach Schätzungen der Asiatischen Entwicklungsbank ADB wird Vietnam von heute an bis zum Jahre 2050 mit das höchste konstante Wirtschaftswachstum auf der Welt haben.

Die Kommunistische Partei Vietnams begann 1986 mit einer Reformpolitik, die sie *doi moi* nannte und die die Einführung von Regeln des freien Marktes beinhaltete. Danach haben marktwirtschaftlich orientierte Aktivitäten immens zugenommen. Die Wirtschaft boomte in den letzten Jahren, während die Inflation mit 20 Prozent im Jahre 2007 allerdings beängstigende Formen annahm. Die Regierung sah sich gezwungen, beispielsweise über die Kreditvergabe, dämpfende Maßnahmen einzuführen.

Im politischen Bereich hingegen ist der Reformeifer kaum sichtbar. Die Partei will weder ein Mehrparteiensystem noch freie

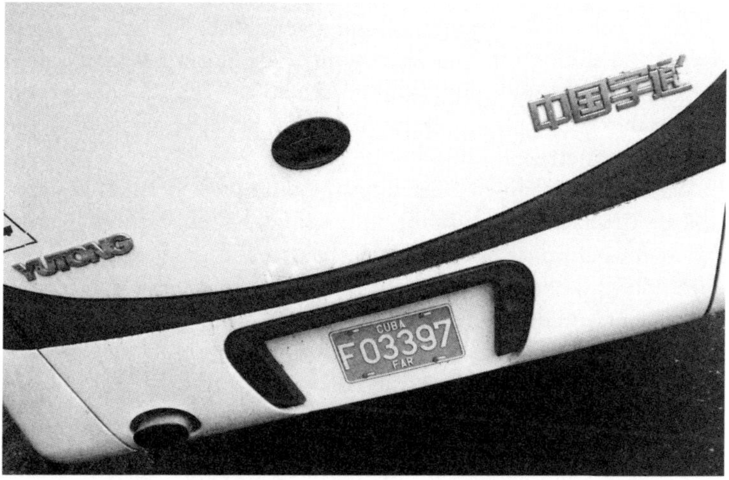

Chinesische Präsenz: Eingang zur chinesischen Botschaft im Stadtteil Vedado von Havanna (oben); chinesische Yutong-Busse für das Militär und neuerdings auch für den Nahverkehr von Havanna (unten).

Wahlen noch den Schutz der Menschenrechte. Aber auf der kommunalen Ebene scheint die Bereitschaft der politischen Führung zuzunehmen, die staatliche Macht vermehrt rechtlichen Schranken zu unterwerfen und mehr Demokratie zuzulassen.

Es fällt auf, dass Kuba in den letzten Monaten stärkeren Austausch mit Vietnam sucht. Außenminister Pérez Roque besuchte das Land im Frühjahr 2007. Anläßlich des Besuchs des Generalsekretärs der vietnamesischen KP, Nong Duc Manh, Anfang Juni 2007 in Kuba, wurden eine Reihe von Vereinbarungen unterzeichnet, die vor allem wirtschaftlichen und kulturellen Charakter tragen. Zwei Vereinbarungen beziehen sich auf die gemeinsame Exploration des zu Kuba gehörenden Teils des Golfs von Mexiko, im Wasser und zu Lande.

Es ist jetzt immer öfter zu hören, dass Kuba sich doch in Richtung des chinesischen oder vietnamesischen Modells öffnen, mehr private Initiative mit Kleinunternehmen und Joint Ventures mit ausländischen Unternehmen zulassen will. Offenbar war Raúl bereits Anfang der neunziger Jahre – mehr als bisher bekannt – dem chinesischen Modell zugeneigt.[121] Auch hier hatten die Streitkräfte, die Volksbefreiungsarmee, eigene Betriebe gegründet, die gut funktionierten.

Was Raúl bei seinen Reisen nach China und Vietnam gesehen und gehört hat, scheint ihn beeindruckt zu haben. Sicherlich stört ihn aber auch, dass es nun in den beiden südostasiatischen Ländern wieder zahlreiche Kapitalisten gibt, dass sich die Korruption breitmacht und die Partei in vielen Fällen ein Auge zudrückt. Aber China hat nach über 20 Jahren der Reform- und Öffnungspolitik seine schwere Wirtschaftskrise überwunden und ist neue Großmacht.

Wir haben oft in Kuba über das chinesische Modell diskutiert. Das Nebeneinander von staatlichen und privaten Betrieben, das wir selbst während unseres Aufenthalts in China zu Beginn der neunziger Jahre erlebt hatten, erwies sich als erfolgreich und als mögliche Alternative für Kuba. Aber wir wussten, dass Fidel Castro, trotz seiner lobenden Worte für China, diesen Weg für Kuba ablehnte. Erst 2007 haben leitende Kubaner, die ich in Südamerika traf, von sich aus das Thema auf China gebracht und das chinesische Modell als für Kuba beispielhaft genannt.

Aber Vorsicht ist angebracht. Raúl dürfte so lange abwarten, bis sein Bruder ihm entweder die ganze Macht übertragen hat oder

Neue Waren: In den CUC-Geschäften werden importierte Lizenzprodukte aus Mexico und China angeboten, darunter Coca Cola (oben) und Motorräder (unten), die auch als staatliche Dienstfahrzeuge eingesetzt werden.

gestorben ist. Erst dann wäre mit ersten Schritten in Richtung größerer wirtschaftlicher Reformen zu rechnen, die unweigerlich auch stärkere soziale Unterschiede mit sich bringen würden.

Es ist interessant, dass die Parteizeitung »Granma« im Februar 2004, also noch vor der Reise von Raúl in die VR China, im Rahmen einer internationalen Wirtschaftskonferenz in Havanna die Erfahrungen in China als »mögliche Alternative« bezeichnete. Sie zitierte den US-Wirtschaftswissenschaftler und jüngsten Nobelpreisträger für Wirtschaft, Edmund S. Phelps, der an der Konferenz teilnahm. Phelps hatte eine Analyse der chinesischen Wirtschaft präsentiert und dabei den »unternehmerischen Mechanismus« als einen der entscheidenden Faktoren in China hervorgehoben.

Bislang scheint sich die »Kopie des chinesischen Modells« in Kuba vor allem auf den Einsatz von etwa 1500 Bussen der Marke »Yutong« zu beschränken, die vor allem im Verkehr zwischen den Provinzen eingesetzt werden. Kuba hatte diese Busse in den letzten zwei Jahren angeschafft.

Waisenknabe und Steckenpferd: Die Landwirtschaft

Auf einer meiner Reisen durch den Osten der Provinz Camagüey und die angrenzende Provinz Las Tunas im Osten der Insel fielen mir die riesigen brachliegenden und von Dornengestrüpp überwucherten Flächen auf. Warum lässt man dies alles veröden, man könnte die Millionen von Hektar doch landwirtschaftlich nutzen?

Aber wer sollte dies tun? Der größte Teil der landwirtschaftlichen Flächen liegt in der Hand des Staates. 1959 und 1963 waren die großen Landreformen durchgeführt worden. Zunächst wurde 1959 der Großgrundbesitz enteignet, der mehr als drei Viertel der Anbaufläche ausmachte, und vier Jahre danach auch die mittelständischen Betriebe. »Je mehr Staatseigentum, desto mehr Sozialismus« lautete die Devise. 1963 waren dann fast 70 Prozent der Anbaufläche auf der Insel verstaatlicht. Die meisten dort Beschäftigten waren Lohnarbeiter.[122]

Damit war die große Krise der Landwirtschaft programmiert. Zwar waren riesige, bis über 20 000 Hektar große Anbauflächen entstanden, die mit Hilfe der sowjetischen Agrartechnologie bewirtschaftet wurden; aber gleichzeitig »importierte« Kuba die Ineffizienz des Verwaltungsapparates und die fehlende Motivation der Angestellten. Individuelle Leistung zählte nicht mehr. Mancher Landarbeiter lehnte sich zurück. Der Staat würde es schon richten. So wurden viele der Agrarbetriebe bald unrentabel und verwandelten sich in ein »Subventionsgrab« des Staates.

Importe sollten fortan die immer größere Versorgungslücke schließen. Um sie jedoch zu finanzieren, wurde der Export von Zucker ausgeweitet. Damit wuchs die Anbaufläche des Zuckerrohrs zu Lasten anderer Agrarprodukte dramatisch. Ihren Höhepunkt nahm diese Fehlentwicklung im Jahre 1970, als Fidel Castro in einer immensen Anstrengung die Zuckerproduktion auf den Rekordwert von über 8 Millionen Tonnen brachte (das immer wieder verkündete Ziel waren allerdings 10 Millionen Tonnen).

Gleichzeitig nahm die Landbevölkerung stark ab. Sie sank von etwa 40 auf 25 Prozent der Gesamtbevölkerung.

Raúl Castro erkannte diese bedrohliche Entwicklung. Er versuchte, in seinem Bereich gegenzusteuern. Er wollte mit Hilfe der Militärs Musterfarmen gründen. Durch Stärkung von Sondereinheiten, der EJT *(Ejército juvenil del trabajo)*, hat er neue Akzente gesetzt und dazu beigetragen, die landwirtschaftliche Produktion zu steigern. EJT sind von Militärs geleitete Musterbetriebe, die neue Anbau- und Verwaltungsmethoden verwirklichen und durch eigene Absatzmärkte beachtliche Einnahmen erzielen.

Das EJT wurde bereits 1973 geschaffen. Es sollte zusätzliche Arbeitskräfte für die Landwirtschaft zur Verfügung stellen. In seinen Glanzzeiten hat es eine Stärke von fast 100 000 Mann gehabt. Heute dürften ihm, je nach Jahreszeit, zwischen 50 000 und 60 000 Mann angehören. Das EJT bewirtschaftet etwa 100 landwirtschaftliche Betriebe. Es steht unter dem Befehl des mittlerweile etwa 80-jährigen Generals Rigoberto García Fernández.

Es ist interessant, dass Raúl bereits 1961 für eine Dezentralisierung in Industrie und Landwirtschaft eingetreten war. Er stand damals an der Spitze der *Juntas Unificadas de Coordinación Económica e Industrial (JUCEI)* im Osten Kubas. Sie bedeuteten ein stärkeres Eingehen auf örtliche Verhältnisse, die von der Zentralregierung in Havanna nicht immer genügend berücksichtigt wurden.[123] Doch dann entschied man sich für den zentralistischen Weg.

Die Regierung kaufte auch später noch bisher in privater Hand liegende Betriebe auf und vergrößerte damit den staatlichen Flächenanteil auf weit über 80 Prozent. Dadurch sollten bisher importierte Nahrungsmittel weitgehend im Lande hergestellt werden. Aber nur etwa ein Drittel der Erntemenge erreichte die staatlichen Läden. Die restlichen zwei Drittel verrotteten, ein kleinerer Teil landete auf dem Schwarzmarkt.[124]

Eine bedrohliche Versorgungskrise zeichnete sich nach dem Ende des Ostblocks ab, als die Importe ausblieben. Die Unzufriedenheit der Bevölkerung wuchs. So kam es schließlich 1993 zu einer dritten Agrarreform. Die riesigen und oft kaum mehr zu verwaltenden Betriebe wurden in überschaubare Einheiten aufgeteilt und an selbstverwaltete Genossenschaften, die sogenannten *Unidades Básicas de Producción Cooperativa, die UBPC*, verpachtet. Damit fand endlich eine Dezentralisierung im wichtigen Agrarsektor statt. Die Genossenschaften kontrollieren seit 1996 etwas mehr als 40 Prozent der Anbauflächen und erzielen 60 Prozent der Produktion.

Wichtig war zugleich eine Umstellung der Landwirtschaft von der Export-Monokultur Zucker auf allmähliche Diversifizierung der Produktion und zur Ersetzung von Kunstdünger und Pestiziden durch Naturdünger und biologische Schädlingsbekämpfungsmethoden. Während der *período especial* war es nämlich zu einem Zusammenbruch der Importe von Dünger und Pestiziden gekommen. Während des Erdölmangels kam es zu einer Umstellung auf Ochsen- und Pferdegespanne.[125]

Gefördert wurde die städtische Landwirtschaft, um die lokale Versorgung zu verbessern.

Raúl Castro gilt als einer der Wegbereiter der Agrarmärkte, der *mercados agropecuarios*, auf denen die Genossenschaften ihre überschüssige Produktion direkt an die Konsumenten verkaufen konnten. In Havanna gibt es zahlreiche solcher Märkte. Meine Frau und ich sind dort oft einkaufen gewesen. Vor allem bekamen wir auf den Bauernmärkten fast immer frisches Obst und Gemüse guter Qualität. Diese Märkte hatten den Vorteil, dass umständliche Transporte und vor allem die Lagerung der Nahrungsmittel vermieden wurden. Auch war damit der Anreiz, den Schwarzmarkt zu beliefern, geringer geworden.

Dennoch ist es nicht gelungen, die Versorgungslage in Kuba tatsächlich zu stabilisieren. Das Land bleibt von Agrarimporten

Embargo-Folgen: Nach dem Zusammenbruch des Ostblocks und der anhaltenden Blockade durch die USA ist der Hafen von Havanna sichtbar verfallen; hier verkehrt noch eine Personenfähre, die gegen mögliche Entführungen militärisch streng gesichert wird.

abhängig. Heute dürften etwas mehr als drei Viertel der Agrarprodukte importiert werden. Kuba hat im Jahr 2007 etwa 1,9 Milliarden US-Dollar für diese Importe aufbringen müssen. Angesichts der hohen internationalen Teuerungsraten für Nahrungsmittel ist davon auszugehen, dass Kuba ab 2008 noch erhebliche Summen zusätzlich für diese Importe aufwenden muss.

Für 300 Millionen US-Dollar konnte Kuba im Jahre 2007 Nahrungsmittel aus den USA einführen. Möglich wurde dies, da Washington nach der Wirbelsturmkatastrophe von 2001 sein Embargo lockerte und Getreide- und Geflügelausfuhren auf die Nachbarinsel erlaubte. Kuba hat mittlerweile in einer Größenordnung von mehr als 1 Milliarde US-Dollar Nahrungsmittel aus den USA importiert, eine für dieses arme Land beträchtliche Summe.

Die Genossenschaften, die UBPC, kranken an einigen Mängeln, die auf die Ideologie und die Vorstellungswelt von Fidel Castro zurückgehen. Um die Heranbildung von Kapitalisten zu vermeiden, hat sich der Staat vorbehalten, in eine UBPC jederzeit hineinzuregieren. Auch sind die Genossenschaften gezwungen, ihre gesamte Produktion zu staatlichen Niedrigpreisen zu verkaufen. Das private Schlachten einer Kuh etwa wird mit Gefängnis bestraft.

Schließlich fällt stark ins Gewicht, dass die Direktoren der UBPC sich weder als Unternehmer fühlen noch die notwendigen Managementkenntnisse haben.

Wir haben in unseren Gesprächen mit den kubanischen Partnern auch festgestellt, dass die Leistungsanreize immer noch zu gering sind. Zwar werden einem tüchtigen Genossen Prämien gezahlt, aber das Prinzip »gleicher Lohn für alle«, gepaart mit dem Managementdefiziten, ergibt insgesamt eher ein leistungsfeindliches Umfeld.

Somit kann ich nur denen Recht geben, die auch die Dritte Agrarreform als gescheiterte oder »halbe« Reform kritisieren. Es wäre zu wünschen, dass sich der Staat in der Landwirtschaft weiter zurücknimmt, die Autonomie der Genossenschaften stärkt und das staatliche Aufkaufsystem liberalisiert. Auch die Einführung und Weiterentwicklung moderner Managementmethoden nach dem Vorbild des *perfeccionamiento empresarial*, das es bei den von den Militärs geführten Betrieben gibt, wäre gewiss hilfreich.

Offenbar haben Raúl Castro und Carlos Lage die heikle Lage erkannt. Der Vizepräsident und Sekretär des Ministerrats bezeichnete im Frühjahr 2007 die Produktion von Nahrungsmitteln als »ungenügend« und den Handel mit ihnen als »mangelhaft«. Im Jahr 2006 schrumpfte die Nahrungsmittelproduktion um fast 7 Prozent. Kuba gab 2006 und bereits davor jährlich etwa 1,6 Milliarden Dollar für Nahrungsmittelimporte aus. Hiervon stammte etwa ein Drittel aus den USA. 82 Prozent der Nahrungsmittel werden in Kuba noch subventioniert (zum Beispiel Reis, Kartoffeln, Bohnen und Fleisch).

Für Raúl Castro ist die Stärkung der Landwirtschaft, vor allem auch durch private Initiative, eine Frage der nationalen Sicherheit und damit oberste Priorität geworden. Auch deswegen sind die Vorbehalte gegen rechtschaffene Bereicherung durch erfolgreiches privates Wirtschaften, Vermögenszuwachs und Verdienstchancen weggefallen.[126]

Aus der Milchwirtschaft der östlichen Provinz Granma gibt es Vergleichszahlen. Während ein privater Bauer, den wir besucht haben, im Durchschnitt täglich etwa 7 Liter Milch pro Kuh erzielt, liegen die Erträge der Genossenschaften nur bei 3 Litern. Dies liegt auch daran, dass die Kühe in der Trockenzeit zwischen November und Mai mangels geeigneten Futters abmagern und kaum mehr Milch geben. Wenn sie nach Einsetzen der Regenfälle wieder genügend Futter bekommen und an Gewicht zulegen, dauert es einige Wochen, bis sie die normale Menge Milch geben. Damit kommt es in der Trockenzeit oft zu Versorgungsengpässen, die nur durch die Einfuhr von Trockenmilch überwunden werden können.[127]

Die Genossenschaften könnten dieses Problem durch die Anlage von Silos und durch die Aussaat von widerstandsfähigeren Grasarten lösen. Aber es fehlt ihnen an finanziellen Mitteln, an Treibstoff und vor allem an der notwendigen Motivation. Im Gegensatz zu den privaten Bauern, die sich um Lösungen ihrer Probleme bemühen, legen die Genossen oft die Hände in den Schoß und nehmen den Mangel als gegeben hin.

Ein Kuriosum ist der landwirtschaftliche Großbetrieb von Maria Antonia Puyol Bravo, einer Nachbarin der Castros in Birán, die trotz der Agrarreform ihren Betrieb behalten durfte. Offenbar hat sie die Freundschaft zu Fidel und Raúl Castro vor der Enteignung bewahrt. Sie bewirtschaftet über 300 Hektar Land und hat über 1000 Stück Vieh, darunter über 700 Kühe. Sie ist eine sehr erfolgreiche Landwirtin. Ihr Geheimnis liegt in der Motivation ihrer Arbeiter, der *vaqueros*, die sie durch finanzielle Anreize zu beflügeln vermag.

Auch ihr Beispiel zeigt die Effizienz privaten Wirtschaftens, das mit modernen Methoden des Anbaus und des Managements einhergeht. So erwirtschaften die ca. 150 000 privaten Bauern und Genossenschaften auf etwa einem Drittel des Landes zwei Drittel der Feldfrüchte, die Hälfte des Fleischangebots und 42 Prozent der Milch. 350 000 Kubaner betätigen sich in den Städten als »urbane« Landwirte. In ihren Gärten bauen sie Gemüse an oder halten Tiere (Schweine, Geflügel, Ziegen und Schafe).

Die Verteilung von Staatsland an private Bauern und die Erhöhung der Erzeugerpreise sind die Ecksteine der neuen von Raúl Castro im Frühjahr 2008 eingeschlagenen Reform. Mit der Verordnung (Decreto-Ley) Nr. 259 vom 10. Juli 2008, das die Übergabe von Land als Nießbrauch zum Inhalt hat, können bis zu 13,42 Hektar an bisher landlose und bis zu 40,26 Hektar an bereits Land besitzende Bauern übertragen werden. Angesichts der weltweit angestiegenen und noch weiter ansteigenden Preise für Agrarprodukte eine überfällige Maßnahme, die vor allem auf die Reduzierung der immer teurer werdenden Importe zielt. Noch sind die Schritte halbherzig.

Bauernmärkte: In nahezu allen Städten gibt es inzwischen staatliche und genossenschaftliche Märkte, auf denen Früchte, Gemüse, Geflügel und zuweilen auch Schweinefleisch angeboten werden.

Was nutzt es, wenn ein Privater Land bestellen kann, aber sein Viehbestand reglementiert wird? Wird es ihn motivieren, wenn er einen großen Teil seiner Milch an den Staat verkaufen muss, zwar zu etwas höheren Preisen, aber für ihn wenig lukrativ?

Schließlich steht Kuba auch noch vor dem Problem der durch Anwendung von verfehlten Anbaumethoden verursachten Bodendegradation, die wohl fast drei Viertel der Anbauflächen umfassen dürfte. Wie in vielen anderen Ländern ging es auch in Kuba nur um den momentanen Ertrag und nicht um nachhaltiges Wirtschaften. Die Böden leiden teilweise an Versalzung und Vergiftung. Auch die Abholzung großer Flächen hat die Erosion und Austrocknung gefördert. Hier werden erhebliche nationale Anstrengungen erforderlich sein, um die Bodenfruchtbarkeit wiederherzustellen.

Landwirtschaft und Zuckerrohr

Die mehrfach begonnenen Reformen in der Landwirtschaft sind stecken geblieben. Hier liegt ein weiterer wichtiger Ansatzpunkt für Verbesserungen. Raúl hatte mit der Schaffung der Bauernmärkte wenigstens auf einem Teilgebiet angefangen, neue Prinzipien zu verwirklichen, die in Richtung Marktwirtschaft weisen. Diese Märkte könnten ausgeweitet werden, um dadurch das Einkommen der Landbevölkerung zu steigern und die Versorgung in den Städten zu verbessern.

Darüber hinaus wäre es auch an der Zeit, das Management und die Logistik in den Genossenschaften, den UBPC, zu verbessern und ähnlich den militärischen Betrieben effektive Standards einzuführen. Dies könnte zu einer Verringerung der immer noch hohen Ernteverluste führen, die für sozialistische Länder charakteristisch sind.

Ein weiterer wichtiger Schritt zur Überwindung der Wirtschaftskrise scheint mir die Neuordnung des Zuckersektors zu sein. Von der Rekordernte im Jahre 1970, die bei fast 8,5 Millionen Tonnen lag, ist die Produktion in der Ernteperiode 2006/2007 auf ein Tief von 1,2 Millionen Tonnen abgestürzt. Da der Weltmarktpreis für Zucker erheblich gestiegen ist, will Kuba jetzt 52 alte und stillgelegte Zuckermühlen *(ingenios)* wieder in Betrieb nehmen. Von ehemals 155 *ingenios* (2002) arbeiten heute nur noch 42. Aus der alten Formel »Ohne Zucker gibt es das Land nicht« (»Sin azúcar no hay país«) von José Manuel Casanova, ist die Formel von Fidel Castro (vom März 2005) geworden: »Der Zucker ist der Ruin der kubanischen Wirtschaft« (»El azúcar es la ruina de la economía cubana«).

Kuba hat 2006 damit begonnen, verstärkt Bioethanol, sprich Industriealkohol, aus Zuckerrohr zu gewinnen. Ende Februar 2007 unterzeichnete es in Anwesenheit von Raúl Castro und Carlos Lage Vereinbarungen mit Venezuela über den Bau von elf Anlagen zur Ethanolgewinnung. Diese Anlagen sollen sowohl in Kuba wie auch in Venezuela betrieben werden.

Dies ist ein neuer Weg, der erfolgsversprechend sein sollte. Allerdings habe ich gegenwärtig den Eindruck, dass die kubanische Führung in dieser Frage tief verunsichert ist. Dies ist auf Fidel Castro und seine jüngsten Äußerungen in der Frage des Bioethanols zurückzuführen. Er hat sich grundsätzlich gegen Biokraftstoffe ausgesprochen, weil dies zu einer Verknappung von Mais, Soja und anderen Feldfrüchten und damit zu Preiserhöhungen führen könnte, die vor allem die ärmere Bevölkerung treffen würden. Fidel Castro knüpft damit an seine Position von 2002 an, als er in einem Vortrag vor ausländischen Botschaftern seinen Weg in die Zukunft des Zuckersektors so beschrieb: Schließung etwa der Hälfte der über 100 Zuckermühlen und Umschulung des freigesetzten Personals für Aufgaben in anderen Bereichen. Der Frage, ob es nicht sinnvoll sein könne, Industriealkohol aus Zuckerrohr zu gewinnen und somit dem Zuckersektor eine neue Perspektive zu eröffnen, wich er aus.[128]

Wenn sich Fidel Castro im April 2007 von seinem Krankenbett aus zu dieser Frage erneut geäußert hat, so sehe ich dies in erster Linie als gegen die USA gerichtet. Fidel ist gegen die von Washington ausgehende Initiative, mit lateinamerikanischen Staaten, vor allem mit Brasilien, eine strategische Allianz zur Gewinnung von alternativen Kraftstoffen zu gründen. Aber allein die Tatsache, dass er sich so dezidiert kritisch geäußert hat, schürt die Angst im eigenen Land, nährt die Unsicherheit. Wer wagt es, gegen den Willen des noch immer Mächtigen neue Schritte zu unternehmen?

Raúl und Lage aber wissen, dass sich Kuba jetzt zu einem wichtigen Lieferanten von Ethanol entwickeln und dazu beitragen könnte, den sich abzeichnenden Bedarf an diesem Rohstoff decken zu helfen. In der EU, wie auch in anderen Ländern, ist mit Steigerungen bei der Beimischung von Biotreibstoffen zu dem herkömmlichen aus Erdöl gewonnenen Benzin und Diesel zu rechnen. Neue große Märkte könnten für den alternativen Treibstoff aus Kuba geöffnet werden.

Sicherlich ist zu bedenken, dass der erhöhte Einsatz vor allem von Mais, Weizen, Sojabohnen und anderen Feldfrüchten bei der Gewinnung von Biokraftstoffen ganz erheblich zur Verteuerung von Lebensmitteln, gerade auch in der Dritten Welt, beigetragen hat. Dies ist eine Entwicklung, welche die Staatengemeinschaft vor neue Probleme stellt und sowohl von der Weltbank und dem Internationalen Währungsfond (IWF) als auch von der Europäischen Union (EU) als bedrohlich empfunden wird. Aber wo es Überschüsse gibt, wie zum Beispiel in Kuba oder Brasilien bei Zuckerrohr, sollte die Herstellung von alternativen Kraftstoffen möglich sein, auch ohne zu einer Verteuerung von Lebensmitteln zu führen.

Kampf gegen die Dürre

Ein besonderes Problem ist die Trockenheit, die immer wiederkehrenden Dürreperioden, besonders im Zentrum und im Osten der Insel. Wer Kuba von Westen nach Osten überfliegt, wird zahlreiche Stauseen erkennen, die besonders im Westen und in der Mitte der Insel angelegt wurden. Von 1959 bis 1986 ist die Menge des in großen Rückhaltebecken gestauten Süßwassers von 29 Millionen Kubikmeter auf 9 Milliarden Kubikmeter erhöht worden. Vor allem sollten die Wasserläufe aus der Sierra Maestra wie auch aus den Gebirgen zwischen Nipe und Baracoa auf der Nordseite aufgefangen werden und nicht ungenutzt ins Meer fließen.

Schon bald nach 1959 war der Plan entstanden, durch Staubecken, Kanäle, Rohrleitungen und Tunnel Wasser zu speichern und umzuleiten (sogenannte *trasvases*).

Die Umleitung von Wasser aus einem Flusssystem in ein anderes gibt es in zahlreichen Ländern. Stalin hatte in Zentralasien durch Umleitung des Amu Darya und die Schaffung von Kanälen die Anbaufläche von Baumwolle im heutigen Usbekistan zeitweilig erhöht. Auch in China hat die Umleitung von Wasser durch Kanäle eine mehr als tausendjährige Tradition. Im Nahen Osten und in Spanien werden Wasserläufe ebenfalls umgeleitet.

Doch in Kuba verfielen zahlreiche Projekte wieder, einerseits durch Überschwemmungen und Wirbelstürme andererseits durch fehlende Sanierungsmaßnahmen. In der *período especial* stellte man schließlich alle Vorhaben ein.

Aber angesichts der Probleme, denen sich die Landwirtschaft vor allem im Osten der Insel gegenübersieht, entschloss man sich 2004 wieder zur Tat. Mangels Staubecken ging täglich beispielsweise in den Bergregionen um Sagua de Tanamo (Provinz Holguín) eine Wassermenge verloren, die ausgereicht hätte, um die Städte Holguín und Las Tunas ein Jahr lang mit Wasser zu versorgen.

Im Jahre 2004 verfügte Fidel Castro angesichts einer besonders langen Dürreperiode, die gerade die Provinz Camagüey und den gesamten Osten heimsuchte, die Wiederaufnahme der einst geplanten Maßnahmen zum Stau und zur Umleitung von Gewässern. Fidel beauftragte Raúl, diese Maßnahmen anzugehen. Besonders sollten die Flussumleitungen unter militärischer Leitung in Angriff genommen werden.

Die Leitung des Verteidigungsministeriums setzte eine Projektgruppe, die *Dirección General de Proyectos* (DIP) ein und gründete eine Ingenieurfirma, die ausschließlich für die Umleitungsvorhaben zuständig war. Als erstes analysierte man die schwerwiegenden Mängel, die in der Vergangenheit die Umleitungsarbeiten erschwert hatten, unter anderem die Nichtbereitstellung von Material sowie Organisationsfehler.

Raúl Castro hatte bereits 1999 harte »Manöverkritik« geübt. Er war zu dem Schluss gelangt, dass Arbeitsmethoden und Arbeitsstil radikal geändert werden müssten. Er führte dabei wörtlich aus: »Wir haben uns daran gewöhnt, Verpflichtungen einzugehen, … die niemals erfüllt werden und wenn sie erfüllt wurden, was selten genug geschah, dann war das zum Nachteil der Qualität. Hierfür gibt es mehr als genug Beispiele … Das war schlicht nur Getöse … Wir haben uns mehr und mehr daran gewöhnt, mit der Lüge zu leben, mit Gejammer und Erklärungen für das ständige Verschieben der in den Verträgen vereinbarten Termine.«[129]

Das war eine deutliche Sprache. Sie offenbarte vor allem den fast überall zu beklagenden Schlendrian in der kubanischen Staatsverwaltung.

Raúl übertrug die Leitung der für die Gewässerumleitung zuständigen Ingenieurfirma dem Oberst Astrain Rodríguez, einem vor allem beim Tunnelbau erfahrenen Militär. 2008, nach vier Jahren, konnte der Offizier den Abschluss eines ersten Projektabschnitts in der Gegend von Mayarí, in der Provinz Holguín, ganz in der Nähe des Geburtsorts der Brüder Castro, melden. Hierzu gehörten der Bau eines Staubeckens, von Tunneln, Kanälen und Rohrleitungen sowie die Verbindung von mehreren Staubecken.

Interessant bei diesen Vorhaben ist die Tatsache, dass Kuba sich nicht etwa der staatlichen Betriebe bedient, um schwierige Probleme zu lösen, sondern die Militärs damit beauftragt. Sie sind heute weitgehend eine Art Ersatz für die Privaten, die ständigem Wettbewerb ausgesetzt sind, effizient arbeiten müssen und ihre Leistungen regelmäßig optimieren. In Kuba geht dies über die Befehlsstrukturen, eiserne Disziplin und gute Organisation, die den meisten Staatsbetrieben fehlt.

Ausländische Unternehmen in Kuba, die mit den Staatsfirmen außerhalb des militärischen Bereichs arbeiten müssen, führen ständig Klage über die schlechte Arbeitsmoral, die fehlende Organisation und den Schlendrian in den kubanischen Betrieben. Oft fehlt es ihnen an Material oder an notwendigen organisatorischen Maßnahmen, dann wieder an geschultem Personal, was zu ständigen Verzögerungen der zugesagten Arbeiten führt.

Eines der grundlegenden Probleme hierbei ist die schlechte und überhaupt nicht leistungsorientierte Bezahlung der Angestellten und Arbeiter in den kubanischen Betrieben. Die Folge ist Laxheit bei der Ausführung von Arbeiten, wiederholtes Fehlen am Arbeitsplatz und Desinteresse am Erfolg. Dies ist ein Phänomen, das keineswegs auf Kuba beschränkt ist, sondern in nahezu allen Ländern mit sozialistischer Gesellschaftsordnung anzutreffen war.

Daher haben sich China und Vietnam entschlossen, neben den staatlichen Unternehmen private zuzulassen. Kuba wird daher, wenn es nicht den Weg einer völligen »Militarisierung« der Wirtschaft gehen will, dazu übergehen müssen, dem privaten Sektor erheblich mehr Spielraum zu geben und ihn nicht auf Kleinstunternehmen zu beschränken.

Wie ich durch Gespräche mit hohen Beamten eines kubanischen Ministeriums feststellen konnte, gehen die internen Diskussionen in diese Richtung. Allerdings wäre dies ein Schritt, mit dem wohl in naher Zukunft nicht zu rechnen ist. Auch steht für die Führung in Havanna außer Frage, dass die Grundstoffindustrie und die großen Versorgungsunternehmen wie auch Banken und Versicherungen in der Hand des Staates bleiben.

Dass jetzt überhaupt eine Diskussion in dieser entscheidenden Frage aufkommt, wäre vor einigen Jahren noch undenkbar gewesen. Die Führung wich damals der Frage nach Zulassung privater Unternehmen regelmäßig aus.[130]

Wirtschaft und Streitkräfte

Das Nachrücken des 72-jährigen Julio Casas Regueiro als Chef des Verteidigungsministeriums MINFAR ist einer der weniger spektakulären, aber interessantesten Vorgänge im Zusammenhang mit dem Machtwechsel auf Raúl Castro am 24. Februar 2008. Casas Regueiro, ein Mann, der die Öffentlichkeit scheut, war als Stellvertreter von Raúl Castro für die Wirtschaftsunternehmen der Streitkräfte zuständig. Er war der »Finanzminister« der *Fuerzas Armadas Revolucionarias (FAR)* und hatte als solcher erheblichen Einfluss nicht nur in seinem Ministerium, sondern im gesamten Wirtschaftsbereich.

Raúl Castro hatte bekanntlich lange vor dem Zusammenbruch des Ostblocks damit begonnen, im Bereich des Verteidigungsministeriums Wirtschaftsunternehmen zu gründen. Auslöser dafür war die oft geringe Effizienz und das Missmanagement in den staatlichen Betrieben, was die Belieferung der Armee beeinträchtigte.

Mit der Gründung von Unternehmen der Streitkräfte verfolgte er zwei wesentliche Ziele, nämlich einmal die Stärkung der Einnahmen der Streitkräfte, die dringend erforderlich war, um sie mit modernen Waffen auszustatten. Zum anderen konnte er mit den neuen »Pfründen« das Offizierscorps noch stärker an sich binden. Die Wirtschaftsaktivitäten der Streitkräfte bedeuteten für Raúl Castro einen erheblichen Machtzuwachs.

Fidel Castro, der diese Vorgänge zunächst mit Misstrauen und widerwillig beobachtete, gelangte zu Beginn der neunziger Jahre, als Kuba nach dem Zusammenbruch des Ostblocks in seine schwerste Wirtschaftskrise geriet, jedoch zu der Erkenntnis, dass die Unternehmen der Streitkräfte einen wesentlichen Beitrag zur Abfederung der kubanischen Krise des *período especial* leisteten. Fidel soll schließlich doch seine Zustimmung zur Ausdehnung der wirtschaftlichen Aktivitäten und zur verstärkten Anwendung westlicher Verwaltungsgrundsätze in den Betrieben der kubanischen Streitkräfte gegeben haben. Der treu hinter Raúl stehende Casas Regueiro war so etwas wie der Generaldirektor der »Holding« der Militärs geworden. Er sorgte auch dafür, dass sich die Korruption in vertretbaren Grenzen hielt.

Die Streitkräfte, die FAR, bilden nach der Kommunistischen Partei Kubas das Rückgrat des kubanischen Systems. Ihr Aufbau und ihre Konsolidierung sind eine Erfolgsgeschichte, die in einem Staat der Dritten Welt ihresgleichen sucht.

In den letzten Monaten des Jahres 1958, als er noch Kommandant der Zweiten Front in der Sierra de Cristal war, schlossen sich Raúl Castro zahlreiche »neue Kräfte« an. Seine Rebellenarmee wuchs auf etwa 1000 Mann an. Vier Jahre später, im Oktober 1962, hatte Kuba etwa 300 000 Mann unter Waffen.[131] Das Land war nach der versuchten Invasion von Exilkubanern in der Schweinebucht stark aufgerüstet worden.

Durch die Enteignung des US-Großgrundbesitzes, von Industrie und Banken, hatte sich das Klima so verschlechtert, dass Washington die diplomatischen Beziehungen im Januar 1961 abbrach. Nach der fehlgeschlagenen Aktion in der Schweinebucht im April 1961 rechnete Kuba fortan mit einer großangelegten Offensive der USA. Nur unter dem Schirm der zweiten Supermacht, der UdSSR, würde es politisch überleben können. Dies ist die Wurzel der sich im Oktober 1962 entwickelnden Krise, die durch die Stationierung von Raketen mit atomaren Sprengköpfen auf Kuba ausgelöst wurde.

Weniger bekannt ist, dass sich 1962 bereits 42 000 sowjetische Soldaten auf Kuba befanden, um dem Land im Falle einer erneuten Invasion beizustehen.[132] Raúl Castro war es, der die Aufstellung der Revolutionsarmee und ihre Ausrüstung steuerte. Er organisierte und koordinierte auch den Einsatz sowjetischer technischer und finanzieller militärischer Hilfe seit 1961. Seine guten Beziehungen nach Moskau, die, wie wir gesehen haben, bis an den Anfang der fünfziger Jahre zurückreichen, hatten ihm dabei sehr geholfen.

Der Aufbau der kubanischen Streitkräfte gestaltete sich zunächst schwierig. In den ersten Monaten nach dem Sieg der Revolution galt es, die zahlreichen Überläufer aus der Armee Batistas und die erbeuteten Waffen zu integrieren und eine Kerntruppe mit einer rudimentären Ausrüstung auf die Beine zu stellen. Nach den Worten von Fidel Castro betrug die Stärke der eigentlichen

Rebellenarmee 3000 Mann. Mit dem Sieg über Batista wuchs diese Armee in wenigen Wochen auf über 40 000 Mann an.[133] Aber als sich in der zweiten Jahreshälfte 1959 die Konfrontation mit den USA abzeichnete, war eine neue Strategie geboten. Kuba musste sich auf einen bewaffneten Konflikt mit seinem nördlichen Nachbarn einstellen.

Die Aufrüstung war, wie Fidel Castro in seinen Gesprächen mit Ignacio Ramonet ausführte, von terroristischen und Sabotageakten begleitet. Kubanische Flugzeuge wurden in die USA entführt, Piraten kreuzten vor den kubanischen Küsten auf, ein mit Waffen beladenes Schiff aus Frankreich, *Le Coubre*, explodierte im März 1960 im Hafen von Havanna. Es gab über hundert Tote. Später flog ein Depot in die Luft. Attentate auf Fidel Castro und andere Führer der Revolution waren an der Tagesordnung.[134]

In Girón (Playa Girón oder Bahía de los Cochinos ist die kubanische Bezeichnung für die Schweinebucht) stellte Kuba fest, dass es über so gut wie keine Luftwaffe verfügte. Dennoch gelang mit den wenigen kleinen Schulflugzeugen ein entscheidender Schlag gegen US-Schiffe, welche die feindlichen Truppen und ihren Nachschub heranführen sollten. Ungenügend war die Bewaffnung der Artillerie, der Flugabwehr, auch die Ausrüstung der Milizen. Später waren mit der neuen Doktrin des »Kriegs des gesamten Volkes« für fast eine Million Mann Waffen und Munition bereitzuhalten.

Die Bewaffnung war die eine Seite; die andere war die Vorbereitung der Soldaten auf ihre Aufgaben. Hier kam Kuba das 1959 sehr energisch begonnene Ausbildungssystem zugute. Die Schulen und Universitäten schufen die Grundlagen für die Fachausbildung der Offiziere und Unteroffiziere, die Kuba nun brauchte. Die modernen Waffen, die Raketen, die Flugzeuge, die Schiffe machten hochqualifiziertes Personal erforderlich.[135] Eine moderne Armee in der jetzt notwendig erscheinenden Größenordnung brauchte auch Tausende von Ärzten oder medizinisch geschultes Personal.

Am Beginn der Raketenkrise, im September 1962, tat sich Raúl mit dem Satz hervor, ein Angriff auf Kuba bedeute das Ende des Imperialismus. Schon zu diesem Zeitpunkt hatten die Sowjets damit begonnen, die baulichen Vorbereitungen für die Stationierung von Interkontinentalraketen auf Kuba zu treffen.[136] Auch Mittelstreckenraketen vom Typ SAM und MRBM dürften etwa zu diesem Zeitpunkt nach Kuba unterwegs gewesen oder gar bereits teilweise installiert worden sein.

Raúl Castro begann auch damit, unterirdische Verstecke für Flugzeuge, Panzer und Artillerie anzulegen. Ihm war klar, dass alles Gerät, das aus der Luft sichtbar war, schnell ein Opfer des Feindes werden könnte. So entstanden, ähnlich wie in der Sowjetunion und in der VR China, große unterirdische bunkerähnliche Anlagen, in denen alle Arten von Waffen eingelagert, gewartet und im Ernstfall in kürzester Zeit zum Einsatz gebracht werden konnten. Zeitweise wurden zur Errichtung dieser Anlagen 20 000 Mann pro Jahr und ein Viertel der Jahresproduktion von Zement eingesetzt.

Ich selbst habe gesehen, wie Soldaten in der Nähe von Trinidad, etwa im geografischen Zentrum der Insel, Waffen in einem unterirdischen Versteck gelagert haben. Mir war aufgefallen, dass mehrere Lastwagen in der Nähe meines Hotels vorfuhren und von Soldaten entladen wurden. Ich sah, wie die Soldaten große Kisten in eine Höhle transportierten. In dieser aus Kalkstein bestehenden Gegend gibt es viele solcher Höhlen, und sie heißt daher auch entsprechend *Las Cuevas*.

In den siebziger Jahren erfuhr die kubanische Armee eine grundlegende Umstrukturierung. Mit Hilfe der Sowjetunion erhielt sie Ausbildung und Waffen, die über die reine Verteidigungsstreitmacht hinausgingen. Zahlreiche Offiziere, darunter auch Raúl selbst, erhielten in der UdSSR eine umfangreiche Ausbildung. Sie umfasste unter anderem den Umgang mit Jagdflugzeugen des Typs MIG, mit U-Booten und allen Typen der Artillerie.[137] Die Lieferung von MIG-23 S an Kuba, welche nach US-Auffassung mit nuklearen Raketensprengköpfen ausgestattet werden konnten, führte zu Diskussionen mit den Sowjets über die Einhaltung der zwischen Kennedy und Chruschtschow getroffenen Vereinbarungen von 1962.[138]

Sie sahen in ihrem Kern den Abzug aller sowjetischen Offensivwaffen – unter Einschluss nuklearer Sprengköpfe – von der Insel vor, im Gegenzug würden die USA die Blockade Kubas aufheben und die Insel nicht militärisch angreifen.

Die Stärke der Streitkräfte wuchs in den siebziger Jahren mit allen Reserveeinheiten und dem EJT (*Ejército Juvenil del Trabajo*, in der Landwirtschaft eingesetzte Soldaten) auf annähernd 500 000 Mann an. Sie dürfte damals eine der stärksten Armeen in

Lateinamerika gewesen sein. Jedenfalls war sie die beste und erfahrenste Streitmacht einer kleinen Nation, mit Ausnahme von Israel. Sie war jetzt auch in der Lage, einen Teil ihrer Truppen auf anderen Kontinenten einzusetzen. Dies geschah später vor allem in Angola und in Äthiopien.

1980 steuerte Raúl erneut um. Da die UdSSR nicht länger bereit war, Kuba im Falle eines Angriffs der USA beizustehen (Kuba ist zwar dem COMECON, aber nie dem Warschauer Pakt beigetreten), begann Havanna mit der Aufstellung von Milizen, den *Milicias de Tropas Territoriales*. Über die Größe der Milizen besteht letztlich keine Klarheit. Während man generell von einer Zahl von etwa einer Million ausgebildeter Milizionäre ausgeht, gibt es auch Beobachter, die erheblich größere Zahlen nennen. Ihr taktischer Wert liegt vor allem in Guerilla-Aktivitäten und in der taktischen und logistischen Unterstützung der regulären Streitkräfte.

Das neue System erlaubte es Kuba, seine regulären Streitkräfte erheblich zu reduzieren. Ihre Stärke liegt heute bei 50 bis 60 000 Mann. Der Truppenabbau war in den neunziger Jahren infolge des wirtschaftlichen Notstands unausweichlich geworden.

Ein großes Problem sind heute die veralteten Waffen. Dringend notwendige Neuanschaffungen stoßen angesichts der wirtschaftlichen Dauerkrise an eine Grenze. Während des Großmanövers *Bastion 04* im Dezember 2004 wurde der mangelhafte Ausrüstungsstand der FAR deutlich. Daher verwundert es nicht, dass Raúl Castro am 26. Juli 2008 ausgeführt hat, die Ausrüstung der Streitkräfte zu verbessern. Aber ihre Stärke ist die Moral der Truppe und die Möglichkeit, innerhalb kurzer Zeit massenhaft Milizen zu mobilisieren sowie Guerillatruppen zum Einsatz zu bringen.

Es ist erstaunlich, dass bereits knapp zwei Jahre später, im Sommer 2006, eine weitere militärische Großübung unter der Bezeichnung *Caguairán* stattfand, bei der »neue Methoden zur Erhöhung der Kapazität und kämpferischen Bereitschaft von Reservisten und Milizionären« erprobt wurden.[139]

Raúl Castro ist der einzige Vier-Sterne-General Kubas. Den Streitkräften fühlt er sich ebenso verbunden wie der Partei, deren zweiter Vorsitzender (Sekretär) er ist. Ihm unterstehen mindestens 200 Unternehmen, die von den Streitkräften geführt werden und in einer Holding, GAESA (Grupo de Administració Empresarial S.A.), zusammengefasst sind.

Militärpräsenz: Polizei und Militär sind nicht nur zu offiziellen Anlässen im öffentlichen Leben präsent (oben); die Armee verfügt auf dem historischen Friedhof von Havanna über eine eigene Gedenkstätte (unten).

Nach der Ernennung von General Casas Regueiro zum Verteidigungsminister im Februar 2008 wurde GAESA dem Major Luis Alberto Rodríguez López Callejas, einem Schwiegersohn von Raúl Castro, unterstellt. Rodríguez hatte sich in der Vergangenheit als Experte in Finanzangelegenheiten ausgewiesen.[140]

Oft wird behauptet, die militärisch geführten Unternehmen seien ein Hort der Korruption. Die Unternehmen seien für viele Militärs willkommene Pfründe mit der Möglichkeit, ihre Einkommen erheblich aufzubessern. Dieser Vorwurf wurde vor allem auch durch eine Affäre genährt, die sich 2002 entwickelte und die zur Entlassung des Chefs des von den Militärs geführten Tourismusunternehmens Cubanacán führte.

Im März 2008 wurde bekannt, dass 14 ausländischen Unternehmen in Kuba die Lizenz entzogen worden sei. Diese Unternehmen waren eng mit zwei kubanischen Firmen verbunden, die von den Streitkräften geführt werden und GAESA unterstehen. Beide Unternehmen, die von Militärs oder ehemaligen Militärs geleitet werden, sind wichtige Importeure von Ersatzteilen, Baumaterial, Haushaltsgeräten und Computern. Sie verkaufen diese dann gegen Devisen im Inland. In beiden Unternehmen soll es zu Korruptionsfällen gekommen sein.

Drakonische Strafen sind wie in ähnlichen früheren Fällen zu erwarten. Sie sollen auch verhindern, dass sich Neid und Unzufriedenheit innerhalb der Streitkräfte entwickeln, die erhebliche negative Auswirkungen auf ihren Zusammenhalt und ihre Professionalität haben könnten.[141]

Ganz wichtig für Raúl ist sein unmittelbarer Zugriff auf den Geheimdienst, der im Innenministerium angesiedelt ist. Seinem Chef General Eduardo Delgado wird erheblicher Einfluss auf die kubanische Außenpolitik, besonders in Beziehung zu den USA, zugeschrieben. Beim Aufbau des Geheimdienstes und seiner technischen Ausstattung hat die DDR eine wichtige Rolle gespielt. Der Chef des DDR-Auslandsgeheimdienstes, Markus Wolf, reiste wiederholt nach Kuba und traf sich mit Raúl Castro, den er als »solide, gut erzogen und als Staatsmann« charakterisierte.[142]

Mit dem ihm loyal untergebenen Drei-Sterne-General Abelardo Colomé Ibarra als Innenminister verfügt er über eine wichtige zusätzliche Stütze. Er gehört zu den höchstdekorierten Offizieren der Streitkräfte, hat sich besonders in Angola ausgezeichnet und trägt den Ehrentitel »Held der Republik«. Colomé, mit dem Kosenamen »El Peludo«, war 16 Jahre alt, als er sich 1957 den Rebellen in der Sierra Maestra anschloss. Ein Jahr später wurde er persönlicher Assistent von Raúl in der Sierra de Cristal. Sein Deckname war »Furry«. Er war eine zeitlang Polizeichef von Havanna und gehörte 1966 dem kubanischen Expeditionskorps an, das Che nach Bolivien begleitete. Er war dazu ausersehen, eine im Norden Argentiniens operierende Guerilla-Organisation zu unterstützen, welche den Auftrag hatte, im Raum Salta einen Aufstand zu organisieren, was allerdings misslang.[143] Im Verteidigungsministerium wurde er später Stellvertreter von Raúl. Er ist Mitglied des Staatsrats und des Politbüros. Im persönlichen Umgang wirkt er freundlich und zuvorkommend, wie ich selbst erleben konnte.

Mit seiner Ernennung zum Verteidigungsminister am 24. Februar 2008 verfügt er über eine Machtfülle, an die nur wenige Persönlichkeiten in der Führung heranreichen.

Ein weiterer General im Kabinettsrang und mit Raúl seit langem verbunden ist Ulises Rosales del Toro. Er war Generalstabschef, steht aber seit einigen Jahren dem Zuckerministerium vor. Mindestens ebenso wichtig für Raúl ist General Álvaro López Miera, Generalstabschef und jugendlicher Gefährte in der Sierra Maestra. Mit seinen damals erst 14 Jahren war er noch zu jung, um Soldat mit der Waffe zu werden. Er wurde daraufhin Lehrer von Bauernkindern in einer Schule der von Raúl befehligten Zweiten Front. Er studierte zwei Jahre in einer sowjetischen Militärakademie und war als Artillerieoffizier in Angola und Äthiopien im Einsatz.

TEIL III: Die Innenpolitik

Neue und alte Namen

Der »Überraschungssieger« bei der Zusammensetzung des neuen Staatsrats am 24. Februar 2008 war der 77-jährige José Ramón Machado Ventura. Mit ihm hatte fast niemand als Erstem Vizepräsidenten des Staatsrats und damit Stellvertreter von Raúl Castro gerechnet. Vielmehr ging man eher davon aus, dass Vizepräsident Carlos Lage Dávila nachrücken und mit diesem Posten betraut würde.

Die Gründe für die Wahl von Machado dürften zum einen in der Persönlichkeit von Raúl Castro liegen. Er schätzt Loyalität hoch ein. Machado war für ihn eine wichtige Stütze, als er vor 50 Jahren mit dem Kommando über die Zweite Front in der Sierra Cristal im Osten Kubas betraut wurde. Das war eine erste, schwierige Bewährungsprobe für den 27-jährigen Raúl. Er war jetzt weitgehend auf sich selbst gestellt, hatte nicht mehr die direkte Verbindung zum Befehlsstand seines Bruders und zu seinen Kameraden, die weit entfernt in der Sierra Maestra kämpften. Der Rat und die Unterstützung des etwas älteren Machado dürften ihm damals besonders wertvoll gewesen sein.

Sicherlich könnte für die Einsetzung von Machado auch eine Rolle spielen, dass die Älteren in der Partei das politische und moralische Gewicht haben, um gegen den allen Neuerungen wenig zugeneigten und skeptischen Fidel anzukommen, der bereits in seinen *reflexiones* einen gewissen Missmut und Argwohn gegenüber dem von seinem Bruder Angedachten hat erkennen lassen.

Die ausstehenden Reformen werden ihre Zeit brauchen, wie es Raúl Castro in seiner Rede vom 24. Februar 2008 klar ausgesprochen hat. Vielleicht brauchen sie so viel Zeit, dass sie erst von der kommenden Politikergeneration zu Ende geführt werden können. Diese neue Generation will Raúl womöglich nicht verschleißen und sie noch schonen. Erst später käme die Stunde von Carlos Lage und andern Jüngeren.

Obwohl Lage jetzt nicht noch weiter aufgestiegen ist, wird er auch in der Zukunft unter Raúl eine Schlüsselstellung behalten. Er wird die Führung in den so entscheidenden Wirtschaftsfragen zu übernehmen haben. Daneben könnte es sein, dass er den Präsidenten, wie auch schon unter Fidel, auf wichtigen internationalen Konferenzen vertreten wird. Es könnte aber auch sein, dass Raúl, je nach Anlass, mehrere Persönlichkeiten aus der obersten Führungsebene, wie zum Beispiel neben José Ramón Machado Ventura auch Esteban Lazo, den »Chefideologen« der Partei, mit seiner Vertretung im Ausland beauftragt. Auch der Außenminister Pérez Roque käme hierfür in Betracht.

Ende April 2008 gab Raúl Castro zum Abschluss des sechsten Plenums des ZK des PCC (der Kommunistischen Partei Kubas) wichtige Änderungen in der Struktur der Partei bekannt, die gleichzeitig zu mehr Effizienz führen sollen. Damit soll nach seinen Worten der »provisorische Charakter der Etappe« zwischen der Rückzugs-Proklamation seines Bruders Fidel vom 31. Juli 2006, die die Einsetzung von Raúl und einem Kollektiv zum Inhalt hatte, und der Neuwahl der Führung beendet werden.

Dazu gehört die Ernennung von drei neuen Mitgliedern des Politbüros. Es sind Ramiro Valdés Menéndez, Salvador Valdés Mesa und der General Álvaro López Miera. (Von ihnen wird noch später die Rede sein.) Gleichzeitig wurde der 85-jährige pensionierte Brigadegeneral José Fernández Álvarez mit der Kontrolle des Erziehungssektors beauftragt.

Raúl Castro gab eine weitere wichtige Änderung bekannt: Die Einrichtung einer Kommission des Politbüros als eine Art oberstes Exekutivorgan der Partei. Neben Raúl gehören ihm Machado Ventura, Almeida Bosque, Colomé Ibarra, Carlos Lage, Esteban Lazo und Julio Casas an. Sie alle stehen dem Staatsrat vor (Präsident, 1. Vizepräsident und Vizepräsidenten). Dies ist die neue Führungsgruppe, das Kollektiv, mit dem sich Raúl Castro umgeben hat. Es fällt auf, dass diese Gruppe nicht mit dem Kollektiv, das Fidel Castro in seinem politischen »Testament« am 31. Juli 2006 einsetzte, identisch ist. Es fehlen Balaguer und Soberón. Stattdessen sind zwei Generäle in die Staatsführung aufgestiegen, nämlich Colomé Ibarra und Casas Regueiro. Damit wird erneut deutlich, dass Raúl beide Hauptstützen der Macht, Partei und Militär, an der Staatsführung teilhaben lassen möchte. Almeida Bosque, *Comandante de la Revolución*, kann dem Militär zugerechnet werden.

Neben der neuen Kommission des Politbüros werden noch sechs ständige Unterausschüsse dieses Gremiums, nämlich für Ideologie und Kultur, Wirtschaft, Ernahrung und Landwirtschaft, Erziehung, Wissenschaft, Gesundheit und Sport, eingesetzt. Auch wurde zur Kontrolle der Arbeit des ZK die Kaderkommission vervollständigt.[144]

Als Parlamentspräsident fungiert weiter der 71-jährige Ricardo Alarcón Quesada, Außenminister bleibt der 43-jährige Pérez Roque. Alarcón gilt als früherer Botschafter bei der UNO in New York – er hatte dieses Amt mehr als zehn Jahre inne – als USA-Spezialist und dürfte in den nächsten Jahren neben seinem Hauptamt viel zu tun bekommen. Pérez Roque verkörpert die jungen Aufsteiger, sozusagen die dritte Generation, die zwar nach vorne drängt, aber kaum eine Chance haben dürfte, solange der Generationswechsel in der Führung nicht vollzogen ist. Dies kann auch ein Grund dafür sein, dass Pérez Roque nicht Mitglied des Politbüros geworden ist.

Überhaupt fällt auf, dass kein Vertreter der jüngeren Generation, also der unter 50-jährigen, und auch keine Frau dem inneren Führungszirkel angehören. Raúl Castro will sich offenbar nur auf Vertrauensleute stützen, die er seit Jahrzehnten kennt und die ihm Gewähr für absolute Loyalität bieten. Parallelstrukturen, wie sie sich unter Fidel Castro entwickelt hatten, lehnt Raúl Castro ab. So hatte sich zum Beispiel die Ideologiegruppe für die *batalla de ideas* (Kampf der Ideen), ursprünglich eine Bewegung zur Stützung der Revolution, verselbständigt und als »Koordinierungsgruppe für die batalla de ideas« zahlreiche Aufgaben an sich gezogen.[145] Vor allem hatten hier junge Führungskader der Partei das Sagen, wie zum Beispiel Otto Rivero, Hassan Pérez und Carlos Valenciaga. Außer dem Letzteren und Pérez Roque befindet sich niemand mehr von diesen »Taliban«, also der von Fidel Castro geförderten jungen Generation von Führungskadern, in Spitzenfunktionen.

José Ramón Machado Ventura

Seine Wahl zum Ersten Vizepräsidenten und damit zur »Nummer Zwei« in Kuba, kam überraschend. Sie zeugt davon, dass sich der neue Präsident vor allem auf Leute stützen möchte, die ihm seit

Jahrzehnten zur Seite stehen. Darüber hinaus kann sie als Zeichen für die Bedeutung des PCC unter dem Präsidenten Raúl Castro Ruz gesehen werden. Machado gehört zu den Gründungsmitgliedern der 1965 ins Leben gerufenen Kommunistischen Partei und ist seither Mitglied in ihrem Zentralkomitee.

Der 77-jährige hat aber noch andere Verdienste um die Revolution, die bis ins Jahr 1952 zurückreichen. Damals schloss sich Machado, 21-jähriger Student der Medizin in Havanna, Fidel Castro an, um den gerade durch Staatsstreich zur Macht gekommenen General Fulgencio Batista zu stürzen. Er war einer der gegen Batista arbeitenden Agitatoren in der *Federación de Estudiantes Universitarios (FEU)*. Später, nach Abschluss seines Medizinstudiums, schloss er sich dem von Fidel Castro gegründeten *Movimiento 26 de Julio* und nach Beginn der Kämpfe in der Sierra Maestra auch den Guerrilleros an.

Im März 1958 begann seine Zusammenarbeit mit Raúl Castro, den er beim Kampf an der Zweiten Front in der Sierra Cristal, im Osten Kubas, unterstützte. Dort wurde er zum Hauptmann befördert und mit der Organisation des Sanitätsdienstes beauftragt, ein Amt, das er bis zum Ende des Guerrillakriegs innehatte. Er schuf ein weites Netz von Krankenhäusern und kleinen »Apotheken«, die nicht nur den in den Provinzen Guantánamo, Holguín und Santiago operierenden Militärs, sondern auch der Zivilbevölkerung zur Verfügung standen.

Nach dem Triumph der Revolution 1959 erfüllte er verschiedene Aufgaben, die von der Assistententätigkeit für den Präsidenten bis zum Chef der medizinischen Dienste der Armee reichten. Von 1960 bis 1967 war er Gesundheitsminister. In dieser Eigenschaft leitete er die erste »internationale Ärztebrigade«, die 1963 von Havanna nach Algerien entsandt wurde.[146]

Im Jahre 1965 begann seine Laufbahn in der PCC. Neben der Mitgliedschaft im Zentralkomitee von Anfang an bekleidete er ab 1971 auch das Amt des Parteisekretärs in der wichtigen Provinz Havanna. 1975 wurde er zudem Mitglied des Politbüros und 1976 Mitglied des Sekretariats des ZK der Partei. Ebenfalls in diesem Jahr kam er in den Staatsrat, dessen Mitglied er ohne Unterbrechung blieb.

Machado, der als außerordentlich diszipliniert und loyal gilt, hat sich in weit über 50 Jahren seiner Mitarbeit in verschiedenen wichtigen Gremien der Revolution das besondere Vertrauen von

Fidel und Raúl Castro erworben. »Machadito«, wie ihn seine Freunde nennen, ist dabei nie besonders hervorgetreten, sondern hat sich immer ein wenig im Schatten der Macht bewegt.

Er gehört neben Ramón Balaguer, dem früheren Chefideologen der Partei und jetzigen Gesundheitsminister, zu der »alten Garde«, die Fidel Castro am 31. Juli 2006 in der *Proclama*, einer Art politischen Testaments, zusammen mit Esteban Lazo als für den Erziehungssektor Verantwortliche bestimmt hat. Er galt als strikt »konservativ«, als Gegner der Glasnost und Perestroika von Gorbatschow, als »Karrierekiller« von aufstrebenden jüngeren Genossen wie Carlos Aldana und Roberto Robaina und als wenig flexibler Dogmatiker. Auch Wirtschaftsreformen im Sinne einer stärkeren Rolle des privaten Sektors soll er ablehnend gegenüberstehen.

Nicht auszuschließen ist, dass ihn Fidel Castro dazu bestimmt hat, nach seinem Abtreten aufkeimenden Reformeifer abzubremsen und die »alten Ideale« der Revolution in Ehren zu halten. In einem Mann wie Machado, der 56 Jahre an seiner Seite stand, sieht er eher den Garanten für die Erhaltung der Grundlinien seines Lebenswerks als in neuen Leuten, die sich zwar verdient gemacht haben, aber den Beweis ihrer Loyalität erst 20 Jahre lang oder weniger erbracht haben. Machado dürfte daher vorübergehend zu einer Schlüsselfigur werden, besonders in der Partei.

Umgekehrt könnte Machado für Raúl die Aufgabe übernehmen, die alten und einflussreichen Genossen, vor allem aber seinen Bruder zu beruhigen, der aus dem Hintergrund alle Bewegungen in Politik und Wirtschaft kritisch begleitet und kommentiert. Machado könnte ihm in seinen neuen Positionen als 1. Vizepräsident des Staatsrats und Vizepräsident des Ministerrats unauffällig den Rücken freihalten, um dringende Reformen, vor allem auf dem Wirtschaftssektor, voranzubringen.

In dieser Richtung wäre auch das erneute Aufrücken des ehemaligen Innenministers und Kämpfers in der Sierra Maestra, Ramiro Valdés, zu sehen, dem im vergangenen Jahr der Posten des Ministers für Kommunikation übertragen wurde. (Von ihm wird noch später die Rede sein.)

Carlos Lage Dávila

Viele Beobachter hatten damit gerechnet, dass er auf den Posten des 1. Vizepräsidenten nachrücken würde. Aber trotz anderslautender Ankündigungen wollten offenbar weder Fidel noch Raúl schon jetzt den Generationswechsel vollziehen. Vielleicht hat auch die zeitweise vorhandene Rivalität von Lage zu Raúl eine Rolle gespielt, der um den Jahreswechsel 2004 seine Position auf dem Wirtschaftssektor auszubauen versuchte und entsprechende Abwehrreaktionen hervorrief.

Lage, geboren am 15. Oktober 1951, ist verheiratet und hat zwei Söhne. Er ist Vizepräsident des Staatsrats und Sekretär des Ministerrats sowie Mitglied des Politbüros.

Sein Aufstieg aus der Jugendorganisation der Partei ist ohne Beispiel. Seine absolute Loyalität gegenüber Fidel Castro, ohne dabei unterwürfig zu wirken, seine Gradlinigkeit, sein verbindliches Auftreten, sein Vermögen, Freundschaften zu pflegen und die Erfolge, die er in sehr schwierigen Zeiten für Kuba verbuchen konnte, haben seine Karriere begünstigt.

Lage hat sich in den letzten Jahren besonders im Wirtschaftssektor hervorgetan und schwierige Aufgaben zu meistern gehabt, wie zum Beispiel die Überwindung der schweren Wirtschaftskrise nach dem Zusammenbruch des Ostblocks, die Einführung des US-Dollars als Zahlungsmittel sowie die Überwindung der Energiekrise in den Jahren 2004 und 2005.

Lage trat 1992 mit 41 Jahren in den engeren Führungszirkel ein und löste Carlos Aldana ab, der bis dahin als Politbüromitglied die Wirtschaftspolitik koordiniert hatte.

Lage übernahm als eloquenter Politiker seit Ende 2004, nach dem schweren Unfall von Fidel Castro, seine Vertretung bei internationalen Konferenzen, so auch beim Iberoamerika-Gipfel in Santiago de Chile Ende 2007. Beim EU-Iberoamerika-Gipfel in Lima, im Mai 2008, hatte allerdings der Stellvertreter von Raúl Castro, José Ramón Machado Ventura, die kubanische Delegation geleitet.

Diejenigen, die mit ihm in Berührung kamen, haben Carlos Lage stets als ausgeglichenen, überlegten und bescheiden auftretenden Mann kennengelernt. In meiner Zeit bin ich ihm sehr häufig begegnet. Er war auch – oft in Begleitung seiner ebenfalls zurückhaltend auftretenden Frau – immer wieder in der Residenz zu

Gast. In den Jahren 2001 und 2002 hat er mehrere deutsche Delegationen und prominente deutsche Einzelreisende empfangen, zum Beispiel Bundeswirtschaftsminister Müller, zwei Delegationen aus Sachsen-Anhalt unter Leitung des damaligen Ministerpräsidenten Höppner sowie mehrere Landeswirtschaftsdelegationen.

Im März 2002 besuchte Lage Deutschland anlässlich der internationalen Tourismusbörse ITB, bei der Kuba Schwerpunktland war. Während seines Besuchs kam es auch zu eingehenden Gesprächen mit dem damaligen Bundeskanzler Schröder und Bundestagspräsident Thierse, die Kuba besucht hatten.

Lage war stets bemüht, Lösungen auch schwieriger Probleme zu finden. Mit seiner Hilfe konnte die deutsche Botschaft in Havanna erstmalig normale Kontakte zu ehemaligen kubanischen Stipendiaten, die in der DDR studiert hatten, aufbauen. Er half deutschen Firmen, wenn sie in schwierigen Fragen nicht mehr weiter wussten. Auch in heiklen Konsularfragen haben wir seine Unterstützung erhalten.

Fidel Castro hat ihn immer wieder mit delikaten Aufgaben, auch im Lande selbst, beauftragt. Scherzhaft nannten wir ihn manchmal den »Feuerwehrmann«. In einer Fernsehsendung Ende 2004 musste er der Bevölkerung erklären, warum das Großkraftwerk, das Havanna mit Strom belieferte, wieder einmal ausgefallen war. Seine ruhige Art strahlte auf die Menschen aus, die vorher vernehmlich protestiert hatten, weil sie ohne Klimaanlagen und Ventilatoren wegen der Hitze und wegen der Moskitos nicht schlafen konnten. Sie gaben sich mit den Antworten zufrieden. Lage löste das Problem durch den Einsatz großer Dieselgeneratoren, die er teilweise aus Deutschland kommen ließ.

Der Vizepräsident hat zahlreiche Freunde in der Bevölkerung, darunter auch solche, die dem Regime fern stehen. Jaime Kardinal Ortega gehört beispielsweise zu ihnen. Mir ist die Herzlichkeit ihres Umgangs miteinander mehrfach aufgefallen. Gute Kontakte zur katholischen Kirche könnten in den nächsten Jahren für die weitere Entwicklung in Kuba sehr nützlich sein.

Carlos Lage ist Sportsmann. Ich habe ihn öfters im »Club Havanna« in Cubanacán im Westen der Hauptstadt Squash spielen sehen. Auch durchquert er mit seiner Familie, vor allem an Wochenenden, die Stadt mit dem Fahrrad.

Seiner bescheidenen Art entspricht auch sein Büro im Ministerratsflügel des Staatsratsgebäudes an der Plaza de la Revolución.

Jeder Abteilungsleiter eines deutschen Ministeriums hat ein größeres und repräsentativeres Büro als Lage. Besucher begleitet er oft bis zum Aufzug oder gelegentlich auch bis hinunter zur Außentreppe.

Ich könnte mir vorstellen, dass der neue Staatschef Raúl Castro den Vizepräsidenten und Arzt Lage in den 19 Monaten, in denen er die höchsten Staatsämter verwaltet, schätzen gelernt hat. Lage verfügt über die Gaben des Zuhörens, schneller Auffassung, der Abschätzung des Machbaren und über Charisma, das außer Fidel Castro kaum jemand in der Führungsgruppe auszeichnet. Lage hat darüber hinaus Humor, er lacht gern und weiß auch Unangenehmes so zu verpacken, dass es »verdaulich« wird.

Wenn ihm jetzt freie Hand gelassen wird – vieles spricht dafür, dass Raúl Castro aus dem Schatten seines Bruders heraustreten will – wird sich Carlos Lage gewiss um mehr Auslandsinvestitionen, um mehr Touristen und vielleicht auch um eine allmähliche, leise Umstrukturierung der kubanischen Wirtschaft bemühen.

Auffallend war, dass Fidel Castro nach dem Tod der Mutter von Carlos Lage selbst zur Feder griff und sie als große Figur der kubanischen Poesie lobte. Selten habe ich Castro bei einer Persönlichkeit aus dem gegenwärtigen kubanischen Kulturleben solche Worte schreiben sehen. Dies scheint mir auch die hohe Wertschätzung auszudrücken, die er seiner langjährigen »rechten Hand« Carlos Lage entgegenbringt.

Carlos Lage ist kein Mann starker Worte, bleibt auch bei Attacken gegen Kuba und das Regime sachlich, ganz ähnlich wie übrigens Raúl Castro, dem große Sprüche nicht liegen. Beide dürften daher erhebliche Vorbehalte gegen Hugo Chávez haben, der mehr als einmal die Kubaner durch seine These von der einen Nation Venezuela-Kuba brüskiert hat. Ich könnte mir vorstellen, dass Politiker wie Brasiliens Präsident Lula ihnen erheblich mehr liegen, und sie in einer stärkeren Anlehnung an die Regionalmacht Brasilien ein Gegengewicht zur »Achse« Caracas bilden werden.

Über das Verhältnis von Lage und Raúl wird viel spekuliert. Carlos Lage hat Begabungen, über die Raúl nicht verfügt. Er ist ein offener, freundlich wirkender Mann, der Ausstrahlung hat. Auch versteht er viel von der Wirtschaft und zugleich von der Außenpolitik.

Bei den seltenen gemeinsamen Auftritten hat Raúl ihn stets auf Abstand gehalten. Im Herbst 2003 brach eine Rivalität zwischen ihnen aus, die schon einige Zeit geschwelt hatte. Sie entzündete sich an einem Korruptionsskandal. Dem Generaldirektor des staatlichen Tourismuskonzerns Cubanacán wurde die Veruntreuung von Millionenbeträgen vorgeworfen. Er wurde beurlaubt. Wenige Wochen später, im Januar 2004, löste man auch seinen Chef, den Tourismusminister, ab und versetzte ihn in das den Militärs unterstehende Tourismusunternehmen, dem Raúl als oberster Chef vorsteht.

Lage hingegen hatte seit 1992 systematisch den Tourismussektor unter seiner Regie ausgebaut. Nicht nur das traditionelle Zentrum Varadero hatte er im Blick, sondern auch ganz neue Gebiete, wie zum Beispiel die nördlichen Cayos-Inseln: Cayo Coco und Cayo Guillermo. Im Süden war Cayo Largo als Touristenschwerpunkt entstanden. Auch das Hinterland von Holguín, mit Guardalavaca als Zentrum, wurde ausgebaut.

Als ich Anfang 2001 meinen Antrittsbesuch bei Lage machte, erzählte er mir stolz von seinen Plänen zum weiteren Ausbau des Tourismussektors. Jetzt hatte er die US-Amerikaner im Blick. Er war überzeugt davon, dass in den nächsten Jahren das Reiseverbot für US-Touristen aufgehoben würde. Er rechnete mit einer Million neuer Besucher, für die Hotelkapazität zu schaffen sein würde.

Die Ablösung des Tourismusministers und die Einsetzung eines Militärs an seiner Stelle war ein Sieg für Raúl. Sie bedeutete die weitgehende Übernahme der Kontrolle über diesen wichtigen Wirtschaftszweig durch die Militärs. Der Einfluss von Lage wurde zurückgedrängt. Andererseits konnte Lage seine Position im ebenfalls wichtigen Energiebereich festigen. Die Abberufung von Marcos Portal, der diesem Sektor als Minister für die Grundstoffindustrie vorstand und die Berufung von Lage als für den Energiebereich Verantwortlichen – die neue Ministerin und »Nachfolgerin« von Portal ist ihm nachgeordnet – bedeutet umgekehrt eine Stärkung von Lage. Der Vorgang ist umso bemerkenswerter, als Portal mit einer Nichte der Castro-Brüder verheiratet ist.

Bereits vorher war der Minister für die Leichtindustrie, Pérez Othon, seines Postens enthoben worden. Er war zuvor Vizeminister bei Marcos Portal. Der Minister wurde durch eine Vizeministerin und enge Vertraute des Zentralbankchefs Francisco Soberón abgelöst.

Was hinter diesem Kräftespiel steckt, kann nur vermutet werden. Es könnte sein, dass Fidel Castro für eine Balance zwischen seinem Bruder und Lage sorgen wollte. Keiner sollte auf dem wichtigen Wirtschaftssektor allein bestimmen dürfen.

Weitere personelle Veränderungen

Bei seiner Antrittsrede am 24. Februar 2008 hat Raúl Castro eine Überprüfung aller Kabinettsposten bis zum Jahresende und eine Verwaltungsreform angekündigt. Vor allem die schwerfällige und ineffiziente Bürokratie war ein Hindernis bei der Gründung von Gemeinschaftsunternehmen mit ausländischen Firmen. Auch fiel immer wieder die mangelnde Koordination unter verschiedenen Ministerien und Verwaltungsstellen auf.

Seit seinem vorläufigen Amtsantritt Ende Juli 2006 hat Raúl Castro insgesamt elf wichtige personelle Veränderungen vorgenommen, die zunächst und in erster Linie das Kabinett betrafen. Eine der letzten und wohl auch bedeutsamsten ist die Ernennung des neuen Verteidigungsministers Julio Casas Regueiro, die mit der Wahl Raúl Castros, des bisherigen Amtsinhabers, zum Vorsitzenden des Staatsrats und zum Oberkommandierenden der Streitkräfte, erforderlich wurde. (Zu seiner Person habe ich bereits weiter oben Stellung genommen.)

In den ersten Wochen nach der vorläufigen Übernahme der höchsten Ämter hatte Raúl Castro bereits vier Änderungen auf wichtigen Kabinettsposten verfügt. Die erste betrifft den Minister für Informatik und Kommunikation. Er hat überraschend Ramiro Valdés auf diesen Posten berufen, einen Mann, der lange als sein Rivale galt und dessen Ausschaltung er zu Beginn der achtziger Jahre betrieben haben soll.[147]

Valdés gehört zur Riege der alten Kämpfer in der Sierra Maestra. Er ist nur ein Jahr jünger als Raúl und war zweimal Innenminister. 1985 schied er aus dem Kabinett aus, und wie man meinte, auch aus der Führungsspitze in Staat und Partei. Valdés galt in seiner Amtszeit als Hardliner. Manche bezeichneten ihn als harten Unterdrücker[148] und »Berija« Kubas. Er war nach seinem Ausscheiden aus der Regierung Chef eines Elektronikunternehmens, wurde jedoch 2003 Mitglied des Staatsrats und Ende April 2008 auch Mitglied des Politbüros. Wollte Raúl möglicherweise mit der Ernennung in ein wichtiges Ministerium einen Mann wieder einbinden, der ansonsten gefährlich für ihn hätte werden können? Es könnte auch sein, dass Raúl mit dieser Ernennung den jetzt beginnenden Reformprozeß vorbereiten und seinen (skeptischen) Bruder beschwichtigen wollte.

Die zweite Personalie betrifft den Transportminister, angesichts der immensen Probleme auf diesem Sektor ein besonders wichtiges Ressort. Der neue Minister Jorge Luis Sierra kommt aus der Partei. Er hatte zuletzt den Posten eines Sekretärs im Politbüro inne. Seine Aufgabe wird es sein, die Gemüter im Land zu beruhigen. Trotz der Lieferungen von Bussen aus China und Russland ist es bisher nicht gelungen, die Bedarfslücke auch nur annähernd zu schließen. Angeblich können die bisher im Dienst stehenden öffentlichen Verkehrsmittel nur etwa 60 Prozent des Bedarfs decken.

Auch der langjährig tätige Justizminister Roberto Díaz Sotolongo wurde seines Postens enthoben und durch seine bisherige Vertreterin María Esther Reus ersetzt. Schließlich wurde der Minister für die Wasserwirtschaft Jorge Luís Aspiolea durch den 1. stellvertretenden Minister im Ministerium für Bauwesen René Mesa Villafania abgelöst.

Einige Rätsel gibt die Ablösung des Erziehungsministers Luis Ignacio Gómez Gutierrez gegen Ende April 2008 auf. Er wurde durch den altgedienten José Fernández Álvarez ersetzt, der auch das Ministerium für die Hochschulerziehung übernimmt. Damit sind die Zusammenlegung beider Erziehungsministerien und ein weiterer Schritt zur Reform des Kabinetts vollzogen.

Der 64-jährige Gómez, ausgebildeter Chemieingenieur, stand seit November 1990 an der Spitze des wichtigen Ministeriums für die Schulerziehung. Jetzt wurde er durch die Rektorin des *Instituto Superior Pedagógico* (Lehrerbildungsanstalt) *Frank País*, die Erziehungswissenschaftlerin Ena Elsa Velázquez Cobiella abgelöst. Die 52-jährige Velázquez ist seit ihrem Studienabschluss 1980 in verschiedenen Einrichtungen des Erziehungswesens tätig gewesen.

Gehörte der stets aufgeschlossene, sympathische Gómez, ein ausgezeichneter Fachmann, etwa der heimlichen, unsichtbaren Opposition in Lande an? (Von ihr wird noch später zu sprechen sein.) Auffallend ist, dass Fidel Castro zur Feder gegriffen hat und recht eingehend in einer seiner *reflexiónes* zu diesem Fall Stellung nahm. Fidel wirft ihm vor, man habe das Vertrauen in Gómez verloren. Seine Auslandsreisen seien immer häufiger geworden. In den letzten Jahren sei er einmal im Monat im Ausland gewesen. Als Vorwand habe er die internationale Zusammenarbeit Kubas benutzt.

Gómez, so fährt Fidel Castro fort, sei erschöpft gewesen. Er habe Energie und revolutionäres Bewusstsein eingebüßt. Er habe den Fehler begangen, in seinen letzten Reden die Zuhörer glauben zu machen, das kubanische Erziehungswesen sei sein persönliches Werk und nicht die Frucht der Arbeit zahlreicher revolutionärer Kader. Er würde bedauern, wenn »einige unserer selbstlosen Lehrer dies (die Reden von Gómez) als ungerechtfertigte Bestätigung (seines Anspruchs) interpretierten«.

Am Anfang seiner *reflexión* gewinnt man den Eindruck, als hänge die Ablösung von Gómez mit den Beziehungen Kubas zu den USA zusammen. Castro ermahnt – und man meint seinen erhobenen Zeigefinger zu erkennen – man dürfe der »Ideologie des Imperiums« keine schändlichen Konzessionen *(conceciones vergonzosas)* machen. Daher unterstütze er die Entscheidung der Partei und des Staatsrats, den Erziehungsminister abzulösen.[149]

Dies ist aus zwei Gründen ein ungewöhnlicher Vorgang. Zum einen habe ich nie eine Stellungnahme von Fidel Castro zur Ablösung eines Ministers gelesen. Ministerwechsel kamen häufiger vor. Zum andern sieht man auch an diesem Fall, wie sehr Fidel am täglichen politischen Geschehen Anteil nimmt, wie er sich einschaltet und als »moralische Instanz« tätig wird. Denn aus dem Zusammenhang seiner Stellungnahme kann kein Zweifel bestehen, dass er den Amtswechsel in Gang gesetzt hat.

Der Wechsel auf dem Erziehungssektor wirft noch ein weiteres Schlaglicht auf die gegenwärtigen Machtstrukturen auf der Insel. Offensichtlich schiebt die Elite notwendige Reformen des Bildungssystems vor sich her. Die Zahl und die Qualität der Lehrer haben abgenommen. Dazu hat auch beigetragen, dass Kuba Tausende von Lehrern ins Ausland, vor allem nach Venezuela, entsandt hat, die dringend im eigenen Land gebraucht würden.

Raúl Castro hat auch an der Spitze des Gewerkschaftsverbandes CTC für einen Wechsel gesorgt. Im September 2006 wurde auf dem Gewerkschaftskongress der farblose bisherige Generalsekretär Ross Leal durch den Raúl nahestehenden Salvador Valdés Mesa ersetzt. Auch er ist Ende April 2008 ins Politbüro berufen worden.

Lehrermangel: Eine ältere Lehrerin vor Schülern einer Grundschule mit einheitlicher Schulkleidung; die jüngeren Kolleginnen sind oft in andere Berufe abgewandert oder im Ausland im Einsatz.

Interessant ist die Berufung von José Fernández Álvarez als für den gesamten Erziehungssektor Verantwortlichen. Nach der Abschaffung des Ministeriums für die Hochschulerziehung – es lag in der Verantwortung eines hohen Militärs – gibt es nur noch ein Erziehungsministerium, das Fernández untergeordnet ist. Hier, wie auch im Energiebereich, zeigt sich, dass die Ministerien in Kuba Verwaltungsbehörden sind, deren Entscheidungsbefugnis eingeschränkt ist. Die politische Verantwortung liegt an anderer Stelle.

Der 85-jährige frühere Brigadegeneral mit dem Spitznamen »El gallego Fernández« ist der Held des Kampfes von Playa Girón, der Schweinebucht im April 1961. Er war jahrelang Erziehungsminister und Vorgänger von Gómez. Zuletzt war er Vizepräsident des Ministerrats und enger Vertrauter von Fidel Castro. Wenn er jetzt auch noch mit der Kontrolle über den gesamten Erziehungssektor beauftragt wird, so lässt dies auf ein direktes Einwirken von Fidel Castro schließen, der diesen wichtigen Sektor nicht Jüngeren überlassen will, die nicht sein volles Vertrauen genießen.

Weitere Veränderungen, sowohl in der Verwaltungsstruktur wie auch im Kabinett, sind vorhersehbar. Raúl Castro hat sie bereits angekündigt. Er sprach von einer »kompakteren und funktionaleren Struktur«, von einer geringeren Zahl von zentralen Verwaltungsorganen des Staates und einer besseren Aufgabenverteilung. Raúl Castro will erklärtermaßen die Regierungsarbeit effizienter machen.

In der Tat haben Überschneidungen von Aufgaben in verschiedenen Ministerien und nachgeordneten Behörden Doppelarbeit, Kompetenzkonflikte und Lähmungserscheinungen bewirkt, die sich negativ auf die Regierungsarbeit auswirkten. Wer heute zum Beispiel eine Biogasanlage bauen will, die mit Abfällen von Zuckerrohr beschickt werden soll, der weiß nicht, ob er sich an das Zuckerministerium oder an das Landwirtschaftsministerium wenden soll. Beide sind zuständig. Dies würde dazu führen, dass die Akte erst einmal liegenbleibt und nicht bearbeitet wird. In der Zukunft könnten dieser Kompetenzkonflikt und ähnliche Überschneidungen durch die Zusammenlegung der beiden Ministerien ausgeräumt werden.

Natürlich gibt es Gerüchte und zahlreiche Spekulationen über weitere bevorstehende Ministerwechsel. Sicherlich hat sich mancher Minister in der Vergangenheit nicht gerade durch Initiativen und Kreativität ausgezeichnet. Dabei sollte allerdings bedacht werden, dass ein Minister in Kuba mehr ein Amtschef und Verwalter und weniger ein Ideengeber und Entscheidungsträger ist. Entscheidungen werden bislang noch immer weiter oben, in der Parteiführung, getroffen. Dies führte in zahlreichen Fällen zu erheblichenVerzögerungen.

Unter Raúl könnte sich dies ändern. Wenn die Regierungsarbeit effizienter werden soll, müssen mehr Entscheidungen delegiert werden. Dann wäre ein Typ von Minister gefragt, der von seiner Persönlichkeit und von seiner Stellung in der Partei oder seinem Verhältnis zur Staatsspitze über den notwendigen Rückhalt verfügt, um selbständig zu handeln. Allein dies disqualifiziert eine Reihe von »farblosen Gestalten« im Kabinett, die keinerlei Initiative entwickelten, geschweige denn Verantwortung für wichtige Entscheidungen übernommen haben.

Mit bisher 30 Ministern ist das Kabinett auch überdimensioniert. Es dürfte daher wohl sehr bald zu einer erheblichen Reduzierung kommen.

Die Opposition

Es ist merkwürdig: Obwohl die kubanische Regierung immer wieder betont, sie messe der Opposition im eigenen Land keinerlei Bedeutung bei, versucht sie doch mit allen Mitteln, Treffen ausländischer Besucher mit Vertretern der Opposition zu unterbinden. Sie macht sehr deutlich, dass sie entsprechende Ansinnen als unfreundlichen, wenn nicht strafbaren Akt empfindet, den sie entsprechend zu beantworten gedenkt. Die mexikanische Regierung hat dies nach 2002 erfahren. Damals ließ sich Präsident Vicente Fox nicht davon abbringen, sich vor Ende seines Staatsbesuchs auch kurz mit Vertretern der kubanischen Opposition zu treffen. Dies führte nicht nur zu einer Verstimmung der kubanischen Seite, sondern auch zu einer Frostperiode, die erst zu Beginn des Jahres 2008, während des Besuchs der mexikanischen Außenministerin, Patricia Espinosa Cantellano, überwunden werden konnte.

Schlimmer erging es den Botschaftern der EU in Kuba. Als sie im Frühjahr 2003 im Auftrag ihrer Regierungen gegen die Verhaftung und Verurteilung von kubanischen Oppositionspolitikern protestierten und ankündigten, sie würden von nun an Vertreter der Opposition zu ihren Nationalfeiertagen einladen, reagierte die kubanische Führung höchst verärgert. Fidel Castro drohte ihnen, er würde sie »überflüssig« machen und weder zu offiziellen Veranstaltungen der Regierung einladen noch ihre Einladungen beantworten lassen. Es begann eine Frostperiode der »eisigen« Beziehungen, die bis heute anhält.[150]

Im Jahr 2007 veranstaltete die evangelische Akademie zu Berlin ein Kubaseminar auf der Insel Schwanenwerder. Daran nahmen auch Vertreter der kubanischen Opposition teil. Die kubanische Regierung reagierte darauf mit der Verweigerung von Einreisevisen für Teilnehmer an dieser Veranstaltung.

Diese als unbedeutend hingestellte Opposition wurde bisher

unerbittlich verfolgt. 2003 erhielten 75 ihrer Vertreter mit unterschiedlicher Begründung bekanntlich Gefängnisstrafen zwischen 6 und 28 Jahren, darunter auch zahlreiche Journalisten. Sie wurden als »Söldner« im Dienste des Feindes USA gebrandmarkt. 16 von ihnen sind inzwischen freigelassen worden. In europäischen Städten, vor allem in Paris, kam es zu Protestkundgebungen. Führende Intellektuelle auf der ganzen Welt, die ursprünglich Sympathien für die kubanische Revolution und für Fidel Castro geäußert hatten, distanzierten sich oder erklärten ihre Abscheu.

Im März 2008 trafen sich amerikanische und europäische Intellektuelle in Madrid, um erneut gegen die Inhaftierung ihrer kubanischen Kollegen zu protestieren. Sie warfen aber auch westlichen Regierungen, der Öffentlichkeit in ihren Ländern und anderen Kollegen vor, sie täten wenig oder nichts, um die Freilassung der Oppositionspolitiker zu erreichen.

Ende April 2008 machten auch die *Damas en Blanco*, die Frauen in Weiß, erneut von sich reden. In der Nähe der *Plaza de la Revolución* in Havanna forderten sie in Spruchbändern die Freilassung ihrer inhaftierten Ehemänner. Die *Damas en Blanco*, welche die *Madres de la Plaza de Mayo* in Buenos Aires zum Vorbild haben, sind Ehefrauen der teilweise praktisch zu lebenslanger Haft verurteilten Oppositionellen. Sie treten seit 2003, meist nach Sonntagsgottesdiensten, durch ihre Treffen im Ortsteil Miramar in Erscheinung, die Schweigemärschen ähneln. Ihre Demonstration im April 2008 wurde rabiat von der Polizei aufgelöst.

Das Intellektuellentreffen in Madrid wie auch die Demonstration in Havanna sind wohl auch darauf zurückzuführen, dass es in letzter Zeit wichtige ausländische Politiker oder Kirchenleute vermieden, bei ihren Besuchen auf Kuba mit Vertretern der Opposition zu sprechen. Weder der brasilianische Staatspräsident Lula, der spanische Außenminister Moratinos, der Kardinalstaatssekretär Bertone noch EU-Kommissar Michel, die nach Havanna gereist waren, hatten Kontakt mit kubanischen Dissidenten aufgenommen.

Was macht die kubanische Opposition, die als zersplittert und führungslos gilt, in den Augen der kubanischen Führung so gefährlich?

Hier wirken die Erfahrungen aus dem ehemaligen Ostblock, wo es anfangs kleine und im Westen kaum wahrgenommene Gruppen von Arbeitern und Intellektuellen waren, die sich zusammenschlossen und mit friedlichen Mitteln die Auseinandersetzung mit den jeweiligen Regimes aufnahmen. Bewegungen wie die »Charta 77« in der ehemaligen Tschechoslowakei, »Solidarność« in Polen und die Montagsdemonstrationen in der ehemaligen DDR hatten maßgeblichen Anteil am Sturz der jeweiligen Regierungen im Ostblock.

Wie setzt sich die kubanische Opposition zusammen, was charakterisiert sie und welchen Stellenwert könnte sie bei einem erhofften Übergang in ein demokratisches Kuba haben?

Es gibt drei wichtige Gruppierungen der kubanischen Opposition, nämlich

- die auf Kuba sichtbare, aber in kleine Gruppen aufgespaltene Opposition,
- aktive Gruppen im Exil, die Castro und sein Regime bekämpfen und
- eine unsichtbare Opposition innerhalb des Systems.

Offene Opposition in Kuba

Die Wurzeln der Opposition in Kuba gehen bis ins Jahr 1959 zurück. Die Bewegung 26. Juli war ideologisch keineswegs festgelegt. Ihr gehörten die Vertreter verschiedener politischer Richtungen an, die das gemeinsame Ziel des Sturzes der Batista-Diktatur einte. Erst nach dem Sieg der Revolution am 1. Januar 1959 wurde deutlich, wie heterogen diese Bewegung in Wirklichkeit war, dass es in ihr eine Vielzahl politischer Strömungen gab, die von Kommunisten bis zu Verfechtern einer an den westlichen Demokratien ausgerichteten pluralistischen Gesellschaft reichten.

Als sich etwa Mitte des Jahres 1959 abzeichnete, dass radikale linke Tendenzen in der Bewegung immer stärker die Oberhand gewannen und Fidel Castro sich ihnen immer mehr annäherte, kam es zu einer ersten Krise, die mit der Person des *Comandante* Huber Matos in Zusammenhang stand. Er lehnte die vor allem von Raúl Castro und Che Guevara verfochtene Linie einer am Marxismus-Leninismus orientierten neuen Gesellschaftsordnung ab und trat für eine pluralistische Demokratie ein.

Diese Linie wurde von einer ganzen Reihe von führenden Mitgliedern des *Movimiento 26 de Julio* unterstützt. Zu ihnen gehörten Faustino Pérez, Manuel Ray und Enrique Oltuski, die 1959 wichtige Ministerämter innehatten, sowie David Salvador und der Studentenführer Boitel, die sich leidenschaftlich für Huber Matos einsetzten.[151] Aber sie handelten hinter den Kulissen, im inneren Kreis der Revolution. Die Öffentlichkeit erfuhr von ihrer Opposition nichts. Sie machten es auf diese Weise Fidel und dem linken Flügel leicht, gegen Matos vorzugehen und einen der führenden Köpfe der mehrheitlich demokratisch-reformerisch orientierten Richtung der Revolution auszuschalten.[152]

Für Raúl Castro, der Huber Matos gegenüber feindselig eingestellt war und der für seine »Rebellion« die Todesstrafe forderte, war die Kaltstellung des anderen ein großer Triumph. Sie bedeutete einen klaren Sieg der von ihm, Che Guevara, Ramiro Valdés und anderen verfochtenen Linie der »linken«, das heißt einer kommunistischen, Revolution.

Die Verhaftung und Aburteilung von Huber Matos und einer Reihe ihm treu ergebener Offiziere im Herbst 1959 markieren daher einen ersten Wendepunkt in der noch jungen Revolution. Mit der öffentlichen Proklamation Fidel Castros, die neue Bewegung sei eine »sozialistische Revolution« im April 1961, fand diese Entwicklung einen ersten Höhepunkt.

In der zweiten Hälfte der sechziger Jahre begannen Säuberungen, welche die demokratische Linke, vor allem an den Hochschulen, traf. Junge Hochschullehrer begannen sich an der Universität Havanna zu einer Bewegung von Dissidenten zusammenzuschließen, wurden jedoch rasch »erledigt«, kamen ins Gefängnis oder wurden in die Produktion geschickt. Hierzu gehörte einer der heute führenden kubanischen Oppositionspolitiker, Elizardo Sánchez Santa Cruz.

Erstaunlich ist, dass sich in den sechziger Jahren Intellektuelle, vor allem Schriftsteller, Filmemacher, aber auch bildende Künstler kritisch mit einzelnen Erscheinungsformen der Revolution auseinandersetzten, ohne nachteilige Folgen gewärtigen zu müssen. Erst mit dem Fall Padilla ergab sich eine neue Entwicklung. Der Schriftsteller Heberto Padilla war 1971 nach vermeintlicher Regimekritik verhaftet und gezwungen worden, ein öffentliches Schuldbekenntnis abzulegen. Fortan mussten Intellektuelle bei kritischen Äußerungen mit nachteiligen Folgen rechnen, etwa dem Verlust des Arbeitsplatzes oder sogar Freiheitsentzug.[153]

Es galt fortan das schon zitierte Prinzip »innerhalb der Revolution alles, außerhalb der Revolution nichts«. Als sich Ende der achtziger Jahre mit Michail Gorbatschow eine neue politische Richtung in der UdSSR ihren Weg bahnte – Perestroika und Glasnost –, hatte dies auch auf die Verbündeten Auswirkungen. Fidel Castro, wie auch andere Führer im »sozialistischen Lager«, waren jedoch nicht bereit, diesen Weg mitzugehen. Der Fall Ochoa (auf den bereits eingegangen wurde,) hing damit zusammen. Ochoa drückte nur das aus, was viele Kubaner dachten: Das System sei dringend reformbedürftig.

Auch Intellektuelle machten sich diesen Standpunkt zu eigen. Allen voran der bisher loyal ergebene und im System mitarbeitende Schriftsteller Jesús Díaz, der sich nach dem Todesurteil gegen den populären General Ochoa zunehmend von Castro und der Partei distanzierte und 1991 nach der Annahme eines Stipendiums durch den Deutschen Akademischen Austauschdienst Kuba für immer verließ und zunächst in Berlin seinen Wohnsitz nahm.

Die Abreise von Jesús Díaz fällt in das gleiche Jahr, in dem zehn kubanische Schriftsteller und Intellektuelle gegen die katastrophale Lage in der Wirtschaft protestierten. In diesem »Manifest der Zehn« nahm erstmals eine Gruppe von Intellektuellen kritisch zu den Zuständen in Kuba öffentlich Stellung. Kopf der Gruppe, der auch der Dichter und Journalist Raúl Rivero angehörte, war die Dichterin María Elena Cruz Varela, die sich in der Folgezeit schwerer Repressalien ausgesetzt sah, verhaftet und zu einer Gefängnisstrafe verurteilt wurde. Erst 1994 konnte sie Kuba in Richtung Spanien verlassen.

Die eigentliche, organisierte Opposition ist in Kuba aus Menschenrechtsgruppen hervorgegangen, die sich ab Mitte der siebziger Jahre zu organisieren begannen. Mit großem Mut und unter Berufung auf den Helsinki-Prozeß begannen sie sich zu formieren. Herausragende Persönlichkeit ist Elizardo Sánchez, der 1976 eine der ersten Menschenrechtsgruppen organisierte. Aus ihr ist die *Comisión Cubana de Derechos Humanos y Reconciliacón Nacional (CCDHRN)* hervorgegangen, eine der wichtigsten Oppositionsgruppen, die sozialdemokratisch ausgerichtet ist, sich aber nicht als politische Partei versteht.

Ihr sehr nahestehend ist der *Partido Social Demócrata Cubano (PSDC)* unter der Führung von Vladimiro Roca, des Sohns eines führenden Kommunisten in der Ära Batista. Christdemokratisch ist das *Movimiento Cristiano de Liberación (MCL)*, eine christliche Befreiungsbewegung unter Oswaldo Payá. Eine Sonderrolle spielt Eloy Gutierrez Menoyo, ehemaliger Kommandant der Revolution, der nach teilweiser Verbüßung einer langen Haftstrafe auf Betreiben des ehemaligen spanischen Ministerpräsidenten Felipe González frei kam. Bis 2003 war er im Exil in Florida ansässig. Er kehrte überraschend nach Havanna zurück.

Eine ausführliche Darstellung des Werdegangs von Gutierrez Menoyo als Oppositionspolitiker findet sich bei Valladares.[154]

Der Christdemokrat Payá hatte 2002 den Sacharow-Preis des Europäischen Parlaments erhalten. Er ist vor allem durch sein *Proyecto Varela* hervorgetreten, mit dessen Hilfe er über ein Plebiszit eine Verfassungsänderung, eine pluralistische Demokratie, durchsetzen wollte.[155] Payá und seine Anhänger sammelten etwa 20 000 Unterschriften für dieses Volksbegehren, das er im Mai 2002 dem »Parlament«, zuleitete. Dass die Regierung diese im Jahre 2001 gestartete Initiative sehr ernst nahm, zeigt ein auf Anordnung Fidel Castros durchgeführtes »Referendum«, in dem 2003 der Sozialismus als Verfassungsprinzip festgeschrieben wurde. Etwa gleichzeitig begann eine Welle der Repression, die mit der Verhaftung und Aburteilung der 75 Oppositionspolitiker ihren Höhepunkt fand.

Die Bürgerrechtlerin Martha Beatriz Roque, die sich an die USA anlehnt, hat mit ihrer *Asamblea para promover la Sociedad Civil en Cuba* (*APSC*, Vereinigung zur Förderung der Zivilgesellschaft in Kuba) im Mai 2005 insofern für eine Sensation gesorgt, als die Regierung dieses erste offene Treffen der kubanischen Opposition in Havanna zugelassen und nicht, wie allgemein angenommen wurde, verboten hat. Auch der damals bereits angekündigte und von Frau Roque organisierte Erste Bibliothekskongress der APSC, der am 23. Februar 2007 in Havanna seinen Abschluss fand, wurde von der Regierung nicht verboten. An ihm nahmen 42 Bibliothekare aus verschiedenen Regionen des Landes teil. Der Radio- und Fernsehsender *Martí*, der von Florida aus operiert, konnte Teilnehmer dieser Versammlung sogar interviewen.

Im Juli 2008 wurde die Gründung einer neuen sozialdemokratischen Partei durch den gemäßigten Oppositionspolitiker Manuel Cuesta Morúa bekannt. Sie geht aus drei Oppositionsgruppen hervor, die zusammen mit weiteren Gruppen den *Arco Progresista* gebildet hatten. Nach den Worten ihres Vorsitzenden vereinigt die Partei sozialdemokratische, liberale und christliche Inhalte, die mit den »sozialistischen Werten in Einklang« ständen.

Die Genannten stehen stellvertretend für weitere Gruppen und Persönlichkeiten, die sich zur kubanischen Opposition bekennen. Kennzeichnend für die Szene ist der fehlende gemeinsame Nenner und das Nichtvorhandensein eines alle einenden Führers. 2002 hatte es den Anschein, als würde Oswaldo Payá mit seiner mutigen und spektakulären Initiative die Führung übernehmen; danach ist es jedoch wieder stiller um ihn geworden.

Diese offen in Kuba operierende Opposition ist ständig in der Gefahr, verhaftet und vor Gericht gestellt zu werden. Auch ist sie immer wieder behördlichen Schikanen oder Ausschreitungen durch manipulierte Störer (sogenannte *actos de repudio*) ausgesetzt. Heute dürften etwa 300 ihrer Mitglieder in kubanischen Gefängnissen sitzen.

Mit Blogs für den Wandel

Eine ganz neue Art von Opposition auf der Insel präsentiert sich mit der Webseite von Yoani Sánchez, einer 32-jährigen in Havanna lebenden Journalistin, die seit einigen Monaten geistreiche, auch witzige Blogs veröffentlicht und zu den gefragtesten Informanten über Kuba zählt. Ihre auf der Webseite »Generación Y« veröffentlichten blogs haben mittlerweile Aufmerksamkeit in zahlreichen spanischsprechenden Ländern gefunden. Dort finden sich Sätze und Gedanken wie: »Was dieses Land braucht, ist eine Injektion von Kreativität und Freiheit, um produzieren zu können. Der Sozialismus ist für dies alles eine Zwangsjacke« oder: »Man kann nicht etwas transformieren oder verbessern, was in seinem Kern krank ist ... Die Wende wird kommen, aber nicht nach dem Drehbuch der Regierung. Einiges wird sie in Gang setzen, aber die Leute werden es dann selbst in die Hand nehmen und vollenden«.

Als ihr die kubanische Regierung die Reisegenehmigung versagte, um im Mai 2008 den spanischen Preis »Ortega y Gasset« für besondere journalistische Leistungen im Internet entgegenzunehmen, wurde sie mit einem Schlage berühmt. Die US-Zeitschrift *Time* wählte sie in der Kategorie »Helden und Pioniere« zu den 100 einflussreichsten Persönlichkeiten auf der Welt.[156]

Interessant ist der Lebenslauf von Yoani Sánchez. 1975 in Havanna geboren, hat sie Spanische Philologie studiert und eine Abschlussarbeit unter dem Titel »Worte unter Druck. Eine Studie

Kritische Stimme im Netz: Die Journalistin und Internet-Bloggerin Yoani Sanchez im Juni 2008 in Havanna.

über die Literatur der Diktatur in Lateinamerika« verfasst. Nach ihrem Examen arbeitete sie zunächst in einem Verlag. Da sie von dem Gehalt ihre Familie jedoch nicht ernähren konnte, begann sie deutschen Touristen Spanischunterricht zu erteilen. 2002 ging sie in die Schweiz, wo sie die Informatik entdeckte. Sie kehrte jedoch aus familiären Gründen zwei Jahre später nach Kuba zurück. Im April 2008 begann sie mit ihren Blogs »Generación Y«, die sie als »eine Übung in Feigheit« definierte, da sie dort ausdrücke, was ihr im öffentlichen Leben verboten sei.

Sánchez gehört zu einer neuen Generation von Oppositionellen, welche die neuen Medien und ihre Freiräume nutzen. Gemeinsam mit fünf meist noch jüngeren Kubanern hat sie die Internetzeitschrift *Consenso* ins Leben gerufen, die unter der Leitung der 48-jährigen Kunsthistorikerin Miriam Celaya steht. Sie betrachtet *Consenso* als »einen Ort der freien, offenen Debatte, wo jeder schreiben kann, was er will, solange man es begründen kann und Respekt vor anderen Meinungen hat.«

Die Gruppe sieht sich als unabhängig und ohne Verbindung zu einer der Oppositionsparteien, allerdings neigt die Mehrheit sozialdemokratischen Positionen zu. »Aber wir wollen niemandem etwas vorschreiben und keinen ausgrenzen, sondern die Kubaner dazu anregen, sich selbst Gedanken zu machen und diese öffentlich zu artikulieren.«[157]

»Consenso« will vor allem zusätzliche Informationen geben, die in den offiziellen kubanischen Medien verschwiegen werden. Sie will aus der Langeweile der Parteizeitung *Granma* ausbrechen und von den eigenen Sorgen und Nöten des Alltags überleiten auf die Probleme, welche die gesamte Bevölkerung heute verbinden und im täglichen Kampf einen. Die Internetzeitung schafft auf diese Weise ein Gefühl der Solidarität unter den Menschen, das Gefühl, dass man mit seinen Schwierigkeiten nicht allein dasteht.

Auslöser für das Zusammenwirken der Gruppe und ihre Flucht in die Öffentlichkeit des Internets war die staatsoffizielle Würdigung von Luis Pavón Tamayo, der aus dem Parteiapparat heraus in den siebziger Jahren für eine repressive Kulturpolitik gesorgt hatte. Diese Phase, die auch als »die fünf grauen Jahre« *(quinquenio gris)* bezeichnet wird, dauerte von 1971 bis 1976. Sie nahm ihren Anfang mit dem Nationalen Kongress für Erziehung und Kultur und endete mit der Gründung des Kulturministeriums.[158]

Um Pavón entspann sich eine 2007 im Internet geführte Diskussion, an der sich zahlreiche Kulturschaffende und Wissenschaftler auf der Insel beteiligten. Diese Debatte führte zu allgemeineren Fragen um die Zukunft Kubas. Es sei Pflicht der Intellektuellen, sich in bestimmten historischen Situationen öffentlich Gehör zu verschaffen. Hätten sich in der Zeit, in der Pavón die Kulturpolitik bestimmte, die Intellektuellen dagegen ausgesprochen, so wäre ihnen diese düstere Etappe und dieser Grad der Zerstörung erspart geblieben.[159]

Interessant ist, dass trotz des immer noch sehr limitierten Zugangs zum Internet zahlreiche Kubaner derartige Debatten mit verfolgen und sich – über Internet – zu Wort melden. Wie schon in der Vergangenheit, werden besonders wichtige Texte kopiert und unter der Hand verteilt. Nach Miriam Celaya würden die Seiten der Gruppe mittlerweile etwa eine halbe Million Mal pro Monat angeklickt, wovon ein Viertel bis ein Drittel der Interessenten aus Kuba kämen.

Miriam und ihre Kollegen wollen keinen abrupten Systemwechsel und keine »abrupte Invasion des US-amerikanischen Kapitalismus«. Vor allem wollen sie einen friedlichen Wandel. In einem Beitrag vom 29. Februar 2008 schreibt Dimas Castellanos, einer der Mitgründer von *Consenso*: »Das Zusammentreffen der

Erschlaffung eines obsoleten Modells, die Ermüdung der Nation, die Unzufriedenheit der Bürger mit der Nachfolge in der Macht, stellen Kuba vor die einzig positive Option: Den Wandel. Dies scheint die Absicht der Regierung zu sein.

Das Argument, wonach Kuba diesen Wandel 1959 durchlief, ist lediglich insofern zutreffend, als die Revolution ein Augenblick in unserer Geschichte war; dies als Argument gegen den Wandel zu verwenden ist eine Torheit. Die Geschichte, Ergebnis menschlichen Handelns durch die Abfolge von Generationen, ist unerschöpflich; der Wandel ist ihr hauptsächlicher Wesenszug. Davon zu sprechen, der Wandel sei ja bereits eingetreten und alles in der Vergangenheit zu verankern, ist genauso wie die Behauptung, die Geschichte sei zu Ende …«

Ähnlich kritisch, aber vielleicht eine Nuance intellektueller, ist die Internetzeitschrift *Convivencia*, die von dem 1955 geborenen und bekannten katholischen Publizisten Dagoberto Valdés herausgegeben wird. Valdés hatte sich bereits mit der Gruppe Vitral und der gleichnamigen Zeitschrift, die bis vor etwa einem Jahr in Pinar del Rio erschien, einen Namen gemacht.

Die Regierung in Havanna hat in doppelter Weise auf die neuen Internetzeitungen mit kritischem Inhalt reagiert. Der Vizeminister im Kommunikationsministerium, Boris Moreno, erklärte Mitte Mai 2008, das Internet, ein ideologisches »Schlachtfeld«, solle künftig verstärkt genutzt werden, um die Revolution zu verteidigen. Andererseits hat er durchblicken lassen, dass die Regierung den Internetzugang nicht zu erweitern gedenke. Kuba gehört zu den Staaten mit den geringsten Anschlussraten ans Internet. Von 1000 haben nur 1,7 Zugang. Von den 11,2 Millionen Einwohnern verfügen damit nur 190 000 über einen eigenen Internetanschluss.

Die neuen »Internetzeitschriften« sind auch eine Herausforderung für die staatlich gelenkte Presse, die für die Bevölkerung eher uninteressante Nachrichten abdruckt. So hat man in Kuba von wichtigen Neuerungen, wie zum Beispiel der Möglichkeit, elektronische Geräte zu erwerben oder bisher Ausländern vorbehaltene Hotels zu besuchen, nichts in der offiziellen Presse lesen können.

Die neuen Medien sind so etwas wie die Fortentwicklung von *radio bemba*, jener Flüsterpropaganda, die interessante Neuigkeiten hinter der vorgehaltenen Hand weitergab und dazu beitrug, die wissensdurstigen Kubaner auch medial auf dem neuesten Stand zu halten.

Die zweite Gruppe ist die im Exil agierende Opposition. Sie ist vor allem in Florida und in Spanien ansässig. Auch sie zerfällt in zahlreiche Gruppen und Einzelpersonen. Eine der wichtigsten Organisationen ist die *Cuban American National Foundation (CANF)*, die von Miami aus agiert. Jahrelang wurde sie von dem einflussreichen Unternehmer Jorge Mas Canosa geleitet, der nach seinem Tod von seinem Sohn Jorge Mas Santos abgelöst wurde. Ihr Ziel ist der Sturz des gegenwärtigen Systems in Kuba und die Errichtung eines demokratischen Rechtsstaats. Sie versorgt Oppositionsgruppen innerhalb Kubas mit Geld und technischen Geräten. Dies führt immer wieder zu dem Vorwurf, die Opposition in Kuba sei von den USA abhängig und werde von dort gesteuert.

Neben eigenen Organisationen verfügt die Opposition in Florida auch über eigene Medien, die sie in ihrem Kampf gegen Fidel Castro einsetzt. Die Tageszeitung *El Nuevo Herald*, einige Fernsehstationen und *Radio Martí* sind besonders bekannte Beispiele. Es vergeht kein Tag, an dem nicht Meldungen, Leitartikel und Karikaturen erscheinen, die fast ausnahmslos das Regime auf der anderen Seite der Straße von Florida verdammen und ihren Führer in die Hölle wünschen.

Einflussreich sind auch Einzelpersonen, die wichtige Positionen in Havanna innehatten und die Insel verlassen haben. Zu ihnen zählt Huber Matos, der als *Comandante* eine wichtige Rolle im Guerrillakampf in der Sierra Maestra spielte. Nach Verbüßung seiner zwanzigjährigen Gefängnisstrafe in Kuba ging er nach Miami. Seine Kritik an Fidel Castro gipfelt in der Feststellung, er habe die Hoffnung auf Demokratie verraten. Er sei egozentrisch und verlange bedingungslose Unterwerfung. Statt intelligenter Konzepte erschöpfe er sich in einem nicht enden wollenden Wortschwall *(verborragia)* und unproduktiven Schemata. Castro habe in Kuba alles erstickt; stattdessen regierten Mittelmaß, Feigheit und Ignoranz. Kuba habe den Terrorismus in verschiedenen Ländern unterstützt und sei wirtschaftlich zu einem Parasiten, zuerst der UdSSR und jetzt von Venezuela, verkommen.[160]

Huber Matos wirft Raúl Castro vor, dass er die Fehler seines Bruders mitgetragen habe. Wenn er jetzt kleine Signale der Öffnung sende, dann sei dies gleichzeitig ein Schuldeingeständnis. Dieses reiche aber nicht aus. Wenn er sich Hoffnung auf eine

Annäherung an die USA mache, dann müsse er zunächst Rechenschaft ablegen und vor allem auch erklären, weshalb er und sein Bruder so viele Menschen erschießen ließen oder ins Gefängnis gebracht haben. Kuba brauche jetzt eine neue Verfassung, welche die demokratischen Freiheiten gewähre.

Eine herausragende Stellung hat das von den USA finanzierte *Radio Martí*. Zu einem Melodrama karibischer Prägung führten Sendungen des Radios im Frühjahr 2002. Der mexikanische Außenminister Castañeda hatte in Reden vor Exilkubanern in Miami die Kubaner (der Insel) eingeladen, sein Land zu besuchen. »Unsere Tore sind weit geöffnet«. Diesen Satz strahlte *Radio Martí* mindestens fünfmal am Tag aus. Man wusste, wie gern der Sender auf der Insel empfangen wird. Nur wenige Tage später folgte das Drama: Etwa 20 Kubaner, die einen Bus gekapert und das Tor der mexikanischen Botschaftskanzlei in Havanna gerammt hatten, besetzten das Botschaftsgelände. Sie wollten, den Worten und der Einladung des mexikanischen Außenministers folgend, ihre Ausreise nach Mexiko erreichen. Der Coup misslang; die Besetzer kamen ins Gefängnis.[161]

Die Freudenfeiern, die nach dem 31. Juli 2006 in Miami stattfanden, nachdem die Nachricht von der schweren Erkrankung und vom politischen Rückzug Fidel Castros bekannt geworden war, sind inzwischen verklungen. Mittlerweile ist auch diesem Teil der Opposition klar geworden, dass mit dem Abtreten von Fidel Castro nicht automatisch die von vielen in Florida erhofften demokratischen Veränderungen auf der Insel eintreten.

Seit einigen Jahren sind in den USA Kräfte aktiv, die auf eine Normalisierung mit der Insel hinarbeiten. Mit der Organisation der ersten Messe in Havanna seit über 40 Jahren im September 2002 haben sich Unternehmen aus den USA an die Spitze dieser Bewegung gesetzt. Mittlerweile haben sie Waren im Wert von etwa 1,5 Milliarden Dollar nach Kuba verkauft. Allein in den Jahren 2006 und 2007 beliefen sich die Exporte aus den USA auf jeweils über 300 Millionen Dollar. Mit ihnen kam eine Reihe von Kongressabgeordneten, die in die gleiche Richtung zielten.

Im neu gewählten Kongress mit seiner demokratischen Mehrheit gibt es eine Reihe von Initiativen und Gesetzesvorhaben zur Lockerung der gegenüber Kuba verhängten Sanktionen. Sie reichen von der Aufhebung der 2003 auf Initiative von Präsident Bush verhängten Maßnahmen gegenüber Kuba (Erschwerung der

Geldüberweisungen, Beschränkung der Reisemöglichkeiten für die Exilkubaner) bis zur Abschaffung des gesamten Sanktionspakets, das 1962 mit der Aufkündigung der Zuckerimporte aus Kuba seinen Anfang nahm.

Interessant ist, dass mittlerweile auch in der Republikanischen Partei Stimmen laut werden, die Isolierung der Insel zu beenden und schrittweise die verhängten Sanktionen aufzuheben. So denkt man darüber nach, die Zahlungen für Exporte nach Kuba flexibler zu gestalten, und von den nach dem Gesetz notwendigen Barzahlungen und der Vorauskasse abzugehen.

Auch die Meinungsumfragen in Florida weisen immer mehr in Richtung Versöhnung mit der Insel. Nach einer Umfrage von der amerikanischen Nachrichtenagentur AP aus dem Jahre 2007 sprachen sich 62 Prozent der Exilkubaner für eine Wiederherstellung der diplomatischen Beziehungen mit der Insel aus. Allerdings hat die Mehrzahl der Befragten keine gute Meinung von Fidel Castro.

Nach einer Umfrage der Demoskopieagentur Bendixen & Associates spricht sich die Mehrheit der Exilkubaner angesichts der Krankheit und des Ausscheidens von Fidel Castro aus der aktiven Politik für den Beginn von Verhandlungen mit der Insel aus, sobald diese positive Signale nach Washington wie auch an die Exilgemeinde aussendet. 55 Prozent der Befragten glauben, dass es unter der Führung von Raúl Castro größere Möglichkeiten für den Übergang zur Demokratie gibt. 77 Prozent hoffen, dass der Übergang schrittweise und friedlich verlaufen wird.[162]

Diesen Tendenzen haben sich in den letzten Jahren die einflussreichen und dem Exil zugehörenden Kongressabgeordneten, allen voran Lincoln Diaz Balart und Ileana Ros Lehtinen, entgegengestellt. Diaz Balart ist ein Neffe der ersten Frau von Fidel Castro, Mirta Diaz Balart. Er ist mit für die von der US-Regierung gegenüber Kuba verhängten Maßnahmen und Programme zur Einschränkung des Devisenverkehrs verantwortlich, sprich, der erschwerten Überweisungen der Exilkubaner an ihre Verwandten und Freunde auf der Insel, bzw. der Reisebeschränkungen, die von der Regierung Bush verhängt wurden (bisher durften Exilkubaner jährlich die Insel besuchen, seit 2004 nur noch alle drei Jahre).

Präsident George W. Bush verdankt den Exilkubanern sein Amt und die Ausübung seiner Macht. Die US-Präsidentenwahl im Jahre 2000 wurde durch die Stimmen in Florida entschieden. Eine Reihe von Entscheidungen und Weichenstellungen Washingtons in den letzten Jahren gehen auf die »Dankesschuld« zurück, die Bush gegenüber den Exilkubanern und ihren führenden Vertretern zu haben glaubt.

Neuerdings versucht eine *Comisión para la Asistencia a una Cuba Libre* (Kommission zur Unterstützung eines Freien Kuba) der US-Regierung mit einem Koordinator für den Übergang einen neuen Ansatz. Er wird von der Insel ebenso wie alle anderen von außen gesteuerten Aktivitäten, die auf eine Änderung in Kuba abzielen, als Einmischung in die inneren Angelegenheiten abgelehnt.

Washington unter der Bush-Administration neigt eindeutig den extremen Positionen des Exils zu. So überwiegt immer noch eine Position des Alles oder Nichts, die einem Neubeginn in den Beziehungen erst nach dem Abtritt der Brüder Castro und der bisher herrschenden Klasse Chancen einräumt. In Europa gibt es immer weniger Verständnis für diese Haltung. Sie bietet den Hardlinern auf der Insel die besten Argumente, in ihrer Position zu verharren. Es ist dadurch ein *circulus vitiosus* entstanden, der von den beharrenden, konservativen Kräften beiderseits der Straße von Florida in seiner Bahn gehalten wird.[163] Man könnte es auch noch anders ausdrücken: Die Extremisten auf beiden Seiten sind wie heimliche Verbündete, die auf keinen Fall eine Änderung des Status Quo wollen.[164]

Auch in einer Reihe lateinamerikanischer Staaten in Spanien und in anderen europäischen Ländern gibt es aktive Gruppen der kubanischen Opposition. Die prominenteste Persönlichkeit aus dem Kreise der 2003 verurteilten »75« ist der Schriftsteller Raúl Rivero, der Ende 2004 freigelassen wurde und nach Madrid ging. Von dort aus äußert er sich regelmäßig kritisch zu Vorgängen in Kuba.

Der Fall Posada Carriles

Im Jahre 2000 wurde in Panama ein Mann unter der Beschuldigung verhaftet, er habe kurz zuvor während des Lateinamerika-Gipfels in dem mittelamerikanischen Land einen Anschlag auf den kubanischen Staatspräsidenten Fidel Castro geplant: Luis-Faustino Posada Carriles. Er wurde für schuldig befunden und

2004 zu einer Gefängnisstrafe in Panama verurteilt. Kurz darauf begnadigte ihn allerdings die aus ihrem Amt scheidende Präsidentin Mireya Moscoso und setzte ihn auf freien Fuß. Kuba brach daraufhin die diplomatischen Beziehungen ab, die jedoch, nachdem sich das bilaterale Verhältnis entspannt hatte, wieder aufgenommen wurden.

Posada Carriles gelang 2004 über Mexiko die Flucht in die USA, wo er sich noch heute aufhält. Zunächst wurde er verhaftet und der illegalen Einreise in die USA beschuldigt. Mittlerweile betreibt er – offenbar erfolgreich – ein Verfahren zur Einbürgerung in die USA.

Posada Carriles gehört zu jenen Gruppen von Exilkubanern, die mit Gewalt die Herrschaft der Castros und der kommunistischen Revolution beenden wollen. Zu diesen Gruppen gehörten auch Alpha 66, Omega 7, Comandos L, die vor allem in den sechziger und siebziger Jahren militant agierten und Anschläge auf kubanische Einrichtungen und ihre Führer planten und ausführten.

Posada Carriles wird mit einem Ereignis in Zusammenhang gebracht, das seinerzeit die Weltöffentlichkeit erschütterte: Die Explosion eines Flugzeuges der »Cubana de Aviación« im Jahre 1976 über Barbados, bei dem 73 Menschen, darunter eine kubanische Fechtmannschaft, ums Leben kamen. Posada Carriles war seinerzeit, offenbar im Auftrag der CIA, in mehreren lateinamerikanischen Staaten, darunter in Venezuela und Santo Domingo, tätig. Es wurde ihm auch vorgeworfen, Sprengstoff geschmuggelt zu haben. In Venezuela nahm man ihn unter Mordverdacht fest. Er entkam jedoch 1985 aus einem venezolanischen Gefängnis und floh in die USA. Die venezolanischen Behörden haben Washington daraufhin um Auslieferung von Posada Carriles ersucht. Ohne Erfolg.

Darüber hinaus steht Posada Carriles in Verdacht, an der Ermordung des chilenischen Außenministers Orlando Letelier beteiligt gewesen zu sein und von El Salvador aus die in Nicaragua operierenden »Contra« aktiv unterstützt zu haben. In den sechziger Jahren soll er schließlich Verbindung mit Félix Rodríguez gehabt haben, einem CIA-Agenten, der an der Ermordung von Che Guevara in Bolivien beteiligt war.

In Kuba steht er noch aus einem anderen Grund unter Mordverdacht. Im September 1997 explodierte in der Lobby des Hotels

Copacabana in Havanna eine Bombe, die einen italienischen Touristen tötete. Posada Carriles hat später den Tod des Italieners als »Versehen« bezeichnet, sich aber ansonsten zu der Tat bekannt.

Die Regierung Bush sieht sich im Fall Posada Carriles in einem Dilemma: Einerseits hat sie dem internationalen Terrorismus den Kampf angesagt und kaum jemand zweifelt daran, dass es sich bei Posada Carriles um einen Terroristen mit internationalen Verbindungen handelt, der in den USA vor Gericht gestellt werden müsste. Andererseits erfreut sich Posada Carriles offenbar immer noch großer Unterstützung in einflureichen, dem Extremismus zuneigenden Kreisen des kubanischen Exils in den USA. Auch schlagen die »guten Dienste« zu Buche, die er dem CIA und anderen US-Einrichtungen geleistet hat.

Am liebsten würde man diesen Fall still »beerdigen«. Hieran wird die Administration in Washington jedoch durch immer wieder aufflackernde Medienberichte und internationale Kampagnen gehindert, die von Venezuela und von Kuba ausgehen. Fidel Castro hat Posada Carriles in zahllosen Reden, Aufsätzen und anderen Veröffentlichungen des Terrorismus bezichtigt und gefordert, ihn endlich vor Gericht zu stellen.

2008 sind der Nationale Sicherheitsrat der USA sowie das Ministerium für die Innere Sicherheit (Department of Homeland-Security) mit dem Fall beschäftigt. Doch Entscheidungen gibt es bisher nicht.

Die »unsichtbare« Opposition in Kuba

Neben der sichtbaren Opposition im In- und Ausland gibt es noch die eher unsichtbaren oppositionellen Kräfte innerhalb der Machtstrukturen. Bei einer erneut ausbrechenden schweren Wirtschaftskrise, weiter wachsender Unzufriedenheit in der Bevölkerung, die auch Teile der Streitkräfte und der Partei erfasst, könnte sich diese Opposition innerhalb des Apparats ermutigt fühlen, den Versuch der Machtübernahme zu wagen. Dagegen spricht, dass Streitkräfte und Partei immer noch fest gefügt sind. Es gibt keine Anzeichen dafür, dass sie im Falle einer schweren Krise auseinanderbrechen könnten. Im Gegenteil: Während der *período especial* gelang es der Führung, die Kader noch enger zusammenzuschmieden und die Krise zu überwinden.

Die Opposition innerhalb des Regimes ist jedoch nicht zu unterschätzen. Sie erfasst mittlerweile die maßgeblichen Gliederungen von Partei und Militär, wirkt im Verborgenen und wartet auf den Tag X, an dem sie sich artikulieren kann. Während meiner Zeit auf Kuba habe ich eine Reihe von Äußerungen hochrangiger kubanischer Politiker innerhalb der Regierung registriert, die darauf schließen lassen, dass ihnen ein anderes Kuba vorschwebt. Einer von ihnen sagte mir einmal bei einem Gang durch unseren Garten, man brauche einen »Bruch« mit der Vergangenheit.

Wann und in welcher Form diese Gruppe oder einzelne ihrer Mitglieder in Erscheinung treten, hängt von der Entwicklung unter dem neuen Chef Raúl Castro ab. Wenn er sich offen und reformwillig zeigt, kann es zur Mitarbeit der Gruppe kommen. Bei einer Fortsetzung der erstarrten und in die Hoffnungslosigkeit führenden Politik des reinen Machtkonservativismus, dürften einige der Mitglieder dieser Gruppe aufbegehren und den Versuch unternehmen, Raúl Castro zu entmachten. Dies kann auch im Stillen vor sich gehen. Dabei dürfte es sehr darauf ankommen, wie sich die Streitkräfte verhalten.

Opposition innerhalb der Führung und innerhalb des Systems hat es von der ersten Stunde an gegeben. Die meist jungen Revolutionäre, die in der Sierra Maestra gekämpft oder im *Llano*, unten in der Ebene, aktiv waren, gehörten ganz verschiedenen Richtungen an. Nur wenige waren Kommunisten oder radikale Sozialisten. Themen wie das Verhältnis zu den USA, die Landreform, Demokratie oder Diktatur, die Annäherung an die Sowjetunion schieden bald die Geister.

Nach außen hin traten diese Diskrepanzen oft weniger in Erscheinung. Viele Mitglieder der »stillen Opposition« blieben in Kuba, schwiegen oder warteten auf einen günstigen Zeitpunkt, um ihre (abweichenden) Auffassungen kundzutun.[165] Aber bereits von Januar 1959 an verließen immer wieder prominente Revolutionäre die Insel. Meist gingen sie nach Miami; Fidel Castro forderte sie zu diesem Schritt auf, wenn sie meinten, wichtige Prinzipien der Revolution nicht mehr mittragen zu können. Es war damals die Methode, lästige interne Kritiker, vor allem Intellektuelle, loszuwerden, so wie bis 1961 auch in der DDR.[166]

Unter ihnen befanden sich Mitglieder des *Movimiento 26 de Julio*, Militärs, Schriftsteller, Wissenschaftler und andere Intellektuelle, die von der Revolution oder ihren Führern enttäuscht waren oder abgeschoben wurden, weil sie dem Regime gefährlich werden konnten. Die Comandantes Huber Matos, Gutierrez Menoyo, die Schriftsteller Jesús Diaz und Cabrera Infante oder der erste »Pressechef« von Fidel Castro, Carlos Franqui, Sorí Martín, Landwirtschaftsminister der ersten Stunde, und David Salvador, Gewerkschaftsführer, seien stellvertretend für zahlreiche andere genannt. Auch die Tochter von Fidel Castro, Alina, gehört zu ihnen. Huber Matos wie auch Gutierrez Menoyo durften Kuba erst nach der Verbüßung der gegen sie verhängten langjährigen Gefängnisstrafen verlassen.

Interessant ist, dass über sie im Nachhinein von den Problemen, den Diskussionen oder ideologischen Veränderungen innerhalb der Führungskader manches bekannt wurde. Aber nach außen hin blieb es selbst aufmerksamen Beobachtern zunächst verborgen, wer zur inneren Opposition gehörte. Mir scheint, dass eine Reihe von Initiativen der »offenen Opposition«, wie zum Beispiel das 1998 gestartete Bürgerrechtsprojekt *Proyecto Varela*, auf ein positives Echo in der »versteckten Opposition« gestoßen sind.

Auch bei hohen Führungskadern wird die Abweichung von der amtlich verkündeten Meinung gelegentlich sichtbar. Der frühere Außenminister Roberto Robaina, der 1999 gestürzt wurde, ist so ein Fall. Als er drei Jahre später, im Juli 2002, auch aus der PCC ausgeschlossen wurde, hieß es, er habe sich gegenüber Fidel Castro »illoyal« verhalten. Robaina galt in seinen Glanzzeiten als enger Vertrauter von Raúl, der ihn »Robertico« nannte. Nach allem, was durchsickerte, scheint es, dass Robaina im April 1998 während eines Gesprächs mit dem damaligen spanischen Außenminister Matutes Andeutungen über seine Rolle in der Ära nach Castro gemacht hatte. Raúl hatte Robaina daraufhin beschuldigt, er wolle sich selbst zu einem Kandidaten für den politischen Übergang in Kuba machen. Er werde es jedoch nicht zulassen, dass Leute wie Robaina, drei Monate nachdem die Älteren verschwunden sind, die Revolution kaputtmachen.[167]

Spektakulär war die Flucht eines engen Mitarbeiters von Raúl Castro und von Robaina, im Juli 2002 in die USA. Alcibiades Hidalgo, Büroleiter von Raúl, ehemals Botschafter Kubas bei der UNO und in Namibia, Vizeaußenminister und stellvertretender Chefunterhändler über den kubanischen Truppenabzug aus Angola, schien der Boden auf Kuba zu heiß geworden zu sein, nachdem sein »Mentor« Robaina ganz verstoßen worden war. Aus seinen Äußerungen ließ sich erneut darauf schließen, dass sich in der höchsten Machtsphäre Kubas Leute befanden, welche in klarem Dissens zur Führung standen. Sie lehnten vor allem die Zentralverwaltungswirtschaft ab, die aus ihrer Sicht für die zahlreichen Krisen und für das Elend eines großen Teils der Bevölkerung verantwortlich ist.

Ich habe zahlreiche Gespräche mit hohen Funktionären geführt, aus denen ich erkennen konnte, dass meine Gesprächspartner mit vielem, was in Kuba vorgeht, nicht einverstanden sind. Die niedrigen Löhne, die noch niedrigeren Renten und das völlig unzureichende Transportwesen fanden auch bei ihnen offene oder versteckte Kritik.

Wenn Raúl Castro in seiner Rede am 26. Juli 2007 anlässlich des 54. Jahrestages des Überfalls auf die Moncada-Kaserne zu einer offenen Diskussion im Lande aufgerufen hat, in der Missstände benannt und Verbesserungsvorschläge gemacht werden sollen, so scheint er damit die innere Opposition auf kontrollierte Weise mit einbinden zu wollen. Nach allem, was aus Kuba bekannt wird, scheint dieser Aufruf ein breites Echo zu finden. Jetzt ist die Partei am Zuge. Die Einberufung des überfälligen VI. Parteitags, der gegen Ende 2009 stattfinden soll, ist die logische Folge.

Ende Juni 2008 haben Äußerungen von Fidel Castro, wonach es keine »Fraktionen« in der KP Kubas gäbe, die Mutmaßungen über Auseinandersetzungen in der staatlichen und in der Parteiführung gestärkt. Offenbar wollen Fidel und eine Gruppe alter Kader die Reforminitiative stoppen, während Raúl und seine Anhänger die jetzt begonnenen Reformen weiter voranbringen möchten.[168] Schon jetzt verspricht der für das nächste Jahr avisierte Parteitag spannend zu werden.

Raúl Castro und die Menschenrechte

Kuba gehört zu den Gründungsmitgliedern der Vereinten Nationen. 1945 wurde diese Weltorganisation in San Francisco ins Leben gerufen. In ihrer Charta nehmen die Menschenrechte und ihr Schutz einen wichtigen Raum ein. Kuba hat die Charta der Vereinten Nationen mit unterschrieben.

Das Land hat sich danach verschiedentlich zu den Menschenrechten bekannt und Erklärungen zu ihrem Schutz unterzeichnet.

Es war Fidel Castro, der 1999 die Erklärung von Rio de Janeiro unterschrieb, eines der Ergebnisse der ersten Gipfelkonferenz Europas und Lateinamerikas. Dem Schutz der Menschenrechte widmete diese Erklärung mehrere Abschnitte.

Im Frühjahr 2008 ist Kuba dem Sozialpakt und dem Pakt zum Schutz der individuellen Rechte der Vereinten Nationen beigetreten. Wie verhält sich dies zu der Aufrechterhaltung der hohen Gefängnisstrafen, die immer wieder gegen Oppositionspolitiker verhängt wurden? Ist es nicht ein tiefer Widerspruch, wenn Kuba durch seinen höchsten Repräsentanten eine Klausel zum Schutz der Menschenrechte unterschreibt und andererseits diese Rechte ständig verletzt?

Kuba hat immer wieder die Strafverfahren gegen Oppositionspolitiker mit der Verteidigung seiner Sicherheitsinteressen gerechtfertigt. Menschen, die sich in Opposition zur sozialistischen Staats- und Gesellschaftsordnung befinden und für ein demokratisches System eintreten, gefährden die Sicherheit des Staates und werden wie Hochverräter behandelt. Das kubanische Strafrecht bietet die Handhabe, gegen sie vorzugehen.

Darüber hinaus hat Kuba bei jeder Gelegenheit geltend gemacht, es befinde sich faktisch im Kriegszustand. Die USA wollten Kuba angreifen und warteten auf eine Gelegenheit, dies zu tun. Eine Reihe von Oppositionellen im Lande suche die Nähe zu den USA und würde von ihnen moralisch und finanziell unterstützt. Sie seien »Söldner« *(mercenarios)* im Dienste des nördlichen Nachbarn und müssten daher mit allen Mitteln, die das Gesetz erlaubt, bekämpft werden.

Der Schutz der Menschenrechte in Kuba ist ein Thema, mit dem sich Persönlichkeiten aus aller Welt, Organisationen und Regierungen auseinandergesetzt haben. Viele suchten den Dialog mit Kuba, der aber bisher kaum zu einer Annäherung der Standpunkte geführt hat. Kuba argumentiert, dass die Menschenrechte es nicht daran hindern könnten, Staatsbürger, die seine Sicherheit oder seine territoriale Integrität gefährdeten und Gesetze überträten, dingfest zu machen und zu bestrafen.

Desweiteren argumentiert die kubanische Regierung, die Menschenrechte bestünden nicht nur aus individuellen, sondern auch aus sozialen Rechten. Auf diesem Feld, so behauptet sie ebenfalls konstant, sei Kuba vorbildlich. Kaum ein Staat auf der Welt gewähre seinen Bürgern in diesem Umfang sozialen Schutz.

Opposition: Am 25. Juni 2008 wollten Bürgerrechtler mit einer Demonstration zum Justizministerium demokratische Grundrechte einfordern, doch die beiden Organisatoren wurden am Vorabend verhaftet; andere Aktivisten informierten die internationalen Medienvertreter auf offener Straße in Havanna vor dem Don-Quichotte-Denkmal.

Kuba ist in Sachen Menschenrechte ein schwieriger Dialogpartner. Obwohl die Menschenrechtsverletzungen auf der Hand liegen, sucht es sich mit der Berufung auf eine Art Notstand, auf Kriegsrecht und seine sehr umfangreichen Staatsschutzbestimmungen zu rechtfertigen und die Menschenrechte seinen angeblich übergeordneten Interessen unterordnen zu wollen.

Es führt auch an, dass viele Regierungen, welche die Einhaltung der Menschenrechte gegenüber Kuba anmahnten, dies nicht im gleichen Maße gegenüber anderen Staaten täten, die wirkliche Menschenrechtsverletzungen begingen. Hier werde mit zweierlei Maß gemessen.

Seminare, Diskussionsrunden in Kuba wie im Ausland und Bücher, die das Thema behandeln, haben bisher nicht weitergeführt. Oft hat man den Eindruck, sich in einem Dialog unter Taubstummen zu befinden. Kein Argument scheint Gehör zu finden, jede Seite beharrt auf ihrem als dem allein richtigen Standpunkt.

So war es jedenfalls bisher, solange Fidel Castro die Macht ausübte. Für ihn war der Schutz der Menschenrechte ein Mittel seiner Gegner, ein politisches Druckmittel. Aber Druck wollte er sich nicht beugen. Keinen Millimeter wollte er von seiner Position abrücken. Starrköpfig verteidigte er auch hier seinen Kurs.

Es gibt Anzeichen, dass sich dies unter Raúl Castro allmählich ändert. Der kürzlich vollzogene Schritt, dem Sozialpakt wie auch dem Pakt zum Schutze der individuellen Rechte der Vereinten Nationen beizutreten sowie die Suspendierung der Todesstrafe sind erste wichtige Indizien.

Worauf ist diese Haltung zurückzuführen? Sucht Raúl Castro auf diesem Wege nach einer besseren Position für die von ihm gewünschten Gespräche mit den USA? Ist er, der seine Landsleute jetzt zu mehr Mitwirkung und Kritik auffordert, vielleicht der Meinung, dass sich die Kritik nicht artikulieren wird, solange die Menschen Gefahr laufen, hierfür strafrechtlich belangt zu werden? Will er die Angst abbauen, die den Staat und die Gesellschaft lähmt? Hat sich Raúl von einem Saulus zu einem Paulus gewandelt?

Es könnte sein, dass sich jetzt auch auf dem Gebiet der Menschenrechte sein Pragmatismus durchsetzt, denn für die Belebung der Wirtschaft benötigt er ausländische Partner und die Initiative im Innern. Wenn es den Menschen in seinem Lande besser gehen soll, dann muss die Angst abgebaut werden, dann muss es ein gewisses Maß an Freiheit geben.

Dennoch ist auch hier Vorsicht geboten. Die zwiespältige Persönlichkeit Raúl Castros könnte dem im Wege stehen. Solange Fidel noch am Leben ist, wird Raúl vermutlich versucht sein, sich seinem älteren Bruder gegenüber zu beweisen, gegebenenfalls auch durch hartes Durchgreifen. Das fehlende Charisma hat Raúl wiederholt durch Härte zu kompensieren versucht.

Am Umgang mit der Opposition in Kuba wird sich zeigen, ob in Sachen der Menschenrechte tatsächlich ein Paradigmenwechsel gewollt ist oder ob auch hier nur feine, aber nicht wirklich nachhaltige, nur optisch wirksame »Reparaturen« in Gang gesetzt werden.

Meinungsfreiheit, auch außerhalb des Systems?

Bisher gab es Meinungsfreiheit nur innerhalb des sozialistischen Systems, getreu dem von Fidel Castro verkündeten Slogan *dentro de la Revolución todo, fuera de la Revolución nada*. Zahlreiche Intellektuelle, die glaubten, sie könnten Kritik am System äußern und es verändern, haben vor allem seit den siebziger Jahren die Wahrheit dieses Satzes zu spüren bekommen. Die Ausreise nach Florida war die mildeste Form der Konfliktregelung. Die härteste war die Verurteilung zu einer mehrjährigen Gefängnisstrafe.

Interessant ist, dass der neugewählte Präsident des Staatsrats, Raúl Castro, zur Meinungsfreiheit in seiner Rede vor der Asamblea Nacional del Poder Popular, dem kubanischen Parlament, am 24. Februar 2008 Stellung genommen hat, wenn auch in verklausulierter Form. Er spricht zunächst von der Einheitspartei, die »demokratischer« sein müsse als alle anderen Parteien. Jeder hätte Gelegenheit, seine Ansichten zu äußern. Man brauche keine unterschiedlichen Meinungen (»discrepancias«) in einer Gesellschaft zu fürchten, in der es im Wesentlichen, infolge des Fehlens unterschiedlicher Klassen, keine antagonistischen Widersprüche gäbe.

Raúl Castro fährt fort: »Aus dem vertieften Austausch divergierender Meinungen entstehen die besten Lösungen, wenn er von vernünftigen Vorschlägen geprägt ist und wenn man die (eigene) Auffassung verantwortlich zum Ausdruck bringt … Die internationalen Totengräber des Sozialismus … hätten beim Studium der Rede (von Raúl Castro) am 26. Juli in Camagüey, in der Kritik geäußert worden war, nicht verstanden, dass es sich um eine Debatte innerhalb des Sozialismus handele.«[169]

Hier taucht also wieder das alte Prinzip »im Sozialismus alles, außerhalb des Sozialismus nichts« auf, die Schlacht der Ideen (Kritik), die nur innerhalb des Systems stattfinden soll. Raúl formuliert es noch anders, indem er das Recht, sich zu äußern, zwar nicht grundsätzlich in Frage stellt, es müsse sich jedoch »an den Rahmen des Gesetzes« halten.

Dies bedeutet eine wesentliche Einschränkung der Meinungsfreiheit, wie wir im Kapitel über die kubanischen Strafgesetze noch sehen werden. Die Strafgesetze sind so gefasst, dass jede kritische Meinungsäußerung, die sich auf das System, seine Führer oder den Sozialismus bezieht, strafrechtlich geahndet werden

kann. Damit hängt weiterhin über der Opposition ein Damoklesschwert, das jederzeit auf sie niederfahren kann.
Sicherlich bemüht sich Raúl Castro in seiner Rede um Milde, wenn er zu argumentativen Auseinandersetzungen mit Andersdenkenden aufruft, aber bei »Leuten, die sich aus Ehrgeiz, demagogischem Eifer oder Opportunismus äußerten, sei entschieden vorzugehen, ohne allerdings zu verletzen«. Der Feind liege auf der Lauer, sei ständig bereit, die geringste Unvorsichtigkeit zu nutzen, um Schaden zuzufügen. Aber die »ehrenhafte« Meinung jedes Einzelnen solle angehört werden.[170]

Dies ist schon eine etwas andere Sprache als die Äußerungen, die von Fidel Castro zu hören waren, als er 2003 gegen die »75« zu Felde zog. Die 75 Intellektuellen, meist Schriftsteller und Journalisten, wurden vor Gericht gestellt und wegen ihrer kritischen Meinungsäußerungen zu Gefängnisstrafen zwischen 6 und 28 Jahren verurteilt. Als »Söldner« im Dienst der USA hatten sie in seinem Verstandnis Hochverrat begangen oder zumindest die Sicherheit des Staates gefährdet.

Es wird sich in den nächsten Monaten zeigen, wie die kubanischen Behörden unter Raúl Castro mit Andersdenkenden umgehen, ob sie sie, ebenso wie sein Bruder, erbarmungslos verfolgen oder die Schlacht der Ideen neu begreifen und Toleranz walten lassen. Einer Änderung der Gesetze bedarf es oft nicht, aber es wird eines neuen Geistes, in dem sie angewandt und ausgelegt werden, bedürfen.

Interessant ist, dass die Stimmen, die sich zur Kritik und zur Diskussion äußern, in letzter Zeit immer häufiger werden. So hat Eliades Acosta, Chef der Kulturabteilung des ZK der PCC, Anfang 2008 gegenüber EFE festgestellt, dass sich die »Insel in einem Transformationsprozess befinde, in dem man laut über die Probleme spreche (...) Das Land überdenke seine Strukturen, die Partei selbst denke über ihre Beziehungen mit der Gesellschaft nach, um einen direkteren, wirkungsvolleren Dialog und eine größere Beteiligung des Volkes bei Entscheidungen zu finden.«[171]

Acosta fährt fort, es gäbe aber noch Scheu, Trägheit und Leute, die nach den vielen Jahren nicht (auf die Öffnung) vorbereitet seien, und denen das Überschreiten der psychologischen Barriere Schwierigkeiten bereite. Andererseits sei der Bürgersinn der Kubaner stimuliert worden. Er tritt für eine Gesellschaft ein, in der es vielerlei Information gäbe, kulturelle Darbietungen auf hohem

Niveau, und in der »wir auf natürliche Weise mit der Welt kommunizieren können und es verstehen, den Wesensgehalt unserer Identität und der Errungenschaften unserer Revolution zu verteidigen«.

»Kritik kann helfen, unsere Probleme zu lösen. Mit Schweigen kann man niemals etwas lösen. Vor die Wahl gestellt, entscheiden wir uns für die Kritik. Diese habe man ... nicht immer zugelassen, wir haben sie nicht verstanden und nicht gefördert. Dies hat zu einem Klima der Selbstzensur beigetragen.«

Hier, wie auch bei Raúl Castro, wird deutlich, dass die Führung heute mehr als in der Vergangenheit auf internen Dialog und den Konsens der Gesellschaft setzt als auf ständiges Entscheiden von oben. Hier spürt man die Ideen von Gramsci, der wohl als erster und am deutlichsten dieses Verhaltensmuster, in Abgrenzung zu Lenin und Stalin, entworfen hatte.

Ähnlich, wenn auch sehr viel vorsichtiger, äußerte sich der Schriftsteller Miguel Barnet, der neu gewählte Vorsitzende des Verbandes der Schriftsteller und Künstler Kubas (UNEAC). UNEAC dürfe heute nicht zu spät zur Debatte kommen. Seminare »über das Denken, die Meditation, die objektive, maßvolle und revolutionäre Kritik seien unerlässlich. Vor allem auch das Nachdenken über die Probleme, die uns berühren.«

Barnet tritt dafür ein, »unser kulturelles Leben einem grundlegenden Wandel zu unterziehen. Dieser Wandel wird immer dazu dienen, unser sozialistisches System zu verbessern.«[172]

Vizepräsident Carlos Lage hat sich in einer Rede während der Jahressitzung der kubanischen Union der Schriftsteller und Künstler (UNEAC), am 3. April 2008 der Kritik an der Führung gestellt, sie teils akzeptiert, teils versprochen, hierüber nachzudenken. Er hat wörtlich ausgeführt: »Die doppelte Moral, die Verbote, eine Presse, welche unsere Realität nicht so wiedergibt, wie wir es wollen ... eine verschlechterte Infrastruktur sind die Wunden eines Krieges, aber eines Krieges, den wir gewonnen haben.«[173]

Auch die Tochter von Raúl Castro, die 45-jährige Leiterin des Nationalen Zentrums für Sexualerziehung (CENSEX), Mariela Castro Espín, hat sich zu Wort gemeldet. In einem Interview mit dem italienischen *Corriere della Sera* vom 27. März 2008 stellt sie die Behauptung auf, in Kuba existiere die Meinungsfreiheit. Dies gelte wohl heute noch mehr als früher. »Es besteht ein Raum für Diskussion und Vorschläge; das ist die Basis des Sozialismus.«

Die entscheidende Frage wird sein, ob in Zukunft das System selbst in Frage gestellt werden darf, ohne dass dies als eine kriminelle Handlung eingestuft wird. Nach den Worten von Raúl Castro, seiner Tochter Mariela und Miguel Barnet hat es eher den Anschein, als gelte immer noch die These »Innerhalb des Sozialismus alles, außerhalb des Sozialismus nichts«. Demgegenüber scheint Eliades Acosta als KP-Kulturchef einen Schritt weiter gehen zu wollen. Wenn ich ihn recht verstehe, so stellt er die Freiheit, Kritik zu üben, nicht unter den Vorbehalt der Beachtung der Systemgrenzen. Allerdings spricht auch er von den »Errungenschaften der Revolution«, die es zu verteidigen gelte.

Wie die beginnenden öffentlichen Diskussionen zeigen, befindet sich jetzt vieles im Fluss. Im Grunde richtet sich die Kritik an Fidel Castro, aber auch an seinen Bruder Raúl, die beide dafür verantwortlich sind, dass sich Kuba in der gegenwärtigen unbefriedigenden Situation befindet.

Viele Kubaner werden Havannas Denkmalpfleger Eusebio Leal zustimmen, der sich auf dem Kongress der UNEAC für die Versöhnung aller Kubaner, draußen und auf der Insel, ausgesprochen und dazu aufgerufen hat, »sich für die neue Bestimmung unseres Landes vorzubereiten«.

Daher gehe ich davon aus, dass der Strom der Diskussion in naher Zukunft weiter anschwellen wird. Es wird sich zeigen, ob die neue Führung dann vielleicht doch zu tiefgreifenderen Systemveränderungen bereit ist oder eher wieder zum Mittel der Strafdrohung greifen wird.

Solange die Straftatbestände, die den Staatsschutz betreffen, so bestehen bleiben, wie sie gegenwärtig formuliert sind, wird es stets eine juristische Handhabe geben, um gegen die Opposition vorzugehen.

Es wird Fälle geben, bei denen es Auslegungssache ist, ob die Kritik innerhalb oder außerhalb des Systems stattfindet. Für die Forderung nach Reisefreiheit ist das jeweilige politische System irrelevant. Hingegen wäre die Forderung nach einem auf ein Mehrparteiensystem gestütztes Wahlrecht gegen das System gerichtet und damit als »außerhalb« anzusetzen.

Strafrecht – das Damoklesschwert

Jeder Staat hat das Recht, sich vor seinen Feinden zu schützen. Er tut dies meist durch Straftatbestände, die sogenannten Staatsschutzbestimmungen. Auch das deutsche Strafgesetzbuch enthält sie, wie übrigens die meisten Strafgesetze aller Staaten. Auf Hoch- oder Landesverrat und ähnliche kriminelle Handlungen stehen hohe Strafen, also auf Delikte, die gemeinhin als »Spionage« bezeichnet werden.

Kuba hat ein sehr weit verzweigtes, im Strafgesetz verankertes System des Staatsschutzes, das erheblich über den Wirkungsbereich unseres Strafrechts hinausgeht. Was aber noch schwerer wiegt, ist die Tatsache, dass die Straftatbestände im kubanischen Recht nicht klar umrissen sind. Jedes Handeln, das wir bei uns als »Kritik« am Staat und seinen Organen bezeichnen würden und das als Ausdruck der Meinungsfreiheit und als strafrechtlich irrelevant qualifiziert werden müsste, kann in Kuba, falls die staatlichen Organe dies wollen, als strafrechtlich relevant eingestuft werden und zur Anklage führen.

Das kubanische Strafrecht ist wie ein Damoklesschwert, das drohend über der Gesellschaft hängt.

Das wurde ganz offensichtlich bei den Strafprozessen gegen kubanische Oppositionspolitiker 2003, als Schriftsteller und Journalisten zu Gefängnisstrafen bis zu 28 Jahren für »Delikte« verurteilt wurden, die wir bei uns weitgehend als vom Recht auf freie Meinungsäußerung gedeckt und damit als straffrei ansehen würden. Einige von den damals Verurteilten sind heute wieder auf freiem Fuß. Aber die Mehrzahl schmachtet noch in den schlecht ausgestatteten und mit unseren Vollzugsanstalten nicht vergleichbaren Gefängnissen.

Ein Straftatbestand, auf den sich immer wieder die Anklage gegen Oppositionelle stützt, ist der Artikel 91 des kubanischen Strafgesetzbuches (kubStGB). Er wurde auch bei den Prozessen gegen die »75« im April 2003 herangezogen und lautet:

»Wer im Interesse eines fremden Staates eine Handlung mit der Absicht begeht, der Unabhängigkeit des kubanischen Staates oder der Integrität seines Territoriums Schaden zuzufügen, kann mit Freiheitsentzug zwischen zehn und zwanzig Jahren oder mit dem Tode bestraft werden.« – Eine Absicht kann somit tödlich sein.

Polizeipräsenz: Kontrolle von Passanten im Stadtzentrum der Hauptstadt (oben); überprüft werden u. a. Aufenthaltserlaubnis, Arbeitsnachweis und ggf. illegale Kontakte zu Ausländern; seit der Amtsübernahme durch Raúl Castro hat sich die sichtbare Anwesenheit von uniformierten Angehörigen des Innenministeriums deutlich verstärkt.

Einigen der 75 Oppositionellen wurde damals vorgeworfen, sie hätten sich insgeheim mit den USA verbündet und dazu beigetragen, dass die USA einen Angriffskrieg gegen Kuba geplant hatten. Als Beweis dafür wurden die Treffen angeführt, die sie seit 2002 mit dem Leiter der US-Interessenvertretung in Havanna gehabt hatten sowie Geschenke, die sie von ihm und anderen US-Bürgern angeblich erhalten hatten.

Ein weiterer Straftatbestand, der in Prozessen gegen »Dissidenten« eine Rolle spielt, ist Artikel 97, Ziff. 1 kubStGB, der »Spionage« unter Strafe stellt und folgenden Wortlaut hat:

»Wer zum Schaden für die Sicherheit des Staates ... mit den Nachrichtendiensten eines fremden Staates Beziehungen unterhält oder Informationen an sie weitergibt oder sie sich in der Absicht beschafft, sie ihnen mitzuteilen, kann mit Freiheitsentzug zwischen zehn und zwanzig Jahren oder mit dem Tode bestraft werden.« – Auch hier kann bereits eine unterstellte Absicht strafbar sein, unabhängig von der Tat, was dem westeuropäischen Rechtsverständnis völlig widerspricht.

Dieser Straftatbestand ist typisch für sozialistische Länder. Er und ähnliche Rechtsnormen wurden immer wieder in Schauprozessen gegen Andersdenkende herangezogen. Er ist so weit gefasst, dass alle Kubaner, die Beziehungen zu fremden Botschaften oder Konsulaten in Kuba unterhalten oder Verkehr mit Ausländern haben, die in ihrer Heimat ein öffentliches Amt bekleiden, Gefahr laufen, verhaftet oder unter Anklage gestellt zu werden.

Auch der folgende Paragraph bietet dafür eine Rechtsgrundlage, Artikel 98 kubStGB (Rebellion) lautet wie folgt:

»1. Wer sich bewaffnet auflehnt, um gewaltsam eines der folgenden Ziele zu erreichen:

a) um gänzlich oder teilweise, und sei dies nur zeitweise, die höchsten Staats- oder Regierungsorgane daran zu hindern, ihre Funktionen auszuüben
b) um das wirtschaftliche, politische oder soziale System des sozialistischen Staates zu verändern
c) gänzlich oder teilweise die Verfassung oder die in ihr festgelegte Regierungsform zu verändern

kann mit Freiheitsentzug zwischen zehn und zwanzig Jahren oder mit dem Tode bestraft werden.

2. Der gleichen Strafe unterliegt derjenige, der eine Handlung begeht, welche darauf abzielt, eine bewaffnete Erhebung in die

Wege zu leiten, die dann tatsächlich stattfindet; findet sie nicht statt, so besteht die Strafe aus vier bis zehn Jahren Freiheitsentzug.«

Besonders die Ziffer 2 dieser Vorschrift und hiervon der letzte Teil bietet kubanischen Justizbehörden immer wieder eine Handhabe, gegen Oppositionelle vorzugehen, die den sozialistischen Staat und seine Organe ablehnen und Änderungen fordern. Der Staatsanwalt kann beim Nachweis einer kritischen Äußerung in dieser Richtung ohne weiteres den Bogen zu der »Absicht« des Angeklagten spannen, diese Änderung gewaltsam herbeiführen zu wollen.

Ein weiterer Paragraph, der hohe Strafen vorsieht, ist die »Verbreitung feindlicher Propaganda«. Artikel 103 lautet wie folgt:

»1. a) Wer sich mittels mündlicher oder schriftlicher Propaganda oder in irgendwie gearteter Form gegen die soziale Ordnung, die internationale Solidarität oder den sozialistischen Staat auflehnt
b) Propaganda dieses Inhalts herstellt, verbreitet oder besitzt, kann mit Freiheitsentzug von einem Jahr bis zu acht Jahren bestraft werden.
2. Wer Falschmeldungen verbreitet oder böswillige Vorhersagen, die dazu geeignet sind, Panik oder Unruhe in der Bevölkerung oder öffentlich Aufruhr auszulösen, kann mit Freiheitsentzug von einem Jahr bis zu vier Jahren bestraft werden.
3. Wer sich bei der Ausführung der in den vorigen Abschnitten genannten Straftaten der Massenmedien bedient, wird mit Freiheitsentzug zwischen zehn und fünfzehn Jahren bestraft.
4. Wer bei der im vorigen Abschnitt genannten strafbaren Handlung die Einschaltung der Massenmedien zulässt, kann mit Freiheitsentzug von einem bis zu vier Jahren bestraft werden.«

Bei diesem Straftatbestand erkennt man die ideologische Färbung. Hier sind alle diejenigen, welche die sozialistische Staatsordnung ablehnen und dies öffentlich oder gar mit Hilfe der Massenmedien kundtun, ständig in der Gefahr, schwer bestraft zu werden. Die Anklage wegen *peligrosidad social* (soziale Gefährlichkeit) ist besonders häufig und mit rechtsstaatlichen Prinzipien unvereinbar. Amnesty International hat Kuba unter anderem deswegen mehrfach gerügt.

Schließlich ist auch »Terrorismus« immer wieder ein Straftatbestand, der bei Prozessen gegen Oppositionelle herangezogen wird. Der einschlägige Artikel 109 lautet:

»Wer irgendeine andere Handlung begeht, wenn sie in diesem Gesetzbuch nicht strenger bestraft wird, die in ihrer Art der Ausführung, den dabei eingesetzten Mitteln und den Umständen ihrer Ausführung dazu geeignet ist, Unruhe in der Bevölkerung auszulösen, um eine Situation herbeizuführen, welche die Sicherheit des Staates beeinträchtigt, kann mit Freiheitsentzug zwischen einem und acht Jahren bestraft werden.«

Auch hier ist die Formulierung so unbestimmt und gummiartig weit gefasst, dass auch Meinungsäußerungen darunter fallen können, die nach unseren Maßstäben keinen Straftatbestand darstellen. Man denke zum Beispiel an ein Interview, in dem jemand Preissteigerungen in staatlichen Läden kritisiert. Daraufhin kommt es zu Protesten in der Bevölkerung, die diese Auffassung teilt. Diese Person könnte in Kuba vor Gericht gestellt werden und hätte eine Gefängnisstrafe von bis zu 15 Jahren zu gewärtigen.

Weitere Straftatbestände, welche in Prozessen gegen die kubanische Opposition herangezogen wurden, sind in Sondergesetzen enthalten, wie zum Beispiel dem Gesetz Nummer 88, in welchem die Zusammenarbeit mit ausländischen Medien als »Kollaboration« und »Verbreitung feindlicher Propaganda« unter Strafe gestellt wird. Diese Vorschrift wurde im April 2003 besonders gegen kubanische Journalisten herangezogen, deren Beiträge im Ausland Verbreitung fanden. So wurde dem bekannten Schriftsteller und Journalisten Raúl Rivero zur Last gelegt, er habe von ihm verfasste, kritische Beiträge in ausländischen Medien verbreiten lassen, namentlich in den USA.

Die Reform des kubanischen politischen Strafrechts dürfte gegenwärtig nicht zu den Prioritäten der Regierung zählen. Raúl Castro wird aber gut daran tun, den Justizorganen eine enge Auslegung der Vorschriften oder besser die Nichtverfolgung von Menschen nahezulegen, die gewaltlos für Änderungen der Verfassung und des politischen Systems eintreten. Dies wäre die Anwendung eines Prinzips, das wir mit »Opportunität« umschreiben und das auch bei uns wie in zahlreichen anderen Rechtssystemen gilt.

Als Hindernis auf diesem Wege könnte sich herausstellen, dass der Sozialismus in der Verfassung als wesentliches Element des Staates festgeschrieben worden ist. Fidel Castro tat dies 2003 mit Vorbedacht.

Die Religion

Wiederkehr der Religionen

Jaime Kardinal Ortega hat mir einmal gesagt, etwa die Hälfte der Kubaner sei getauft und lasse sich kirchlich bestatten. Aber nur etwa 800 000 von über 11 Millionen Kubanern besuchten sonntags einen Gottesdienst. Die Kirche ist in der Minderheit. Christen leben in einer Diaspora, die sich mit dem Triumph der Revolution weit ausdehnte.

Aber nun scheint sich der Trend umzukehren. Überall auf der Insel sind die Gottesdienste gut besucht. Taufen von Erwachsenen nehmen zu, auch kirchliche Eheschließungen. Das Regime scheint die Mitglieder von Religionen nicht mehr zu behindern oder gar mit Strafen zu belegen. Immer wieder hörte man in der Vergangenheit von der Entlassung frommer und engagierter Christen aus ihren Ämtern oder von Schikanen.

Das Spektrum der Kirchen ist größer geworden. Neben den immer noch führenden Katholiken erfreuen sich protestantische Kirchen verstärkten Zulaufs. Populär ist die *Santería*, jene afro-kubanische religiöse Gruppierung, die sich unter den zahllosen Sklaven verbreitet hatte, die seit Beginn des 19. Jahrhunderts nach Kuba gebracht wurden, vor allem, um das Zuckerrohr zu ernten. Dies war eine schwere Arbeit, der die Indianer, die Ureinwohner Kubas, aber auch die Asiaten, die später kamen, nicht gewachsen waren.

Oft gehören Kubaner zugleich einer christlichen Kirche an, praktizieren daneben aber auch ihre von den Vätern ererbte *Santería*-Religion. Die katholische Kirche erkennt die *Santería* zwar nicht an, sie bekämpft sie aber auch nicht. Sie geht offenbar von der richtigen Überlegung aus, dass in einem weitgehend kommunistisch und atheistisch geprägten Land jede Form der Religion dazu beiträgt, neue Kräfte zu stärken.

Kardinal Ortega ging in einem Vortrag, den er im November 2007 in der Universität Eichstätt hielt, so weit, den französischen Theologen Pater René David zu zitieren, der davon ausgeht, dass die synkretistische Volksreligiosität *(Santería)* den religiösen Glauben der Kubaner gerettet habe, so dass man ihr dankbar sein müsse.[174]

Interessant scheint mir, dass in den letzten Jahren das Bemühen um den Dialog zwischen den verschiedenen Kirchen stärker geworden ist. So besuchten katholische Bischöfe in den vergangenen zwei Jahren protestantische Gemeinden. Man weiß sich einig, dass Dialog und Versöhnung heute mehr zu Veränderungen beitragen können als Bekämpfung, Isolierung und Sanktionen. Hier gibt es Reibungsflächen, vor allem auch mit jenen Kräften des kubanischen Exils in Miami, welche weiterhin für Härte und Unversöhnlichkeit gegenüber Havanna eintreten.

Den evangelischen Kirchen, die in Kuba tätig sind, hat man oft vorgeworfen, sie seien erheblich regimefreundlicher als die Katholiken. Ich selbst habe die Erfahrung gemacht, dass mir die kubanischen Kollegen aus dem Außenministerium den Vorschlag machten, einen wichtigen Besucher aus Deutschland mit einem Gesprächspartner aus dem evangelischen Lager zusammenzubringen statt mit einem katholischen Geistlichen.

Ich denke, dass alle Kirchen heute daran arbeiten, sich für die Zukunft vorzubereiten. Der Rückzug von Fidel Castro eröffnet Chancen, die genutzt werden sollen. Dabei geht es den Kirchen nicht um den Sturz oder die Ablösung des kommunistischen Regimes, sondern um eine Öffnung des Landes, die Papst Johannes Paul II. während seines Besuchs in Kuba im Januar 1998 gefordert hatte.

Die Kirchen helfen heute vor allem auf sozialem Gebiet mit. Dabei geht es zum Beispiel darum, Menschen, die in Armut leben, die sich nicht mehr selbst helfen können, zu versorgen. Diese Menschen sind in Kuba zahlreich geworden. Kirchliche Organisationen wie »Brot für die Welt«, die »Caritas« oder auch die Welthungerhilfe sind von Deutschland aus in Kuba im Einsatz. Der Staat duldet ihre Arbeit, ja er unterstützt sie gelegentlich auch, weil er es allein nicht mehr schafft, den Notleidenden zu Hilfe zu kommen.

»Brot für die Welt« unterstützt heute in Kuba den Kleinbauernverband (ANAP), der offenbar neue Wege zu beschreiten bereit ist. Ziel ist die Selbstversorgung. Die Neigung der Kubaner, die Probleme beim Namen zu nennen, hat zugenommen. Misswirtschaft und Umweltzerstörung werden offen angeprangert, der

Volksglaube Santería: In vielen Haushalten finden sich altarähnliche Figurengruppen, denen kleine Opfergaben dargebracht werden, um glückliche Umstände herbeizuführen und Schicksalsschläge abzuwenden (oben); entsprechendes Zubehör kann man auf Märkten erwerben (unten).

gegenseitige Erfahrungsaustausch wird gefördert. Die Menschen sehen sich nicht mehr als Objekte, sondern als eigenverantwortlich Handelnde, die einen Weg aus den vielfachen Problemen des Alltags suchen. Der Staat beginnt die Kirchen nicht mehr als Bedrohung zu empfinden, sondern als Option, notwendige Reformen zu begleiten.

Hier liegt heute auch ein Ansatzpunkt für die Sekten, die vor allem von den USA aus unter Einsatz von erheblichen finanziellen Mitteln den Versuch unternehmen, auf Kuba Fuß zu fassen. Bei unseren Reisen haben wir öfters sehr ansehnliche Niederlassungen von Religionsgemeinden gesehen, die sehr von ihrer baufälligen Umgebung abstachen und die für viele Kubaner heute ein Anziehungspunkt geworden sind.

Fidel Castro hatte 1998 den Papst empfangen, sechs Jahre später, fast auf den Tag genau, empfing er den Patriarchen von Konstantinopel, Bartholomäus, um mit ihm gemeinsam eine orthodoxe Kathedrale in Alt-Havanna zu weihen. Eine russisch-ortodoxe Kirche befindet sich nun ebenfalls im Bau. Hier zeigt sich eine Facette des Regimes, die ich bereits vorher beobachtet hatte: Es unterstützt alles, was dazu beiträgt, dass nicht eine religiöse Gemeinschaft so viel Kraft gewinnt, dass sie ihm gefährlich werden könnte.

Die katholische Kirche

27. Februar 2008. Die große argentinische Tageszeitung »La Nación« veröffentlicht auf Seite 5 einen ausführlichen Bericht über die Begegnung von Kardinalstaatssekretär Tarcisio Bertone aus dem Vatikan mit dem neugewählten kubanischen Präsidenten Raúl Castro vom Vortag. Beide lächeln, es scheint, der Händedruck des Vertreters des Papstes und des kubanischen Staatsoberhauptes sei fest und herzlich. Raúl hat den ersten hohen Repräsentanten eines ausländischen Staates seit seiner Amtsübernahme am 24. Februar empfangen.

Fast 47 Jahre zuvor, am 26. Juni 1961, hatte der Dampfer »Marqués de Comillas« hunderte von Geistlichen und Ordensleuten in den Hafen des spanischen La Coruña gebracht. Fidel Castro hatte sie aus Kuba vertrieben. Nur wenige Monate später, im September 1961, erfolgte eine weitere Vertreibungswelle. Kuba verlor dadurch viele seiner Priester. Nachwuchsseminare und religiöse Schulen wurden geschlossen. Die Jesuitenschule »Belén« in Havanna, welche die beiden Brüder Castro besucht hatten, machte man zur Kriegsakademie. Die Krise in den Beziehungen zwischen der jungen Revolution und der katholischen Kirche in Kuba hatte ihren Höhepunkt erreicht.

Aber niemals brach der Vatikan seine diplomatischen Beziehungen zu Kuba ab, übrigens auch nicht der alternde Generalissimus Franco, der sich als Protektor der katholischen Kirche in seinem Lande über die Ausweisung der meist spanischen Priester und Ordensleute aus Kuba durchaus empörte.

Das Verhältnis von katholischer Kirche und kubanischer Revolution ist heute vielschichtig. Es lässt sich nicht verstehen, wenn man nicht bis in die Mitte des vergangenen Jahrhunderts zurückgeht.

Es beginnt damit, dass Fidel und Raúl Castro in einem christlich geprägten Elternhaus aufwuchsen und mehrere katholische Privatschulen besuchten. Während Fidel als guter, wenn auch als rebellischer Schüler galt, sahen die Lehrer Raúl eher als schlechten Schüler an, der keine besonderen Begabungen zeigte. Raúl hat die Jesuitenschule »Belén« ohne Abschluss verlassen.

Nach dem gescheiterten Überfall auf die Moncada-Kaserne in Santiago de Cuba im Juli 1953 rettete der Erzbischof von Santiago, Pérez Serantes, den Brüdern Castro, den Anführern des Angriffs, das Leben. In Verhandlungen mit dem örtlichen Militärbefehlshaber rang der Kirchenmann ihm das Versprechen ab, die Castros am Leben zu lassen, falls sie sich widerstandslos ergeben würden.[175]

Während des Guerrilla-Krieges in der Sierra Maestra gab es auch einen katholischen Priester, der die Rebellen begleitete. Fidel und Raúl Castro legten Wert auf den Segen der Kirche.

Das Verhältnis begann sich allerdings zu verschlechtern, als sich im *Movimiento 26 de Julio* gegen Mitte 1959 der linke, kommunistisch geprägte Flügel unter der Führung von Raúl Castro und Che Guevara durchzusetzen begann und danach die Verfolgungen Andersdenkender einsetzten. Zahlreiche Geistliche kritisierten diese unerwartete Richtungsänderung der Revolution und wandten sich offen gegen Fidel Castro.

Die katholische Kirche in Kuba war damals vor allem eine Kirche der städtischen Bürger- und Oberschicht. Auf dem Lande spielte sie nur eine untergeordnete Rolle. Sie galt von ihrer Grundausrichtung her als konservativ. Aber sie prangerte durchaus auch Ungerechtigkeiten und kriminelle Handlungen an, die während der Batista-Diktatur seit dem Staatsstreich von 1952 immer mehr überhandnahmen. Während ein Teil des kubanischen Klerus nach dem Triumph der Revolution im Januar 1959 mit den neuen Machthabern sympathisierte, verhielt sich die Kirche insgesamt distanziert. Die Landreform, welche die Enteignung der die Kirche stützenden Großgrundbesitzer zur Folge hatte, hielt sie für verwerflich. Am 8. Mai 1960 unterzeichneten alle kubanischen Bischöfe einen Hirtenbrief, in dem sie den Kommunismus verurteilten.

Das Verhältnis Kirche – Staat verschärfte sich, als die privaten kirchlichen Schulen, darunter eben auch die Schule der Jesuiten in Belén, geschlossen wurden. Der Religionsunterricht wurde abgeschafft.

Dabei ist interessant, dass der Vatikan die kubanische Regierung keineswegs kritisierte, sondern über seinen Nuntius in Havanna, Mgr. César Zacchi, sogar unterstützte.[176] Offenbar war ein weiterer Hirtenbrief der katholischen Bischöfe Kubas, der allerdings nicht von allen unterzeichnet wurde, die Folge dieser Politik. Hierin verurteilten die Bischöfe die gegen Kuba verhängten Sanktionen der US-Regierung, welche das Land in Armut und Not stürzten. Gleichzeitig riefen sie zur Unterstützung der Revolution auf, damit Kuba aus der Unterentwicklung geführt werde. Zacchi soll Fidel Castro als einen Mann mit »tiefen christlichen Werten« bezeichnet haben.

Als Papst Johannes Paul II. 1998 Kuba besuchte, kam es zu einer fast heimlichen Begegnung: Das Treffen mit Fidel Castro und seinen vier Geschwistern Ramón, Raúl, Juana und Emma. Es kam auf Wunsch des Papstes zustande. Juana soll dem Heiligen Vater gesagt haben, sie habe davon geträumt, ihn zu umarmen. Und er ließ sich von ihr umarmen. Ein sehr emotionaler Moment, der an keinem der Geschwister spurlos vorübergegangen sein dürfte.

Wer die Bilder vom Papstbesuch studiert hat, kann sich manchmal nicht des Eindrucks erwehren, als sei der sonst in Kuba alles überragende *Comandante* zu einem Ministranten zusammengeschrumpft, der neben dem zelebrierenden Priester das Glöckchen zur Wandlung läutete. Castro hatte bereits 1996 bei seinem Besuch in Rom dem Papst seine Reverenz erwiesen, aber in Havanna

Religion als neue Zuflucht: Besonderen Zulauf hat die katholische Kirchgemeinde in Havanna-Regla, denn ihren Altar schmückt die Figur einer schwarzen Maria (oben); in unmittelbarer Nachbarschaft befindet sich ein gut besuchtes Santería-Museum; in Nähe des Hafens entsteht eine russisch-orthodoxe Kirche (unten).

tat er dies mit einem Respekt und einer Verehrung, die er niemals einem Staatsoberhaupt entgegengebracht hat.

Als der Papst gestorben war, nahm er in der Kathedrale von Havanna an dem Pontifikalamt zu seinen Ehren teil. Er betrat zum ersten Mal seit über vierzig Jahren wieder eine katholische Kirche. Auch hiervon haben nur wenige Menschen erfahren. Aber warum diese Verehrung für einen hinfälligen Greis, der in Havanna nur mit Mühe seine Worte zu formulieren vermochte, der aber doch beim Volke ankam und die Menschen begeisterte?

Der gemeinsame Nenner, auf den der Papst und Fidel Castro kamen, war das Streben für Gerechtigkeit in der Welt. Sie gelangten dorthin von ganz verschiedenen Ausgangspunkten. Der eine auf der Basis des Gebots der christlichen Nächstenliebe und – darauf aufbauend – der christlichen Soziallehre, der andere als Revolutionär, für den die Gerechtigkeit, vor allem im Sinne der sozialen Gerechtigkeit, höchste Priorität hatte.

Castro bewunderte am Papst sein unerschütterliches Eintreten für eine gerechtere Welt, für seine immer wieder geäußerte Kritik an den Auswüchsen des Kapitalismus und seine Mahnung, die Masse der Armen, Hungernden und Leidenden nicht zu vergessen.

In seinem 1985 geführten Gespräch mit Frei Betto hat Fidel Castro ganz ähnliche Gedanken geäußert. Man könnte fast den Eindruck einer weitreichenden Identität der Auffassungen erhalten. Jüngst hat er sich in seinem langen Interview mit Ignacio Ramonet hierzu näher erklärt. »Wenn man mich Christ nennt, dann nicht vom religiösen Standpunkt aus, sondern vom sozialen, dann bin ich gewiss auch Christ.«[177] In der Tat dürften katholische Priester, wie den Kolumbianer Camilo Torres, einer der Vordenker der Theologie der Befreiung, ähnliche Gedanken bewegt haben. Das Eintreten für die soziale Gerechtigkeit auf ihrem Kontinent trieben sie bis in die letzte Konsequenz. Torres schloss sich den Guerilleros seines Landes an und fiel im bewaffneten Kampf.

Die Nähe der Auffassungen kommt nicht von ungefähr. Die Erziehung der Brüder Castro bei Salesianern und Jesuiten, in Santiago und Havanna, hat deutliche Spuren hinterlassen. Fidel Castro verwies mehrfach darauf, dass seine Mutter Lina sehr religiös gewesen sei und im Hause Kruzifixe und Heiligenbilder aufgehängt habe.[178]

Nicht nur Touristenmagnet: Die katholische Kathedrale von Havanna ist zum Gottesdienst und bei Ansprachen des Kardinals regelmäßig überfüllt.

In dem hochinteressanten Gespräch zwischen dem Spanier und Linkssozialisten Vázquez Montalbán und Alfredo Guevara aus dem Jahre 1997 bricht die Nähe der Revolution zu christlichen Traditionen immer wieder durch. Sie gipfelt in dem Satz Guevaras, Fidel Castro sei stets von Religiösem sehr beeinflusst worden.[179] Alfredo Guevara gehört bis heute zu den ganz wenigen Vertrauten Fidel Castros. Den Freund aus den turbulenten Universitätsjahren – Guevara studierte in den vierziger Jahren Philosophie an der Universität Havanna – machte Fidel Castro nach dem Sieg der Revolution 1959 zum Beauftragten für die Filmindustrie und zum Vizeminister für Kultur. Später war er Kubas Botschafter bei der UNESCO.

Wenn in der *Semana Santa* (Karwoche) 2007 an etwa dreißig Orten wieder Prozessionen stattfanden, dann hängt dies damit zusammen. Mit dem Besuch von Papst Johannes Paul II. im Januar 1998 hatte sich das Verhältnis zwischen Kirche und Staat zu entkrampfen begonnen. Auch hat die Kirche in den letzten Jahren durch ihr moderates Verhalten und die Betonung der Notwendigkeit des Dialogs statt Konfrontation allgemein an Zustimmung gewonnen.

Daraus erklärt sich auch die erste Tagung der lateinamerikanischen Bischofskonferenz CELAM in Kuba seit der Revolution, die im Juli 2007 stattfand. Es war bemerkenswert, dass sich Spitzen aus Regierung und Partei, darunter Carlos Lage, Lazo Hernández und Pérez Roque, in die vor einigen Jahren geweihte *Casa Sacerdotal* in Vedado begaben, um mit den katholischen Bischöfen über die »nationale Realität«, die Herausforderungen Kubas heute, die US-Sanktionen, aber auch über Programme der Zusammenarbeit in den Ländern Lateinamerikas zu diskutieren.

Der Papstbesuch vom Januar 1998 wirkt offenbar fort. Kardinal Ortega erklärte Ende November 2007, dass der Papst mit seinem Besuch in Kuba der Kirche bei ihrer »Mission« den Rücken gestärkt und dazu beigetragen habe, Möglichkeiten für eine Ausweitung dieser Aufgabe und ihrer Präsenz zu eröffnen. Konkret nannte er die Gründung von neun regionalen Radiostationen mit sehr guten Sendezeiten für kirchliche Programme. Auch lobte er den verbesserten Zugang von Geistlichen in die Gefängnisse zur Betreuung von Gefangenen. Hingegen wies er erneut auf die Notwendigkeit katholischen Schulunterrichts hin. Dies sei aber ein schwieriges Feld. Insgesamt bewertete er das gegenwärtige Verhältnis von Staat und Kirche als einen Prozess »einer stets langsamen, aber fortschreitenden Besserung«.[180] Die Beziehungen seien gut, aber könnten noch besser sein. Ausdrücklich lobte er auch die Rede von Raúl Castro am 26. Juli 2007, die er als »positiv« bezeichnete.

Noch vor einigen Jahren hatten die Worte, die Kardinal Ortega für das kubanische Regime fand, ganz anderes geklungen. In seinem Hirtenbrief »Es gibt kein Vaterland ohne Tugend« (»No hay Patria sin virtud«) vom Februar 2003 hatte er den Verfall der Sitten, das Auseinanderbrechen der Familien, die fehlgeleitete schulische Erziehung der Jugend und die grassierende Armut im Land kritisiert. Seine Schlussfolgerung lautete damals, dass in einer Gesellschaft ohne Gott die Tugend verkümmere. Seine Kritik ähnelte dem harten Urteil, das der Kirchenvater Augustinus im 5. Jahrhundert in seinem berühmten Werk »De Civitate Dei« dem dekadenten und die Sitten und die Moral missachtenden ausgehenden Römischen Reich entgegengeschleudert hatte.[181]

Schon vorher hatte Fidel Castro die katholischen Bischöfe provoziert, als er 2002 über ihre Köpfe hinweg die Gründung einer Zweigniederlassung des Brigitten-Ordens in Alt-Havanna genehmigte. Dies hatte zu einer heftigen Reaktion der kubanischen Bischofskonferenz geführt. Zwei Jahre später – und dies mag eine Antwort auf die Kritik des Kardinals gewesen sein – hatte Fidel Castro an der Einweihung einer griechisch-orthodoxen Kirche in Havanna teilgenommen. In ganz Kuba gibt es weniger als 100 Gläubige dieser christlichen Gemeinschaft.[182]

Was veranlasst Raúl Castro, den Vertreter des Papstes, den Camerlengo des Vatikans und Chef seiner Diplomatie in Havanna zu empfangen?

Sicherlich hatte Kardinal Bertone dem neuen kubanischen Präsidenten nicht nur freundliche Worte und Komplimente zu überbringen. Die Verletzung der Menschenrechte in Kuba, die starken Einschränkungen der Meinungs- und Pressefreiheit, das Schicksal der politischen Gefangenen lassen den Vatikan keineswegs unberührt. Bertone hat diese Themen gegenüber Raúl Castro angesprochen, aber lediglich das Anliegen nach mehr Freiheit für die Presse der Öffentlichkeit preisgegeben.

Das war ein geschickter Schachzug. Damit konnte die neue Führung leben. Hätte hingegen Bertone die Menschenrechte und die politischen Gefangenen auch nach außen hin, womöglich in seiner Pressekonferenz, thematisiert, hätte Raúl reagieren müssen. Entweder wären die Verletzungen abgestritten worden oder er hätte sich die Kritik aus dem Vatikan verbeten. Dies wiederum hätte dem Besuch einen negativen Beigeschmack gegeben, den beide Seiten zu vermeiden trachteten.

Denn Raúl und die kubanische Führung beachteten sehr wohl die erneute Verurteilung der Sanktionspolitik der USA durch den Vatikan. Sie sehen die Chance – und diese dürfte der Hauptpunkt der Gespräche im Staatsratsgebäude gewesen sein – einer Vermittlung des Papstes in Washington. Bertone hat dies zwar, bezogen auf die Sanktionen der USA, nur angedeutet; aber es dürfte kein Zweifel bestehen, dass der Vatikan den Kubanern seine guten Dienste in Aussicht gestellt hat.

Dies kann ganz entscheidend dazu beitragen, die von Raúl Castro angestrebten hochrangigen Kontakte zu Washington in Gang zu bringen. Vielleicht noch nicht unter der gegenwärtigen Führung, aber sicherlich unter dem Nachfolger von Präsident Bush. Es ist interessant, wie nervös Teile des kubanischen Exils in Florida auf den Besuch Bertones reagierten. Sie sind ohnehin bereits durch die Ankündigung des demokratischen Präsidentschaftskandidaten Barrack Obama irritiert, im Falle seiner Wahl zum Präsidenten Kontakte mit Havanna aufzunehmen.

Damit bewahrheiten sich immer mehr die Voraussagen, dass die katholische Kirche beim »Übergang« in Kuba eine Rolle spielen werde. Diese Rolle wird ganz offensichtlich von der neuen Führung in Havanna gewünscht. Mehr noch: Sie sieht in der Kirche eine Art Partner, der ganz wesentlich dazu beitragen kann, dass sich die weitere Entwicklung ohne chaotische Begleiterscheinungen vollzieht, wie in anderen Staaten im Übergang von einem System auf das andere zu erleben war.

Kardinal Ortega hatte es bereits 2003, bei einer anderen Gelegenheit, so ausgedrückt: »Es wird keinen Funken geben, der eine Explosion auslöst. Alles wird ruhig abgehen.«[183]

Ende April 2008 wurde bekannt, dass ein neues Priesterseminar in Havanna im Bau sei. Es wurden Fotos von der Baustelle veröffentlicht. Symbolträchtiger kann das neue und positive Verhältnis zwischen der kubanischen Kirche und dem Staat nicht dargestellt werden.

Die Audienz, die Kardinalstaatssekretär Bertone dem neuen 1. Vizepräsidenten Machado am 5. Juni 2008 im Vatikan gewährte, und bei der Außenminister Pérez Roque vor der Tür warten musste, ist ein weiteres Zeichen für das enge, vertrauensvolle Verhältnis der kubanischen Führung zum Vatikan. Was hat die »Nummer Zwei« mit dem Camerlengo des Vatikans, dem »Außenminister« Bertone besprochen? Vermutet wird, dass das Verhältnis Kubas zu den USA einerseits und zur EU andererseits auf der Tagesordnung gestanden hat.

Es gibt aber noch einen zweiten Gesichtspunkt, der die Kirche zu einem interessanten Partner werden lässt: Der Gedanke der Versöhnung mit dem Exil. Seit Jahren haben ihn die Kirchen, das heißt die katholische wie auch die protestantischen Kirchen, immer wieder hervorgehoben. Sie wissen, dass die Versöhnung der Insel mit dem Exil vieles erleichtern würde, auch und besonders die Änderung der Haltung der Administration in Washington gegenüber Kuba.

Bisher war das Haupthindernis einer Annäherung die Weigerung maßgeblicher Exil-Gruppen in Florida, sich mit den Castros oder ihren Leuten an einen Tisch zu setzen, das heißt damit die andere Seite anzuerkennen. Dennoch hatte es wiederholt Treffen gegeben, denen sich 2003 ein weiteres anschließen sollte. Aber die Verurteilung der 75 Oppositionspolitiker ließ dann eine erneute Begegnung nicht zu. Sie wurde vom kubanischen Außenminister abgesagt.

In mehreren Veranstaltungen, sei es in Florida, oder in Europa, haben sich die Kirchen darum bemüht, den Gedanken der Versöhnung, der *reconciliación*, voranzutragen. Eines der Treffen, von der Evangelischen Akademie zu Berlin im Juni 2007 organisiert, hat vor allem den Gedanken eines transatlantischen Dialogs in dieser Frage angestoßen. Das zweite Treffen, eine wissenschaftliche Tagung in Eichstätt im November 2007, hat von katholischer Seite die Notwendigkeit akademischer Kontakte unter Einschluss von Nordamerikanern, Kubanern und Europäern betont.

Dies kann jetzt, am Beginn einer Zeitenwende für Kuba, als hoffnungsvolles Zeichen gewertet werden.

TEIL IV: Die Außenpolitik

Die Anfänge

Unter Fidel Castro war die kubanische Außenpolitik weitgehend von drei Determinanten bestimmt, nämlich den USA, der Sowjetunion und der Dritten Welt. Nach dem Zusammenbruch der Sowjetunion und des Ostblocks nach 1989 übernahm die Europäische Union zeitweise eine Ersatzrolle. Fidel Castro hat jedoch später, besonders nach 2003, die Beziehungen zu ihr in Frage gestellt.

Die USA standen von Anbeginn der kubanischen Revolution im Fokus des kubanischen Interesses. Fidel Castro unternahm bereits im April 1959, also wenige Monate nach der siegreichen Beendigung seines Kampfes gegen den Diktator Batista, eine mehrwöchige Reise durch das Nachbarland, in deren Verlauf er von einer Welle der Bewunderung getragen wurde. Er bot den USA dabei an, ein gutnachbarliches Verhältnis mit ihnen zu pflegen.

Dies änderte sich, als im Spätsommer 1959 die Linke die Führung innerhalb der *Bewegung 26. Juli* übernahm. Raúl Castro und sein Freund Ernesto »Che« Guevara, die dem Kommunismus nahestanden, drängten Fidel Castro, die Landreform schnell durchzuführen. Die Enteignung der Großgrundbesitzer war der erste Schlag gegen die Interessen der USA, deren Unternehmen etwa zwei Drittel des Bodens in Kuba in Besitz hatten. Den zweiten Schlag bildete die Enteignung der Banken und der Industrie, ebenfalls weitgehend unter der Kontrolle von US-Kapital.

Kuba war bis 1959 eine Art Protektorat der USA. Sie hatten 1898 den Aufständischen gegen die spanische Kolonialherrschaft, den *Mambises*, den Sieg aus den Händen gerissen und sich zu den wirklichen neuen Herren gemacht. Präsident Theodore Roosevelt setzte nicht nur ein Interventionsrecht der USA als Teil der kubanischen Verfassung durch, sondern erzwang auch die Verpachtung von zwei Stützpunkten für die US-Marine auf Kuba. Es waren Guantánamo im Osten und Bahia Honda im Westen der Insel.

In einem Änderungsvertrag von 1934 wurde das Nutzungsrecht der USA für Guantánamo noch einmal bestätigt.

Diesen politischen Rahmen füllten US-Unternehmen auf Kuba auch wirtschaftlich aus. Sie übernahmen große Zuckerrohr- und Obstplantagen, das Bankenwesen und bedeutsame Industriezweige. Der wichtige Nickelbergbau im Osten der Insel geriet ganz in die Hand von US-Unternehmen. Die Prohibition in den USA während der zwanziger Jahre führte dazu, dass sich US-Bürger in Havanna mit Rum und Whisky eindeckten. Die Stadt wurde zu einem Zentrum von Alkoholhandel, Glücksspiel und Prostitution vor den Toren der USA. Die bekannten Mafia-Bosse trafen sich in Havanna, um ihre claims abzustecken.

Der Diktator Fulgencio Batista, seit einem Staatsstreich von 1952 an der Macht, war eine Art Statthalter der Vereinigten Staaten. Seine Flucht in der Nacht zum 1. Januar 1959 markierte das Ende der fast unbeschränkten Herrschaft der USA über Kuba. Es begann eine neue Ära, die in wenigen Jahren zu einer Konfrontation der beiden Supermächte und der akuten Gefahr eines Dritten Weltkriegs führen sollte.

Die Enteignungen von US-Firmen und der darauffolgende Abbruch der diplomatischen Beziehungen im Januar 1961 waren der erste Schlagabtausch zwischen Kuba und den USA. Nur vier Monate später missglückte der von Kennedy – halbherzig – unterstützte Versuch einer Freiwilligentruppe aus Exilkubanern, in der Schweinebucht im Süden der Insel einen Brückenkopf zu errichten und die Insel mit Hilfe der USA militärisch unter ihre Kontrolle zu bringen.

Fidel Castro reagierte auf diese gefährliche Bedrohung umgehend. Nur wenige Tage nach dem Invasionsversuch erklärte er die Revolution während einer Trauerfeier auf dem Friedhof *Colón* in Havanna als »sozialistisch«. Damit sprach er offen aus, was sich etwa seit dem Spätsommer 1959 allmählich vorbereitet hatte: Die Hinwendung zum Sozialismus und der UdSSR mit ihren Verbündeten.

Mit seinen damals weniger als zehn Millionen Einwohnern hatte Kuba bereits kurz nach der Revolution von 1959 globale Bedeutung erlangt. Dies zeigte die Oktoberkrise von 1962 (bereits zuvor behandelt), aber auch die Versuche, die Revolution zu »exportieren«. Während Kuba für die USA vor allem zu einer Gefahr auf dem ideologischen Felde wurde und die Verhältnisse auf dem lateinamerikanischen Subkontinent zu verändern drohte, war es für die Sowjetunion zwar ein Bundesgenosse, aber ein schwieriger, vor dem sie ständig auf der Hut sein musste.

Die Sowjets hatten aus der Oktoberkrise gelernt. Sie mussten verhindern, dass Kuba sie in einen Konflikt hineinzog, der unübersehbare Folgen für den gesamten Ostblock, ja die Welt, haben konnte. Gefahren gingen von Leuten wie Che Guevara aus, der sich an keine ideologische Leine nehmen ließ und bald nach der Revolution seine Vorliebe für den chinesischen Weg und das Schüren und Unterstützen von Revolutionen und bewaffneten Konflikten in verschiedenen Regionen der Dritten Welt offenbarte.

Als sich Che Guevara vom Weg der Sowjetunion abzuwenden begann, wurde er auch zu einer Gefahr für die Führung in Havanna. Dies zeigte seine Reise 1965 zu einer Konferenz der Blockfreien in Algier, wo er die Sowjetunion bekanntlich des Kolonialismus bezichtigte.

Der endgültige ideologische Bruch Guevaras mit den Brüdern Castro war nur noch eine Frage der Zeit. Seine Abreise aus Havanna zeichnete sich ab.

Schon vorher hatte Guevara mit seinem Ziel, die Revolution in zahlreiche andere Länder zu übertragen, die Skepsis der Sowjets und ihrer Satelliten hervorgerufen. Die Auffassungen des Che und seine Aktionspläne schienen ihnen eher riskant. Weder der Krieg im ehemals belgischen Kongo noch die Kämpfe in anderen Gegenden, an denen sich Che beteiligte, fanden die Unterstützung Moskaus.

Für Kuba bestand somit die Gefahr, in die damals immer heftiger werdenden Auseinandersetzungen zwischen Moskau und Peking hineingezogen zu werden, die schließlich 1969 in bewaffneten Grenzauseinandersetzungen am Ussuri gipfelten. Aber Havanna bemühte sich stets, in diesem Konflikt eine neutrale Position zu beziehen. Fidel Castro sah in den unterschiedlichen Tendenzen im internationalen Kommunismus die Folge einer legitim differenzierten Anwendung des Marxismus-Leninismus. Denn auch für Kuba nahm er das Recht eines eigenen Weges zum Sozialismus in Anspruch, wobei er alle Versuche, der PCC eine Satelliten-Rolle aufzuzwingen, strikt ablehnte und verurteilte.[184]

China befand sich bereits Mitte der sechziger Jahre auf dem Weg, ein »global player« zu werden, eine Tatsache, die sowohl Washington wie auch Moskau beunruhigte.

Der Sieg von Mao Zedong über die Kuomintang in der zweiten Jahreshälfte 1949 bedeutete eine radikale Änderung der globalen Machtverhältnisse. Von Zentraleuropa bis zum Pazifik herrschte die Welt des Kommunismus, mit Moskau als Zentrum und – bis 1953 – mit Stalin als ihrem Führer. Der Koreakrieg, der sich von 1950 bis 1953 hinzog, offenbarte die politische Kraft und die militärische Macht der neuen Weltliga, die sich auf der eurasischen Landmasse etabliert hatte.

Den Westen hingegen führten die USA, die mit Hilfe der NATO und des Marshallplans eine Reihe von westeuropäischen Staaten zu ihren Verbündeten gemacht hatten. Der Kalte Krieg hatte begonnen, der Wettlauf der großen Weltsysteme. Die USA suchten durch militärische Stützpunkte, die von den nordpazifischen Aleuten über Japan und Formosa (Taiwan) bis in den Indischen Ozean reichten, die UdSSR in Schach zu halten, sie sozusagen militärisch einzuschnüren.

Als sich Kuba ab 1960 der Sowjetunion zuwandte, begann diese den Belagerungsring aufzubrechen und mit der Errichtung von Stützpunkten auf Kuba die USA 80 Seemeilen vor ihrer Küste zu bedrohen. Die Raketenkrise trieb die neue Lage im Oktober 1962 auf die Spitze. Der Kalte Krieg hatte einen ersten Höhepunkt erreicht.

Für Kuba bedeutete die Konfrontation mit der noch folgenden Aufteilung der Interessenssphären der Supermächte die Garantie des Überlebens im Schutz der mächtigen Sowjetunion und ihrer Verbündeten. Fidel Castro und die kubanische Revolution wurden zum Symbol des erfolgreichen Kampfes für die Unabhängigkeit, aber auch für die Möglichkeit eines kleinen Landes, als »David« den Kampf gegen »Goliath« zu bestehen.

Kuba wurde 1962 Gründungsmitglied der »Blockfreien«, die sich in den folgenden Jahren keineswegs »blockfrei« gerierten, sondern immer mehr in Kooperation mit Moskau (oder dem erstarkenden Peking) agierten. Kuba half dabei kräftig mit und fand Nachahmer auf allen Kontinenten.

Schon bald nach dem Triumph der Revolution begann Kuba, eine Reihe von revolutionären und Befreiungsbewegungen in anderen Ländern zu unterstützen. Mit dieser »internationalistischen Mission« geriet es bald ins Zentrum des Nord-Süd-Konflikts. Seine Beziehungen zu den anderen lateinamerikanischen Staaten verschlechterten sich. Die konservativen Regierungen in Lateinamerika, damals teilweise von Militärs geführt, wollten mit allen Mitteln ein zweites Kuba verhindern. Im Schulterschluss mit den USA versuchten sie, Kuba international zu isolieren. 1964 wurde die Mitgliedschaft Kubas in der Organisation Amerikanischer Staaten (OAS) suspendiert und kollektive Handelssanktionen gegen Kuba beschlossen, die erst 1975 wieder aufgehoben wurden. Mit Ausnahme Mexikos brachen alle lateinamerikanischen Regierungen ihre diplomatischen Beziehungen zu Kuba ab.[185]

Die Beziehungen zu den Staaten Lateinamerikas blieben über Jahre gespannt. Der Wahlsieg des Sozialisten Salvador Allende 1969 in Chile wurde in Havanna daher als besonderer Triumph gefeiert. Auch der militärische Sieg der Sandinisten zehn Jahre später in Nicaragua schuf neue Bündnispartner. Ähnliches vollzog sich 1979 auf der kleinen Karibikinsel Grenada. Hier stürzte die linksgerichtete New Jewel Bewegung ein diktatorisches Regime. Kuba leistete Aufbauhilfe und entsandte Militärberater. Aber der Sieg der Linken in diesen drei Staaten blieb Episode. Chile erlebte 1973 eine blutige Revolte und die Errichtung einer Militärdiktatur. In Grenada kam es 1983 nach einer Invasion der USA zum Sturz der linken Regierung. In Nicaragua kam nach jahrelangem Interventionskrieg Anfang 1990 die bürgerliche Opposition an die Macht.

Sowohl beim Umsturz in Chile wie auch bei der Wahlniederlage der Sandinisten in Nicaragua hatten die USA ihre Hand im Spiel. In Nicaragua hatten sie sich sogar massiv über die sogenannten Contras eingeschaltet und das Ende der Linksregierung mit herbeigeführt. Bei der Invasion der USA in Grenada kam es sogar zu einer (einmaligen) militärischen Konfrontation zwischen Kuba und den USA, als sich die Kubaner, 64 Militärs und 636 beim Aufbau des Flughafens beschäftigte Ingenieure und Arbeiter, mit Waffengewalt verteidigten.

Das Vorgehen Washingtons gegen linke Regierungen Lateinamerikas bestärkten Fidel Castro in seiner strikten Ablehnung einer politischen Öffnung. Auch offenbarte es ihm die »Virulenz der imperialistischen Bedrohung« mit der Konsequenz unbedingter Geschlossenheit des Volkes im Kampf gegen den äußeren Feind.[186]

Nachdem Kuba in den sechziger Jahren bei militärischen Operationen außerhalb seines Territoriums keine guten Erfahrungen gemacht hatte – man denke an die missglückten Aktionen in Panama und im Kongo sowie den Tod des Che 1967 in Bolivien – gelang ihm mit einem massiven militärischen Einsatz in Angola 1975 der erste große Erfolg.

Freilich konnte Kuba diese Leistung nur vollbringen, weil die Supermacht USA infolge der Niederlage in Vietnam 1975 gerade geschwächt war und kein Interesse hatte, sich erneut auf einem schwierigen Terrain der Dritten Welt militärisch und politisch zu engagieren. Kuba, unterstützt von der Sowjetunion, hatte daher freies Spiel. In Äthiopien konnte es seinen Einsatz 1977 siegreich wiederholen.

Oft hat man beim Eingreifen Kubas in Afrika von »Stellvertreterkriegen« gesprochen. Die Supermächte ließen sozusagen Dritte für sich kämpfen. Ich halte diesen Begriff für irreführend. Denn im Fall des kubanischen Engagements in Afrika wollte sich die UdSSR zunächst heraushalten. Es war die kubanische Initiative, die seinen bewaffneten Einsatz entschied. Erst später fand Kuba die Unterstützung Moskaus.

Beim Kampf Guevaras in Bolivien, 1966 und 1967, verliefen die Dinge anders. Hier entschieden die USA den Ausgang. Mit ihrer Hilfe wurde die Truppe des Che vernichtet. Die Sowjetunion unterstützte Guevara nicht. Sie betrachtete sein Engagement in dem südamerikanischen Land, wie schon vorher im Kongo, als Abenteurertum und veranlasste, dass ihn die bolivianischen Kommunisten fallen ließen. Der Che hatte sich ohnehin seit Beginn der sechziger Jahre stärker den Ideen von Mao Zedong geöffnet. Der ideologische Kampf Moskaus gegen Peking zeigte hier seine Folgen.

Der Zusammenbruch der Sowjetunion und des Ostblocks bedeutete für Kuba somit politisch, ideologisch und wirtschaftlich eine Katastrophe. Würde das Regime in Kuba ebenfalls zusammenbrechen? Viele Beobachter sahen dies 1990/91 voraus. Sie gaben Fidel und Raúl Castro keine Chance. Aber es kam anders. In einer unvorstellbaren Kraftanstrengung gelang es ihnen, diese ihre Existenz bedrohende Krise zu meistern.

Schon in der Ära Gorbatschow begann sich Kuba außenpolitisch neu zu orientieren. Es lehnte die Reformbestrebungen in der Sowietunion ab. Perestroika und Glasnost waren nicht die Sache von Fidel und Raúl Castro. Vor allem Fidel wollte von Reformen, die in Richtung Marktwirtschaft wiesen, nichts wissen. Er setzte hingegen auf die »wahren« revolutionären Werte und auf eine bessere Einbindung des Einzelnen in das wirtschaftliche Geschehen. Rezentralisierung war die Devise, verbunden mit politischem Gegensteuern (retrification moral).[187]

Es war nur natürlich, dass Kuba die Beziehungen zu China verstärkte, die in der Vergangenheit trotz ideologischer Differenzen mitunter gut gewesen waren. Vor allem Raúl Castro pflegte seit Jahren diese Kontakte, die auch auf dem wirtschaftlichen Sektor immer enger wurden. China engagiert sich vor allem bei der Exploration von Erdöl und Erdgas und beim Abbau der riesigen Nickelvorkommen im Zentrum und im Osten der Insel. Es ist aber auch einer der Hauptlieferanten von einfacher, handhabbarer Technologie geworden.

Bündnis mit Moskau – vergessen?

Zu den ersten ausländischen Besuchern, die Raúl Castro nach der Übernahme des Staatsratsvorsitzes empfing, gehörte der Co-Vorsitzende der russisch-kubanischen Regierungskommission für die Zusammenarbeit auf den Gebieten der Wirtschaft, des Handels und der Wissenschaft, der russische Transportminister Levitin. Der Besuch war für Raúl ein guter Anlass auf die Bindungen einzugehen, die »historisch« und freundschaftlich seien. Die bilateralen Beziehungen entwickelten sich erfreulich. Raúl Castro unterstrich sein »Vertrauen in die Konsolidierung der geknüpften Bande«[188].

Im Gegensatz zu den anderen, kleineren Mitgliedern des ehemaligen Ostblocks haben es Fidel Castro und die kubanische Führung vermieden, Russland etwa Verrat am Sozialismus oder Bruch der brüderlichen Beziehungen vorzuwerfen. Im Gegenteil: Russland ist einer der privilegierten Partner Kubas geblieben, auch wenn sich der Stellenwert dieser Partnerschaft seit 1990 verändert hat.

Allgegenwärtige Losungen: »Die Moral der Revolution steht so hoch wie die Sterne« (oben) »Komitees zur Verteidigung der Revolution: Den Sozialismus verteidigen!«

Es war erstaunlich, wie ruhig und – zumindest nach außen – wie gelassen Kuba die Schließung der ehemals sowjetischen Abhörstation Lourdes im Süden von Havanna im Jahre 2001 hinnahm. Dies war auf Verlangen der US-Regierung nach dem 11. September 2001 geschehen. Zuvor hatte Russland für den Betrieb der Anlage, mit der vor allem Vorgänge in den USA verfolgt werden konnten, jährlich eine Summe von 200 Millionen US-Dollar an Kuba entrichtet.

Vielleicht wollte Kuba damit auch ein gutes Klima für seine Umschuldungsverhandlungen mit Russland schaffen, bei denen es sich mit hohen Dollarforderungen der russischen Seite konfrontiert sah. Russland, als Nachfolgerin der Sowjetunion, fordert von Kuba die Rückzahlung von Schulden, die in vielen Jahren von Warenlieferungen der Sowjets auf Kreditbasis aufgelaufen waren. Hier geht es dem Vernehmen nach um zweistellige Milliardenbeträge in Dollar.[189] Die Verhandlungen ziehen sich bereits seit Jahren hin, ohne dass es zu einem Ergebnis gekommen wäre, denn Kuba ist gegenwärtig nicht in der Lage, diese Summen zu begleichen.

Kuba, allen voran Fidel Castro, hat der ehemaligen Sowjetunion viel zu verdanken. Die Sowjets haben das kleine Land vor der Südküste der USA unter ihren Schirm genommen und seine Unabhängigkeit von der westlichen Supermacht garantiert. Mehr noch, Castro hat ihnen sein politisches Überleben und damit das Überleben seines Lebenswerks, der Revolution, zu verdanken.

Das erste Handelsabkommen Kubas mit der Sowjetunion 1960, das Versprechen, Kuba nicht anzugreifen, das sich Chruschtschow während der Raketenkrise 1962 von Kennedy geben ließ, und der Beitritt Kubas zum COMECON 1972 sind wichtige Meilensteine in der neueren kubanischen Geschichte.

Umgekehrt hat Kuba den Sowjets in der Zeit des Kalten Kriegs so manchen wichtigen Dienst erwiesen. Man denke nur an die Unterstützung gegenüber den Staaten der Dritten Welt und in den Vereinten Nationen sowie militärische Feuerwehreinsätze an globalen Brennpunkten.

Moskau scheute stets die Gefahr einer direkten Konfrontation mit den USA. Aber es konnte sich auf Kuba verlassen, wenn es darum ging, revolutionäre Bewegungen in Lateinamerika zu unterstützen, etwa in Nicaragua oder El Salvador. Kuba war für Moskau ein idealer Partner, um seine Interessen in Regionen der

Partner Russland: Autos sowjetischer Bauart prägen neben amerikanischen Oldtimern das Straßenbild; ein Maler gestaltete seinen LADA bewusst eigenwillig (oben); mit russischen Bussen soll den anhaltenden Transportproblemen begegnet werden (unten).

Dritten Welt wahrzunehmen, in denen es nicht direkt tätig werden wollte.

Die Bündnistreue zu Moskau war für Kuba bezeichnend. Fidel Castro setzte seine Stellung und sein Prestige in der Dritten Welt aufs Spiel, als er sich nach dem Einmarsch der Sowjets in Afghanistan im Dezember 1978 auf ihre Seite schlug. Die Invasion war in der Dritten Welt weitgehend auf Ablehnung und auf Empörung gestoßen. Bereits 1968 hatte er den Einmarsch von Truppen des Warschauer Pakts in Prag gutgeheißen.

Aber nicht nur nach außen hin setzte sich Kuba für die Interessen der Sowjetunion ein. Auch nach innen wurde die östliche Großmacht immer mehr zum Vorbild. In der kubanischen Verfassung von 1976 übernahm man die politisch-administrativen Strukturen der UdSSR in vielen Bereichen.[190] Auch das sowjetische Entwicklungsmodell diente Kuba als Muster. So entstanden vorgefertigte Wohnblocks am Rande der Städte, die Infrastruktur und das Verkehrswesen richteten sich am sowjetischen Vorbild aus. Auch die Vernachlässigung des Umweltschutzes ist in diesem Zusammenhang zu sehen.[191]

Die massive Unterstützung durch die UdSSR und ihrer Bundesgenossen sicherte der Revolution das wirtschaftliche Überleben. Die künstlich hohen Preise für Zucker und großzügig gewährte Kredite aus den sozialistischen Bruderländern erlaubten Kuba den Import lebenswichtiger Güter. Daher war es nur folgerichtig, dass Kuba 1972 Vollmitglied der östlichen Wirtschaftsgemeinschaft RGW bzw. COMECON wurde.

Aber Kuba wurde auch abhängig, vor allem wirtschaftlich. Es finanzierte mit Zuckerexporten Wirtschaftsgüter, die es aus dem COMECON bezog, aber eigentlich zu einem Teil hätte selbst herstellen müssen. Als um die Jahreswende 1990/91 erste wichtige Lieferungen aus der Sowjetunion ausbleiben, macht sich Verzweiflung in Kuba breit. Der Zusammenbruch des Ostblocks beginnt sich abzuzeichnen.

(Wie es zu den engen Beziehungen Kubas zur UdSSR kam und welchen Anteil Raúl Castro daran hatte, ist bereits im biografischen Teil ausführlich dargestellt worden.)

Die Beziehungen zu den USA

Erstaunlicherweise hat sich Raúl Castro, seitdem er am 31. Juli 2006 vorläufig die wichtigsten Staatsämter übertragen bekam, nur selten zu außenpolitischen Fragen geäußert. Aber bei verschiedenen Gelegenheiten ist er auf das Verhältnis Kubas zu den USA eingegangen und hat seine Bereitschaft erklärt, mit den USA auf gleicher Augenhöhe und mit gegenseitigem Respekt in Gespräche einzutreten.

Wenn man heute zurückverfolgt, welche wichtigen ausländischen Staatsgäste Raúl Castro in den letzten Jahren empfangen hat, so fällt auf, dass es mehrfach Besucher aus der VR China und Vietnam, aber auch aus Afrika und Lateinamerika waren. Während seine Kontakte zu Venezuelas Präsident Hugo Chávez eher sporadisch blieben, fällt auf, dass er dem brasilianischen Staatspräsidenten Lula da Silva besondere Aufmerksamkeit schenkte.

Außenpolitik ist nie ein Bereich gewesen, in dem sich Raúl Castro besonders heimisch gefühlt hätte. Aber er weiß auch, wie wichtig Außenpolitik sein kann, besonders wenn es um die USA geht.

Fidel Castro ließ keine Gelegenheit aus, um gegnerische Regierungen in Lateinamerika zu beschimpfen. Abbruch diplomatischer Beziehungen, Abberufung von Botschaftern aus Havanna und diplomatische »Eiszeiten« waren an der Tagesordnung. Fidel Castro nahm keine Rücksicht. In den letzten Jahren seiner Herrschaft bestimmte das Verhalten von Staaten in der Menschenrechtskommission (MRK) der Vereinten Nationen – diese Kommission ist mittlerweile durch den Menschenrechtsrat ersetzt worden – die Beziehungen. Der *Comandante* schied Freund und Feind je nach dem Abstimmungsverhalten über die Menschenrechtslage in Kuba.

Heute ist viel mehr Ruhe in die Außenbeziehungen Kubas eingekehrt. Dies liegt ganz wesentlich an Raúl Castro, dem die Rhetorik seines Bruders fremd ist und der die Dinge nüchterner betrachtet. Er scheint wenig auf die Kommentare *(reflexiones)* zu achten, die Fidel aus seinem Krankenzimmer zu außenpolitischen Fragen abgibt und mit denen er weiterhin den amerikanischen Präsidenten George Bush anzugreifen versucht. Von Raúl ist eine solche Haltung bisher nicht bekannt geworden. Ihm scheint daran zu liegen, allmählich auf eine Normalisierung des Verhältnisses zum großen Nachbarn hinzuarbeiten.

Raúl Castro geht es eher darum, das sehr komplexe und schwierige Verhältnis zu den USA zu beruhigen und zu bereinigen. Vorstellbar wären zunächst geheime oder zumindest sehr vertrauliche Kontakte über Mittelsmänner, die schließlich in offizielle Gespräche oder Verhandlungen einmünden könnten. Diese Gespräche dürften sich über einen längeren Zeitraum erstrecken. Zahlreiche Problemkreise wären da zu diskutieren, angefangen bei der Aufhebung der Sanktionen der USA. Sie sind der Dorn im Auge der Kubaner, und es liegt durchaus im Bereich des Möglichen, dass Kuba den USA in diesem Zusammenhang hohe Schadensersatzforderungen präsentiert. Umgekehrt dürften die USA zahlreiche Forderungen, die sich auf enteigneten Besitz ihrer Staatsangehörigen beziehen, geltend machen. Sie könnten sich zu Sachwaltern der in Florida und anderen Bundesstaaten lebenden Exil-Kubaner machen – viele von ihnen besitzen mittlerweile die US-Staatsangehörigkeit – und von Kuba Entschädigung für deren auf der Insel enteigneten Besitz verlangen.

Viele andere Aktenordner mit weiteren brisanten Themen, meist auch von beachtlicher finanzieller Relevanz, könnten den Verhandlungstisch füllen, wie zum Beispiel die von den USA eingefrorenen Konten des kubanischen Staates oder Entschädigungsansprüche von in den USA lebenden Einzelpersonen gegenüber Kuba – hierüber liegen teilweise rechtskräftige Gerichtsentscheidungen vor – oder die Behandlung der von der jeweils anderen Seite als Terroristen eingestuften Personen. Man denke an Posada Carriles oder die fünf kubanischen Agenten.

Ein weiteres Thema, das beide Seiten interessiert, wäre die Zukunft von Guantánamo, dessen völkerrechtliche Zugehörigkeit zu Kuba auch von den USA nicht bestritten wird. Würde der Stützpunkt geräumt und an Kuba zurückgegeben, wäre dies ein epochaler Schritt, der mit der Rückgabe von Hongkong an China vergleichbar wäre.

Es könnte daher sein, dass ein großes Verhandlungspaket geschnürt wird und am Ende, vielleicht nach zähen Verhandlungen, eine Lösung herauskommt, die sehr einem Friedensvertrag ähnlich sein könnte. Ein solcher Vertrag hätte erhebliche positive Signalwirkung auf Lateinamerika und die gesamte Dritte Welt. Die USA würden damit ein schmerzliches Kapitel des Eingriffs in die Souveränität eines Nachbarlandes abschließen und könnten nach mehr als einem Jahrhundert somit den Weg für normale und geregelte Beziehungen frei machen.

Die USA und Kuba sind aufgrund ihrer geografischen Lage, durch die Geschichte, die mit der Loslösung Kubas von Spanien beginnt, und durch vielfältige gemeinsame Interessen miteinander verbunden. Die jahrzehntelange Feindschaft zwischen Havanna und Washington schädigte letztlich beide Seiten. Eine Regelung käme daher beiden Völkern zugute.

Ein Rückblick

Man macht es sich zu einfach, wenn man die Vorgänge in Zusammenhang mit der Unabhängigkeit Kubas im Jahr 1898 ausschließlich als ein Beispiel für US-Imperialismus betrachtet. Sicherlich, die USA entrissen den Aufständischen, den *Mambises*, den Sieg und pflanzten auf dem Dach des spanischen Generalkapitanats ihre Flagge neben der kubanischen auf. Kuba stand damit unter der Kontrolle der mächtigen USA. Aber hatte nicht ein beträchtlicher Teil der kubanischen Oberschicht nach der Unabhängigkeit von Spanien den Anschluss der Insel an den nördlichen Nachbarn gewünscht?

In Puerto Rico, nur wenige hundert Kilometer südöstlich von Kuba, war es zu einer Art Anschluss gekommen. Das kleine Land wurde nach 1898 Protektorat der USA und wird heute ähnlich wie ein Bundesstaat regiert.

Die USA hatten interessanterweise den Kampf der Kubaner um ihre Unabhängigkeit am Anfang nicht unterstützt; erst in der Endphase schalteten sie sich ein, als der Sieg der Aufständischen absehbar wurde. Dieses Verhalten stand im Widerspruch zur sogenannten *Monroedoktrin*. Präsident Monroe hatte 1823 unter dem Motto »Amerika den Amerikanern« die Herrschaft fremder Mächte, besonders der Europäer, auf dem amerikanischen Doppelkontinent ins Visier genommen und die Unabhängigkeitsbestrebungen gegen die spanische und portugiesische Kolonialmacht unterstützt. Einmischung Europas in Nord- und Südamerika würden die USA fortan nicht mehr dulden.

Im Jahre 1824 war mit dem Sieg von Sucre über die spanischen Truppen bei Ayacucho im heutigen Peru das Schicksal des spanischen Kolonialreichs besiegelt. Spanien zog sich weitgehend aus Lateinamerika zurück. Von Mexiko bis Feuerland entstanden eine Reihe unabhängiger Staaten. Nur Kuba und Puerto Rico verblieben noch unter der spanischen Herrschaft.

Im Frieden von Paris erlangte dann Kuba seine Unabhängigkeit von Spanien, um sie gegen die Abhängigkeit von den USA einzutauschen. Mehrere Jahre lang besetzten die Vereinigten Staaten die Insel, verankerten in der kubanischen Verfassung von 1901 ein Interventionsrecht und erhielten darüber hinaus das Recht, an zwei Stellen in Kuba ihre Schiffe zu versorgen und Stützpunkte zu unterhalten. Anders als etwa Hongkong, Macao oder Gibraltar, in denen die fremde Macht die Souveränität ausübte, ist Guantánamo beim Vertrag von 1934 Staatsgebiet Kubas geblieben. Das haben die USA anerkannt. Sie zahlen Kuba jährlich eine Pachtsumme, deren Annahme die Regierung in Havanna jedoch verweigert. Havanna steht auf dem Standpunkt, dass die USA mittlerweile den Stützpunkt unrechtmäßigerweise in Besitz haben und fordert ihn zurück.

Das Problem liegt darin, dass Kuba 1903 in einem Vertrag zwischen den beiden Präsidenten Theodore Roosevelt und Estrada Palma, der durch einen zweiten Vertrag aus dem Jahre 1934 bestätigt wurde, seine Verfügungsrechte an die USA abgetreten hat. Nur in gegenseitigem Einvernehmen kann eine Änderung des Status von Guantánamo herbeigeführt werden.

Auch das war in Hongkong und Macao anders. Hier waren die Besitzrechte der Kolonialmächte Großbritannien und Portugal von vornherein durch Vertrag zeitlich befristet worden.

Die Regierungen in Washington haben bisher keine Anstalten gemacht, den kubanischen Stützpunkt zurückzugeben. Im Gegenteil. Unter der Regierung Bush wurde Guantánamo zusätzlich zum Lager für Gefangene aus dem Krieg in Afghanistan ausgebaut. Seine Exterritorialität ermöglichte es der US-Regierung, die Gefangenen der US-Justiz zu entziehen und Sonderbehandlungen durchzusetzen.

Auch sind das politische Umfeld und die Schwierigkeiten in den bilateralen Beziehungen ein Hindernis für eine Rückgaberegelung. Solange aus Sicht der USA ein nicht-demokratisches Regime in Kuba an der Macht ist, werden sie keine Anstalten machen, Guantánamo zurückzugeben. Erst wenn sich die Lage in Kuba grundlegend verändert und die Sanktionen gegen Kuba aufgehoben sind, könnte in einer Art »Generalbereinigung« auch Guantánamo zur Diskussion gestellt werden. Aber bis dahin scheint es noch ein weiter Weg zu sein.

Fluchtwellen in die USA

Seit 1959 ist es zu mehreren großen Fluchtwellen von Kuba in die USA gekommen. 1965 begann eine Fluchtwelle von dem bei Matanzas, östlich von Havanna gelegenen Ort mit der gleichnamigen Bucht Camarioca. 15 Jahre später gestattete die kubanische Regierung von dem westlich Havannas gelegenen Mariel aus vielen Landsleuten die Ausreise per Schiff in die USA, und 1994 setzte erneut eine Fluchtwelle ein, die mit Ausschreitungen an der Uferpromenade *Malecón* und benachbarten Straßenzügen begann. Zum ersten Mal war es im Kuba der Revolution zu gewaltsamen Auseinandersetzungen gekommen. Jugendliche wollten mit allen Mitteln ihre Ausreise erzwingen.

Diese Fluchtwellen wirkten wie ein Ventil. Zu Hunderttausenden verließen Unzufriedene das Land und suchten eine neue Existenz im Norden, in Florida. Es ist wohl nicht übertrieben, wenn davon ausgegangen wird, dass zwischen 1959 und heute mehr als eine Million Kubaner ihre Heimat in Richtung USA verlassen haben.

Viele von ihnen verließen Kuba illegal. Sei es, dass sie von Schleppern an einem Punkt der weiten und schwer kontrollierbaren Küste Kubas abgeholt wurden, sei es, dass sie auf eigene Faust, zum Beispiel auf einem selbst gebastelten Floß, das Weite suchten. Einem Teil von ihnen gelang die Flucht, andere sind dabei umgekommen.

Fidel Castro gibt die Schuld für diese Tragödien der Regierung der USA. Immer wieder hat er der Gesetzgebung der USA die Verantwortung zugeschoben. Das *Ley del Ajuste Cubano* verleite Menschen zu einer gefahrvollen Fahrt ins Ungewisse, da in Florida eine Aufenthaltserlaubnis lockt, anders als bei allen anderen lateinamerikanischen Einwanderungswilligen.

Bis 1962, bis zur Raketenkrise, war es Kubanern gestattet, die Insel zu verlassen und sich in den USA anzusiedeln. Zwischen 1959 und 1962 haben etwa 270 000 Kubaner die Insel verlassen. Es waren dies vor allem Akademiker: Ärzte, Ingenieure, Lehrer und Universitätsprofessoren.[192] Danach stoppten die USA zunächst diese legale Einwanderungsmöglichkeit. Es kam zu einem Stau von Menschen, die Kuba verlassen wollten. Die Folge hiervon war der erste Exodus im Herbst 1965 von Camarioca aus. Er vollzog sich aufgrund einer einseitigen Maßnahme der Regierung in Havanna, die 250 000 Kubaner einfach ziehen ließ.[193]

Für die USA, besonders für die Behörden in Florida, bedeutete die plötzliche Flüchtlingswelle ein kaum beherrschbares Problem. Die gelandeten Kubaner mussten untergebracht und mit Lebensmitteln versorgt werden, sie brauchten Arbeit. Darüber hinaus befanden sich im Jahre 1965 bereits etwa 260 000 Kubaner ohne legalen Status in den USA. Washington entschloss sich daher 1966, in einem Gesetz (»The Cuban Adjustment Act«) den Generalstaatsanwalt zu ermächtigen, den Immigrantenstatus aller sich in den USA aufhaltenden kubanischen Flüchtlinge »anzupassen«. Dies bedeutete, dass sie die Möglichkeit erhielten, eine ständige Aufenthaltserlaubnis in den USA zu beantragen.

In der Folgezeit haben viele Kubaner dann tatsächlich die ständige Aufenthaltserlaubnis (permanent residence) in den USA erhalten.

Fidel Castro nennt diese Regelung »mörderisch«, weil sie viele Kubaner verleitet habe, auf höchst riskante und lebensgefährliche Weise ihr Land in Richtung USA zu verlassen. Er verkennt dabei, dass die Ursache dafür vor allem in den Lebensumständen auf der Insel liegt. Ähnlich wie im früheren Ostblock fühlen sich viele Kubaner ihrer Freiheit beraubt, leben in Armut oder Perspektivlosigkeit und sehen trotz aller Missstände in den USA dort bessere Lebensmöglichkeiten. Illusionen und Verklärungen mögen mit dazu beitragen.

1980 kam es zu einer zweiten großen Fluchtwelle, die durch das Eindringen von Kubanern in die Botschaft von Perú ausgelöst wurde. Über 10 000 Menschen flüchteten damals, nachdem ein kubanischer Wachtposten vor der Botschaft getötet worden war, auf das Kanzleigelände. Castro blieb keine andere Wahl als erneut

Reiseprobleme: Offiziell darf niemand das Land ohne Genehmigung verlassen; für Verwandtenbesuche, Eheschließungen mit Ausländern und Au-pair-Einsätze bedarf es komplizierter Anträge, die teuer in Devisen zu bezahlen sind; Informationsschalter der spanischen Botschaft.

die Schleusen zu öffnen und die Kubaner in die USA ausreisen zu lassen. Es flüchteten mehr als 100 000. Wieder kam es zu großen Problemen in Florida. Erschwerend kam hinzu, dass die kubanischen Behörden diesmal einer Reihe von Kriminellen, die in Kuba in Gefängnissen saßen, das Verlassen der Insel ebenfalls gestatteten. Im Gefolge dieser Ausreise kam es zu ernsthaften Problemen in den USA, zum Beispiel zu Gefängnisrevolten in Arkansas, die von aus Kuba ausgewiesenen Häftlingen ausgelöst worden waren.

Die USA sahen ihre Sicherheit bedroht und verlangten von Kuba die Rücknahme von in den USA unerwünschten Personen. So entstand die Idee, eine Vereinbarung mit der Regierung in Havanna zu schließen. Die USA würden sich bereiterklären, jährlich 20 000 Kubaner bei sich aufzunehmen, wenn es sich nicht um Kriminelle handelt. Die Aufnahmeverfahren würden über das Interessenbüro der USA in Havanna, die *Interest Section*, abgewickelt. Auf diese

Weise hoffte man die Auswanderung zu kanalisieren und unkontrollierte Fluchtwellen zu verhindern.

Es kam schließlich 1984 zu einer Vereinbarung, die später ergänzt wurde. Doch in der Praxis funktionierte das nicht. Castro hat den USA immer wieder vorgeworfen, sie würden sich nicht an die Abmachung halten und hätten viel weniger Kubaner bei sich aufgenommen, in manchen Jahren weniger als 1000.[194] So kam es 1994 zu einer weiteren Auswanderungskrise. Auslöser war die Ankündigung des Exilsenders *Radio Martí*, eine Reihe von Schiffen würde aus den USA auslaufen, um Fluchtwillige in Havanna aufzunehmen. Als die Schiffe ausblieben, kam es zu gewaltsamen Ausschreitungen in Havanna, den ersten seit dem Sieg der Revolution. Scheiben gingen zu Bruch, Plünderungen fanden statt. Es erschallten Rufe wie »Freiheit« und »Weg mit Fidel«.

Die Situation drohte aus dem Ruder zu laufen. Raúl, der sich bisher bei den Flüchtlingswellen zurückgehalten hatte, trat auf den Plan. Er sprach die Warnung aus, dass man keine weiteren Ausschreitungen dulden werde. Den »Feinden der Revolution« drohte er, man habe genügend Waffen, um das Land zu verteidigen.

Diese Drohung war riskant. Niemals hatte es seit 1959 einen Einsatz von Truppen gegen das eigene Volk gegeben. Andererseits war die Stabilität des Landes in Gefahr, wenn sich die Unruhen ausbreiteten. Die Generäle konnten nicht ausschließen, dass auch mit der Zeit die jungen Wehrpflichtigen erfasst würden. Daher erschien ihnen Handeln geboten.

Allerdings hatten die Ereignisse 1989 in China, das Massaker von Tiananmen, auch in der kubanischen Führung traumatische Eindrücke hinterlassen. Privat soll Raúl Castro geäußert haben, er wolle besser nicht die Verantwortung für den »Einsatz von Panzern in den Straßen«[195] übernehmen. Eine andere Lösung musste gefunden werden. Das Militär begriff, dass es zur Verhinderung solcher Konflikte präventiv tätig werden musste und begann seine neue »Friedensrolle« mit dem Ausbau seiner wirtschaftlichen Aktivitäten.

Fidel Castro sah noch ein anderes Risiko: Eine schwere und neue Krise mit den USA. Nun warf sich Fidel selbst in die Bresche. Nur von einer kleinen Eskorte begleitet, mischte er sich in die Menge, sprach zu den Leuten und überzeugte sie, sich ruhig zu verhalten. Es würde keinen Einsatz von Polizei und Armee geben.[196] Er würde eine andere Lösung suchen. Damit gaben sich die Demonstranten zufrieden. Die Ruhe war wieder eingekehrt.

Aber die Verbitterung über die Drohung von Raúl blieb. Sie trug dazu bei, seinen Ruf als *Raúl el terrible* (Raúl der Schreckliche) zu festigen.

Die Sanktionen gegen Kuba

Die Wirtschaftssanktionen begannen Anfang 1962 und waren Teil einer Strategie, die auf den Sturz von Fidel Castro und auf ein Ende der Revolution in Kuba zielten. Nachdem die militärische Intervention in der Schweinebucht gescheitert war, setzte man auf andere Mittel.

Ein umfassender Stopp des Imports aus Kuba und der Exporte nach Kuba sollte das Regime in Havanna in die Knie zwingen. Betroffen waren vor allem kubanischer Zucker sowie Zigarren und Rum, wofür die USA der Hauptexportmarkt waren. Umgekehrt wurden Lieferungen aus den USA nach Kuba einem generellen Verbot unterworfen. Da Kuba fast alle Gebrauchsgegenstände und Konsumartikel aus den USA bezogen hatte und Ersatzteile brauchte, sollte dies der Hauptschlag gegen die Insel sein. Gleichzeitig wurde es US-Staatsbürgern bei Strafe verboten, nach Kuba zu reisen.

Aber auch dieses Unterfangen scheiterte. Es trug mit dazu bei, Kuba in die Arme der Sowjetunion und ihrer Verbündeten zu treiben, denn die Sowjets hatten sich bereits vor dem Abbruch der diplomatischen Beziehungen Washingtons zu Havanna im Januar 1961 allmählich Kuba angenähert. Seit 1960 baute die UdSSR schrittweise ihre Handelsbeziehungen zu Kuba auf. Diese Annäherung gipfelte 1962 in einem Beistandsabkommen, das vor allem auch die Lieferung von Waffen und die Stationierung sowjetischer Militärexperten auf Kuba vorsah.

Die Krise im Oktober 1962 war die Folge. Sie führte einerseits zum Abzug der sowjetischen Raketen und andererseits zur vertraglichen Verpflichtung der USA, Kuba nicht anzugreifen. Kuba stand fortan unter dem Schutz der Sowjetunion. Mit dem Rat für Gegenseitige Wirtschaftshilfe (RGW) wickelte das Land ab den siebziger Jahren dann über 70 Prozent seines Außenhandels ab.

Die US-Sanktionen gegen Kuba hatten damit weitgehend ihre

Wirkung verloren. Sie wurden erst nach dem Zusammenbruch der Sowjetunion und der Auflösung des östlichen Wirtschaftsbündnisses 1991 wieder interessant, denn Kuba hatte nun schlagartig seine Absatzmärkte und seine großen Lieferanten verloren. Das Land schlitterte in die gefährliche Krise der *período especial*.

Als Kuba jedoch keinerlei Anstalten für politische und wirtschaftliche Reformen machte, begannen die USA ihre Sanktionen gegen die Insel zu verschärfen. Sie sahen jetzt endlich eine Möglichkeit, dem angeschlagenen Regime einen tödlichen Schlag zu versetzen. Dies geschah durch den »Cuban Democracy Act« (Torricelli-Gesetz) von 1992 und schließlich durch den »Cuban Liberty and Democracy Act« (sogenanntes Helms-Burton-Gesetz) von 1996.

Besonders die Helms-Burton-Gesetzgebung – sie war die unmittelbare Folge des Abschusses von zwei kleinen US-Flugzeugen, mit deren Hilfe Exilkubaner Propagandamaterial über Kuba abwerfen wollten – stellt bis heute ein erhebliches Hindernis für die Normalisierung der Beziehungen zu Kuba dar. Es verpflichtet zum Beispiel die US-Administration, in den internationalen Finanzinstitutionen (Weltbank und IWF) gegen die Gewährung von Darlehen und Finanzhilfen an Kuba zu stimmen. Es verbietet den Import von Produkten aus Drittländern, die kubanische Rohstoffe enthalten (zum Beispiel Nickel oder Zucker).

Von finanzieller Tragweite ist auch die Bestimmung, wonach keinerlei Waren, die mehr als zehn Prozent US-Anteile enthalten, nach Kuba ausgeführt werden dürfen. Dies trifft auch den Export aus Drittländern. So musste zum Beispiel eine Ölbohrplattform, die von Norwegen nach Kuba gebracht werden sollte, kostspielig umgebaut und mit Komponenten aus Drittländern ausgerüstet werden, um dieser Klausel zu entsprechen.

Schwerwiegend ist auch die Bestimmung, wonach »jegliche weitere Manipulation des Fluchtwillens von Kubanern, der eine Massenmigration in die USA bewirkt, als Akt der Aggression« zu betrachten ist, den die USA »angemessen beantworten« würden.

Dieser Passus hat im Frühjahr 2003 eine besondere Rolle gespielt, als hintereinander Kubaner zwei kubanische Flugzeuge von der kubanischen Isla de la Juventud nach Florida entführten und drei farbige junge Kubaner den Versuch unternahmen, eine Hafenfähre mit Passagieren von Havanna in die USA zu entführen. Fidel Castro sah hierin Anzeichen für eine erneut einsetzende Massenflucht von Kubanern in die USA. Er befürchtete auch aufgrund des Helms-Burton-Gesetzes eine Intervention der USA, falls es dazu käme. Dies erklärt wohl seine harte Haltung gegenüber den drei jungen Entführern der Fähre, die im Schnellverfahren zum Tode verurteilt und sofort hingerichtet wurden, obwohl kein Passagier Schaden genommen hatte. Castro wollte ein Exempel statuieren und einer erneuten Fluchtwelle wie 1980 oder 1994 einen Riegel vorschieben.[197]

Das Helms-Burton-Gesetz verlangt außerdem, dass der US-Präsident, bevor er Schritte zur Aufhebung des Embargos einleiten möchte, dem Kongress gegenüber den Nachweis erbringen muss, dass in Kuba eine Übergangsregierung an der Macht ist, der weder Fidel noch Raúl Castro angehörten. Auch muss diese neue Regierung international überwachte Wahlen zusagen, eine unabhängige Justiz aufbauen und private Medien und Unternehmen der Telekommunikation zulassen. Das Gesetz formuliert im übrigen Kontrollmechanismen, die es der Administration in Washington erlauben würden, durch schrittweise Aufhebung der Sanktionen einen Hebel in die Hand zu bekommen, um die kubanische Regierung ständig auf Linie zu halten.[198]

Die USA zeigen damit erneut, wie sehr sie Kuba unter ihre Kontrolle zu bringen beabsichtigen. Dies ist keine nach vorn gerichtete, moderne Außenpolitik, sondern ein rückwärts gerichtetes Vorgehen, das an vergangen geglaubte Verhaltensmuster anknüpft.

Die Helms-Burton-Gesetzgebung enthält aber noch weitere schwerwiegende Eingriffe in die Rechte Dritter, zum Beispiel europäischer Interessenten am Handel mit und Investitionen in Kuba. Sie bestraft diejenigen US-Bürger und Ausländer, die in Kuba Geschäfte abschließen, die sich auf enteigneten Besitz von US-Bürgern beziehen. Dazu zählen auch Kubaner, die aus ihrem Land geflohen waren, ihr Eigentum zurückgelassen haben und später US-Staatsbürger geworden sind.

Will zum Beispiel ein deutscher Geschäftsmann in ein Hotelprojekt in Kuba investieren, das auf einem enteigneten Grundstück entstehen soll, dann unterliegt diese Investition nach US-Interpretation der Strafsanktion des Helms-Burton-Gesetzes. Hiergegen hat sich die EU mit Erfolg zur Wehr gesetzt, weil sie diese Gesetzgebung zu Lasten von Staatsbürgern aus Drittländern als nicht mit den Welthandelsregelungen der WTO in Einklang sieht. Die

US-Regierung hat in diesem Streit nachgegeben und versieht daher den entsprechenden Artikel des Sanktionsgesetzes bisher in Abständen von einem halben Jahr mit einem sogenannten »Waiver« und erklärt ihn damit für vorläufig nicht anwendbar.

Es ist interessant, dass die USA dieses Entgegenkommen erklärten, nachdem die EU 1996 auf spanische Initiative den Gemeinsamen Standpunkt, die *Common Position*, verabschiedet hatte, die eine engere Zusammenarbeit mit Kuba von Fortschritten bei der demokratischen Öffnung Kubas abhängig machte.

Kuba hat den Europäern daher nicht nur unzulässige Einmischung in die inneren Angelegenheiten vorgehalten, sondern ihnen auch vorgeworfen, sie seien außenpolitisch ein Anhängsel der USA.

Trotz des erreichten Kompromisses mit der temporären Aussetzung einzelner Helms-Burton-Regelungen für Drittstaaten stellen die US-Sanktionen für viele europäische Firmen, die geschäftliche Interessen in den USA haben, eine oft erhebliche psychologische Hürde dar. Denn auch sie legen angesichts ihrer Interessen in Kuba Wert darauf, aus dem Kuba-Geschäft keinen Nachteil zu erleiden.

Neuordnung der Beziehungen zu den USA?

Fidel Castro ist seit dem Invasionsversuch in der Schweinebucht 1961 und der Raketenkrise 1962 nicht müde geworden, den USA vorzuwerfen, sie versuchten, Kuba mit Krieg zu überziehen und es auszulöschen. In Lateinamerika warf er den USA hegemoniale Absichten vor, die bis zur Annexion des Subkontinents reichten. Ihre Führer zieh er abwechselnd der Unfähigkeit, Dummheit und des Alkoholismus. Das Feindbild USA ermöglichte es Castro immer wieder, die Massen hinter sich zu scharen und mit ihnen antiamerikanische Slogans zu skandieren.

In dieser Rolle übt sich zusehends der venezolanische Präsident Chávez, der zwar einerseits venezolanisches Öl in die USA liefert – die USA sind der wichtigste Kunde – aber gleichzeitig die USA und ihren Präsidenten zu Feinden erklärt. Er nutzt jede Gelegenheit, die USA anzugreifen und sich mit ihren Gegnern zu verbünden.

Die politische Distanz, die Raúl Castro von Hugo Chávez trennt, könnte ihm auf einem anderen wichtigen Terrain nutzen.

Der Versuch Kubas, seine Revolution nach Lateinamerika zu exportieren, war eine der Hauptursachen für die erbitterte Gegnerschaft der USA. Diese wurde ab 2003 noch einmal dadurch bestärkt, dass Fidel zusammen mit Chávez den alten Gedanken einer lateinamerikanischen Gemeinschaft voranzutreiben versuchte, die sich gegen die Hegemonie der USA wendet.

Von Raúl Castro sind keine Äußerungen bekannt, die den Schluss auf ähnliche Bemühungen seinerseits nahelegen. Könnte unter diesen Umständen das Verhältnis Kubas zu den USA eine Entspannung erfahren oder setzt man ihn eher mit seinem Bruder gleich?

Es hat nicht an Versuchen einer Neuordnung gefehlt. Sie sind aber letztlich an starken *pressure groups* auf beiden Seiten der Straße von Florida gescheitert. Und doch: Ein Neuanfang wäre möglich. In seinem Interview vom August 2006 mit der Parteizeitung »Granma« bezieht sich Raúl Castro unter anderem auf die USA. Er erklärt sich darin offen für einen Dialog mit ihnen, der allerdings unter Anerkennung der Realitäten, auf gleicher Augenhöhe und unter gegenseitigem Respekt, ablaufen müsse. Die Bereitschaft zum Dialog mit den USA hat er während seiner kurzen Rede am 2. Dezember 2006 und auch während seiner Rede anlässlich des kubanischen Nationalfeiertags am 26. Juli 2007 wiederholt.

Diese Töne sind nicht neu. Bereits 2002 hatte Raúl nach Bekanntwerden der Einrichtung eines Gefangenenlagers in Guantánamo einen ruhigen und keineswegs konfrontativen Ton angeschlagen und es als positiv gewertet, dass die USA Kuba dies vorher mitgeteilt hätten.

Wenn man bedenkt, dass Raúl es war, der gleich nach dem Sieg der Revolution für ein enges Bündnis mit der UdSSR eingetreten war und den ursprünglichen Absichten seines Bruders, mit den USA zu einem Modus Vivendi zu gelangen, eine klare Absage erteilt hatte, dann überrascht diese Haltung.

Was die Administration in den USA anbetrifft, so liegen die Dinge komplizierter. Die Regierung Bush, wie übrigens eine Reihe ihrer Vorgänger, hat alles getan, um die Herrschenden in Havanna zu diskreditieren, zu schwächen oder gar zu stürzen. Seit Jahren werfen Politiker in den USA Kuba vor, es sei Durchgangsland für Drogen und sei selbst am internationalen Drogenhandel beteiligt. Im Raum stand auch immer wieder der Vorwurf der Unterstützung der ETA in Spanien und paramilitärischer Banden in Kolumbien. Nach dem 11. September 2001 beschuldigte ein hoher Beamter im State Department Kuba, es stelle biologische Waffen her. Präsident Bush hat Kuba vorgeworfen, es leiste der Prostitution Vorschub.

In seiner Rede vom 24. Oktober 2007 hat Bush nochmals sehr eingehend die Politik seines Landes gegenüber Kuba beleuchtet und die alten Forderungen nach demokratischen Veränderungen als Voraussetzung für eine Normalisierung der Beziehungen unterstrichen. Die Sanktionspolitik wird von ihm erneut gerechtfertigt und soll sogar weiter verschärft werden.

Diese Politik stößt jedoch mittlerweile sogar in den Reihen der kubanischen Opposition auf Kritik. Kein geringerer als der lange inhaftierte und sehr angesehene Oppositionspolitiker Oscar Espinosa Chepe hat ernsthafte Bedenken dagegen geäußert, mit einer Politik fortzufahren, die »nichts erreicht habe als die Konfrontation zu beflügeln« und die »den Elementen zustatten komme, welche keinen Wechsel in Kuba wollten«. Er hält es für paradox, dass die USA einerseits mit einer flexiblen Politik (dem ehemals kommunistischen) Osteuropa sowie China und Vietnam begegne, ja sogar mit einem so repressiven Regime wie Nordkorea verhandele, sich aber Kuba gegenüber völlig unflexibel verhalte. Espinosa Chepe fährt wörtlich fort: »Viele von uns hofften auf Gesten (der USA) gegenüber dem kubanischen Volk, wie zum Beispiel die Eröffnung von Reisemöglichkeiten der Kubano-Amerikaner, die Förderung akademischen, kulturellen, sportlichen, religiösen und zwischenmenschlichen Austausches ... aber die Politik der USA, die Kontakte zu erschweren, war dem Totalitarismus in Kuba von großem Nutzen, um die nationale Katastrophe zu maskieren, das falsche Konzept der belagerten Festung und eines bevorstehenden Angriffs von außen zu verkaufen.«[133]

Viele Staaten in Lateinamerika sehen mehr Möglichkeiten im Dialog als in der politischen Isolierung Kubas. Hiermit könne man für die Menschen in Kuba mehr tun als in der Bekämpfung der Herrschenden. Sogar der neue Generalsekretär der Organisation Amerikanischer Staaten, der Chilene Insulza, hat sich kürzlich für den Dialog mit Kuba eingesetzt. Dass es auch in Europa mehrere Staaten gibt, die dieser Linie folgen, liegt auf der Hand. Sie erinnern mit Recht an den in den siebziger Jahren begonnenen Helsinki-Prozess, der einen umfassenden Dialog mit den Staaten des kommunistischen Machtbereichs ermöglichte und sehr erfolgreich verlief.

In den USA wird es aber erheblichen Mutes bedürfen, eine Politik zu den Akten zu legen, die seit über vierzig Jahren das Verhältnis zu Kuba bestimmt. Sicherlich könnte eine neue demokratische Regierung, gestützt auf eine Mehrheit im Kongress, damit beginnen, erste Kontakte zu den Regierenden in Havanna zu knüpfen und schließlich schrittweise die gegen Kuba verhängten Sanktionen abzubauen. Sie dürfte dabei jedoch auf erbitterten Widerstand bei jenen Gruppen in Florida stoßen, die in den Sanktionen das einzige wirksame Mittel sehen, Druck auf die »Diktatur der Castros« auszuüben. Dieser harte Kern des Exils möchte unter keinen Umständen, dass Fidel oder Raúl der Triumph des Nachgebens der USA zuteil wird.

Demgegenüber stehen sehr konkrete wirtschaftliche Interessen in den USA. Zahlreiche US-Firmen, unterstützt von den Regierungen in den betreffenden Bundesstaaten, sehen Kuba als einen wichtigen Absatzmarkt für ihre Produkte. Deshalb fand im September 2002 zum ersten Mal seit über vierzig Jahren eine US-Handelsmesse in Havanna statt, auf der mehr als 280 US-Firmen ausstellten und Aufträge entgegennahmen. Möglich wurde dies durch eine Ausnahmeregelung, die 2001 wirksam wurde. Nach dem schweren Wirbelsturm »Michelle«, der weite Landstriche östlich von Havanna verwüstete und Hunderttausende von Kubanern obdachlos machte, erlaubte Washington die Lieferung von Nahrungsmitteln und Medikamenten nach Kuba. Besuche und Geschäftsabschlüsse sind an der Tagesordnung.[200]

Im Juli 2007 wurde eine Studie der International Trade Commission (ITC) bekannt, eines unabhängigen Gremiums in den USA, das sich der Folgen der US-Sanktionen gegen Kuba angenommen und herausgefunden hat, das jährlich den US-Exporteuren zwischen 175 und 350 Millionen Dollar wegen des Embargos verlorengehen. Umgekehrt büße Kuba erhebliche Einnahmen im Tourismus ein, zumal nach den Schätzungen des ITC jährlich zwischen einer halben und einer Million US-Bürger die Insel besuchen würden (statt der bisher ca. 170 000).

Auftraggeber der Studie ist Max Baucus, der Vorsitzende des Finanzausschusses des US-Senats. Er unterhält gute Kontakte nach Havanna und gilt als einer der Protagonisten der Aufhebung der US-Sanktionen.

Ein zweiter Interessenschwerpunkt der USA liegt bei Rohstoffen. Kuba ist bekanntlich einer der größten Produzenten von Nickel in der Welt, was für die Produktion von Edelstahl wichtig ist. Vor der Revolution waren die USA tonangebend in der kubanischen Nickelproduktion in der Nähe von Nicaro und Moa, heute in der Provinz Holguín gelegen. Mittlerweile haben kanadische Unternehmen diesen Platz eingenommen. Kuba hat die Ausweitung seiner Nickelproduktion ins Auge gefasst. Die VR China ist bereit, dabei zu investieren. In den USA fürchtet man, von dieser wichtigen Rohstoffquelle abgeschnitten zu werden.

Interessant ist auch die von Kuba betriebene Exploration von Erdöl und Erdgas im Golf von Mexiko. Hieran beteiligen sich Unternehmen aus Kanada, Spanien, Norwegen, China, Indien, Malaysia und Venezuela. Auch Vietnam hat Anfang Juni 2007 Verträge mit Kuba über die Ausbeutung der vermuteten Erdölreserven geschlossen und ein Gemeinschaftsunternehmen gegründet.[201] Experten schätzen die kubanischen Erdölvorräte im Golf auf über 4 Milliarden Barrel. Die USA als Nachbarn wären die idealen Partner für Kuba. Sie könnten zum Beispiel Bohrplattformen im kubanischen Teil des Golfs installieren oder als Know-how-Geber fungieren. Als Kuba 2004 mit Hilfe der spanischen Firma Repsol eine erste Probebohrung off-shore niederbrachte, musste die Plattform aus Norwegen herangeschafft werden. Nach der Beendigung der Bohrung wurde sie wieder dorthin zurückgebracht, ein zeitaufwendiges und kostspieliges Unterfangen.

Im Kongress findet derzeit ein Tauziehen zwischen den verschiedenen Interessengruppen statt. Einige arbeiten auf Ausnahmen von der Helms-Burton-Gesetzgebung und auf die Beseitigung von anderen Hindernissen hin, andere wehren sich dagegen.

Der rasant gestiegene Ölpreis dürfte jetzt dazu führen, dass die USA die seit Jahren per Gesetz suspendierte Erdölförderung (Moratorium) in ihrem Teil des Golfes von Mexiko wieder aufnehmen. Dies könnte eine Zusammenarbeit mit dem südlichen Nachbarn begünstigen. Eine Zeitung aus Florida prognostiziert daher einen »Wettlauf« um das kubanische Erdöl, an dem sich auch US-Firmen beteiligen könnten.[202]

In einem Vertrag von 1977 hatten die USA ihre Seegrenze zu Kuba geregelt. Der Vertrag würde es Kuba erleichtern, in seiner (von den USA anerkannten) Wirtschaftszone Ölbohrungen vorzunehmen. Dieser Vertrag, der periodisch erneuert wird, ist gegenwärtig Zielscheibe von Kuba-stämmigen Abgeordneten und Senatoren, die eine Nichterneuerung des Vertrages fordern, um damit kubanische Bohrungen in einem nicht mehr zuerkannten Teil des Golfs zu erschweren.

Aber es gibt noch andere Probleme, die es Kuba nicht gerade erleichtern, sein Verhältnis zu den USA neu zu ordnen. Es hieße, von einem Feindbild Abschied zu nehmen, das ebenso lange wie die Sanktionen der anderen Seite den Castros den Rechtfertigungsgrund verschaffte, eine Öffnung des Landes zu verhindern und hart gegen die Opposition vorzugehen. Fidel verstand es meisterhaft, die »Steilvorlagen«, die ihm Washington lieferte, in »Tore« zu verwandeln.

In dieser Situation wäre es gut, man würde miteinander reden. Seit Jahren artikulieren sich auf beiden Seiten Kräfte, die eine Versöhnung zwischen der Insel und dem Exil anstreben. Dialogbereite Gruppen könnten helfen, die Position des »Alles oder Nichts«, mit der die Bush-Administration alle Wege einer Einigung verbaute, zu überwinden. An ihrer Stelle wäre eine Politik des *constructive engagement* denkbar, so wie sie die EU nach ihren bitteren Erfahrungen des Jahres 2003 schließlich formulierte. *Constructive engagement* bedeutet die Suche nach Lösungen für politische Probleme und Abbau von Spannungen durch Dialog und vertrauensbildende Maßnahmen, so wie sie der Westen im Helsinki-Prozess in den siebziger Jahren betrieb. Kooperation sollte die Konfrontation ersetzen.

In offenen Gesprächen könnten sich sehr bald konkrete Möglichkeiten für einen Fortschritt in den Beziehungen ergeben. Im neuen Kongress, der in beiden Häusern von der demokratischen Mehrheit geführt wird, gibt es seit Jahren Tendenzen, den Tourismus der USA nach Kuba wieder zu erlauben. Bisher reisen US-Bürger zumeist über Drittstaaten nach Kuba.

Umgekehrt könnte Kuba durch eine Geste des guten Willens die Widerstände in der US-Regierung und in der mächtigen Lobby der Exilkubaner überwinden helfen. Jimmy Carter, der ehemalige (demokratische) Präsident der USA, hatte bei seiner Rede, die er im Mai 2002 in der Aula Magna der Universität von Havanna hielt, den Weg vorgezeichnet: Sein Land solle als das größere mit dem ersten Schritt vorangehen. Aber auch Kuba müsse sich öffnen. Dabei nannte er damals das bereits erwähnte *Proyecto Varela* und löste damit eine Welle von Neugier und von Fragen aus, die durch

Anhaltende Konfrontation: Gegenüber der Vertretung der USA in Havanna wurde ein Wald aus Flaggenmasten errichtet, wo in Spannungszeiten Dutzende schwarzer Fahnen aufgezogen werden (oben); gegenüber wurde die Losung aufgestellt: »Gegen Bedrohung und Aggression antwortet Kuba: Mehr Revolution!« (unten).

die kubanische Bevölkerung gingen und sich auf das weitgehend unbekannte Projekt einer Verfassungsänderung (und damit einer Wandlung zu einem demokratischen Staat) bezogen.

Das kubanische Exil erwartet vor allem politische Reformen, einen Weg in ein demokratisches Kuba. Dies wird unter Raúl Castro aber nicht allzu schnell geschehen. Er wird an der Macht der Partei und der Streitkräfte festhalten. Leichter fallen ihm gewiss Zugeständnisse im wirtschaftlichen Bereich.

Denkbar wäre auch, eine größere Zahl von politischen Gefangenen freizulassen, um eine positive Geste zu zeigen. Kontakte gibt es bereits im militärischen Bereich, wie der Besuch eines frisch pensionierten Vier-Sterne-Generals – er war als Befehlshaber der »Southern Command« in seiner aktiven Zeit sogar für Kuba zuständig – im Jahre 2001 in Havanna zeigte. Er sagte mir, dass er nun als Vertreter einer Nichtregierungsorganisation reise und mit kubanischen Stellen über »Grenzfragen« spreche.

Daneben gibt es regelmäßige hochrangige Kontakte in Bezug auf Guantánamo und im Rahmen des Küstenschutzes. Bei einer regionalen Drogenkonferenz in Havanna war mir 2002 die Anwesenheit von Vertretern der USA aufgefallen.

Bereits in den neunziger Jahren hatte Raúl Castro damit begonnen, ein für seine Zwecke günstiges Image der kubanischen Streitkräfte zu schaffen. 1991 gründete er das *Colegio de Defensa de Cuba*, dessen Hauptaufgabe die Herstellung von Beziehungen zu ausländischen militärischen Einrichtungen ist.[203] Später, in einer Veröffentlichung aus dem Jahre 1997, hat der damalige Generalstabschef Rosales del Toro auf die Zweckmäßigkeit bilateraler Gespräche mit dem US-Verteidigungsministerium hingewiesen.[204]

Vielleicht ist die Ernennung von Bolaños zum neuen Chef der kubanischen Mission in Washington ebenfalls ein positives Signal. Er war bisher Botschafter in Mexiko und zuvor Erster Stellvertretender Außenminister in Havanna und gilt als einer der erfahrensten Diplomaten Kubas.

In den USA gab es ebenfalls erste positive Signale. Die Präsidentschaftsbewerber Obama und Clinton erklärten sich bereit, im Falle ihres Wahlsiegs mit der neuen Führung in Havanna zu sprechen. Hillary Clinton hat vorgeschlagen, auch die Europäer bei Kontakten mit Kuba einzubeziehen.

Streit um die Menschenrechte

Für Fidel Castro war das Feindbild USA ein prägender Faktor seines Handelns. An ihm orientierte er seine Außenpolitik und auch weite Teile seiner Innenpolitik. Immer wieder war es der Hinweis auf die drohende Haltung der Regierung in Washington oder gar die Gefahr eines Angriffskrieges der USA, mit dem er die Massen mobilisieren konnte oder das harte Vorgehen gegen die Opposition als dem »verlängerten Arm« Washingtons rechtfertigte.

Eine Annäherung zwischen den USA und Kuba würde zu ganz neuen Konstellationen in der kubanischen Außenpolitik führen. In den ersten Jahren des neuen Jahrhunderts wurde sie zusehends von dem Verhalten von Staaten gegenüber Kuba in der Menschenrechtskommission der Vereinten Nationen in Genf bestimmt. Fidel Castro, der die großen Linien in der Außenpolitik selbst festlegte, bestimmte Freund und Feind nach dem Abstimmungsverhalten.

Im Jahre 2002, als Uruguay die Initiative ergriff und einen gegen Kuba gerichteten Resolutionsentwurf in die Kommission einbrachte, der dann mit knapper Mehrheit angenommen wurde, kam es zu schweren Auseinandersetzungen zwischen Havanna und Montevideo, Kuba und Uruguay. Fidel Castro beschimpfte den damaligen uruguayischen Staatspräsidenten als »Traumtänzer« und »verräterischen Judas«, woraufhin Uruguay die diplomatischen Beziehungen zu Kuba abbrach. Nicht ganz so dramatisch entwickelten sich die kubanisch-mexikanischen Beziehungen, nachdem sich Mexiko einer Reihe anderer lateinamerikanischer Staaten angeschlossen und in Genf gegen Kuba gestimmt hatte. Aber auch hier beschimpfte Castro den mexikanischen Außenminister Castañeda. Es kam zu einer Verstimmung, aber nicht zum Abbruch der diplomatischen Beziehungen.

Dies ist nun vorbei, nachdem die Menschenrechtskommission nicht mehr besteht und seit April 2006 durch den Menschenrechtsrat ersetzt wurde. Zahlreiche Staaten hatten sich in den letzten Jahren immer mehr von der Menschenrechtskommission distanziert, weil sie mehr zu einem Schaulaufen mit Theaterdonner als zu einer ernsthaften, die Menschenrechte fördernden Institution verkümmert war. Ein US-Diplomat bezeichnete sie einmal als den »größten Papierkorb«.

Aber der neue Rat hat erhebliche Schwierigkeiten, seine Funktionen wahrzunehmen. Die Mehrzahl der Mitglieder sind Entwicklungsländer, die sich in Menschenrechtsfragen entweder nicht engagieren oder eigene Probleme haben und kaum an wirklichen Resultaten des Rates interessiert sind.

Staaten, denen in der Vergangenheit Menschenrechtsverletzungen vorgeworfen wurden, wie zum Beispiel die VR China, Russland, Iran und Kuba, profitieren von Anfangsschwierigkeiten des neuen Gremiums. Es begann schon bei der Defintion der Menschenrechte. Während die Westeuropäer – die USA gehören dem Gremium nicht an – eine Konzentration auf demokratische Kernrechte anstreben, will Kuba vor allem das Recht auf soziale Entwicklung verankert sehen.

Kuba profitiert gegenwärtig auch indirekt von der in fast allen Staaten geübten Kritik an der Regierung Bush in der Irak-Frage. Es hatte sich vor dem Eingreifen der USA im Irak mit dem Schlagwort *No al terrorismo – No a la guerra* (Nein zum Terrorismus – Nein zum Krieg) zu einem vehementen Verfechter einer friedlichen Lösung im Irak gemacht und bei zahlreichen Entwicklungsländern, zumal in der muslimischen Welt, Beifall erhalten.

Schließlich profitiert Kuba indirekt auch von der starken Rolle der VR China. Beide Länder sind seit dem Amtsantritt von Präsident Bush im Januar 2001 noch enger zusammengerückt. Ihre Beziehungen erleben gegenwärtig eine Stärkung, befördert durch das Interesse Chinas an neuen Rohstoffquellen.

Neue Koordinaten in der Außenpolitik mit einer Entspannung in der Menschenrechtsfrage könnten sich auch innenpolitisch auswirken. Vor allem wäre auch ein anderer Umgang mit der Opposition im eigenen Land vorstellbar.

Denkbar wären sogar Zusicherungen der neuen kubanischen Führung, die Opposition im Lande toleranter zu behandeln und sie weder intern noch in ihren Außenbeziehungen Beschränkungen zu unterwerfen sowie die ständigen Schikanen gegen sie zu unterlassen. Hierzu zählt auch die immer wieder angewandte Praxis der *actos de repudio*, das heißt Störaktionen vor den Wohnungen von Oppositionspolitikern. Dies wäre ein erheblicher Fortschritt, der auch zu einer Entspannung der Beziehungen zu anderen westlichen Ländern, insbesondere zu den Mitgliedstaaten der Europäischen Union, führen könnte.

Ein erster Schritt in diese Richtung könnte die Tolerierung des von Martha Beatriz Roque bereits vor zwei Jahren begonnenen Prozesses der Formierung einer Zivilgesellschaft sein, der gemäßigt verläuft und keine direkten Angriffe auf das System beinhaltet. Sicherlich geben die Störmanöver der Regierung und die Schikanen und Aktionen gegenüber einzelnen Teilnehmern der Sache einen unangenehmen Beigeschmack; aber letztlich ist entscheidend, dass diese Tagungen überhaupt stattfinden dürfen.

Nicht auszuschließen ist, dass Raúl jetzt der katholischen Kirche weiter entgegenkommt, deren Oberhaupt Jaime Kardinal Ortega einen gemäßigten Kurs steuert, zwar gelegentlich die Dinge ausspricht, die er für kritikwürdig erachtet, aber auch den Dialog mit der kubanischen Führung sucht. Dies hatten wir weiter oben bereits angesprochen. Die Kirche könnte jetzt, beim beginnenden Übergang, eine wichtige Rolle spielen, und der Staat hätte gute Gründe, sie dabei zu unterstützen.

In diesem Zusammenhang fällt die Zurückhaltung von Oswaldo Payá und der von ihm geführten Oppositionsgruppe auf, die der katholischen Kirche nahesteht. Dies könnte ebenfalls darauf hindeuten, dass die Kirche damit begonnen hat, den Prozess des Übergangs positiv zu begleiten und alles zu unterlassen, was ihn stören könnte. Die bereits erwähnte vorübergehende Schließung der kirchlich-oppositionellen Zeitschrift *Vitral* und ihre Wiedereröffnung mit neuem Personal, das seine Beiträge auf Glaubensfragen konzentriert, könnten in die gleiche Richtung deuten.

Interessant wird auch sein, wie sich der Beitritt Kubas zum Sozial- und Zivilpakt der Vereinten Nationen auswirken wird. Der Beitritt stand bereits seit Jahren zur Debatte. Vor allem die Europäische Union hatte Kuba aufgefordert, den beiden Pakten beizutreten und damit ein positives Signal für die Einhaltung der Menschenrechte zu geben. Kuba hatte zwar sein grundsätzliches Interesse am Beitritt, vor allem zum Sozialpakt, bekundet, aber gleichzeitig geltend gemacht, es lasse sich in dieser Frage nicht unter Druck setzen.

Der Zivilpakt hat eine Menschenrechtskomponente. Er soll

den Einzelnen vor Einschränkungen seiner Freiheit durch den Staat schützen. Er nennt das Recht auf Leben und Freiheit, das Verbot der Folter, die Pflicht der menschlichen und achtungsvollen Behandlung von Gefangenen. Auch die Freiheit der Meinungsäußerung ist in ihm enthalten.

Offen ist die Frage, ob sich die heimliche Opposition in Partei und Streitkräften zu Wort melden wird und in welcher Form? Sie könnte sich durch Aussagen und Aufforderungen von Raúl Castro ermutigt fühlen. Aber noch verläuft alles zäh und scheinbar ohne Elan. Zu viele »graue« Jahre, in denen jeglicher Widerspruch unterdrückt wurde und Opposition unter Strafandrohung stand, erschweren jetzt das Umdenken.

Immerhin sehen wir seit Ende November 2007 wichtige Wortmeldungen aus der KP. Wir hatten bereits den Chef der Kulturabteilung des ZK, Eliades Acosta, erwähnt, der die zahlreichen Probleme der Menschen, vor allem auf dem Wirtschaftssektor, wie »rote Lampen« sieht, die aufleuchten und welche die Notwendigkeit von Veränderungen kennzeichnen. Er mahnt zugleich die Transformation in einer Gesellschaft an, die ihre Probleme mit lauter Stimme benennen müsse.

Nach einem Artikel in der Parteizeitung »Juventud Rebelde« haben wir es nun mit einer erneuten kritischen Betrachtung zu tun, die bisher unbekannt war, aber von Raúl offenbar gefördert wird. Vermutlich will er damit auch seine eigene Stellung bei den Führungskadern der Partei stärken. Es ist anzunehmen, dass er dies auch durch Delegation von Verantwortung, durch Zulassung von Diskussionen, durch Abstellen von Fehlpraktiken und durch Förderung von Initiativen tun wird. Vor allem muss die Angst verschwinden, dass man sich durch kritische Äußerungen negativ exponiert oder sogar riskiert, seinen Posten zu verlieren.

Raúl Castro, der kein charismatischer Führer ist, bedarf für seine neue Politik des Rückhalts bei den wichtigen Institutionen. Nur so kann er seine Machtbasis verbreitern. Vor allem braucht er die Zustimmung der Partei. Er könnte sie sich auf dem für 2009 angesetzten Parteikongress sichern. Auch muss er seinen misstrauischen Bruder zumindest dazu bringen, seine Handlungsweise zu tolerieren. Mit seiner Politik einer »kontrollierten Evolution«, das heißt der kleinen, vorsichtigen Schritte, die durch die alte Machtelite mitgetragen werden, könnte es zu Fortschritten auch in der Menschenrechtsfrage kommen.

Die Dritte Welt

Mit einer offiziellen Feier beging die neue kubanische Führung im März 2008 den 20. Jahrestag jener Schlacht, die einen Wendepunkt in der jüngeren Geschichte des südlichen Afrikas darstellte: Die Schlacht von Cuito Canavale im März 1988 im Südosten Angolas, die mit einem Sieg kubanischer Soldaten über Südafrika endete und Namibia 1990 die ersehnte Unabhängigkeit brachte. Damit verbunden war eine Vereinbarung über den Rückzug der kubanischen Truppen.

Für Kuba bedeutete dieser Sieg die Krönung seines Engagements auf dem afrikanischen Kontinent, das 1963 mit der Entsendung eines kleinen Expeditionstrupps nach Algerien begonnen hatte. Castro wollte auf diese Weise seine Parteinahme für den Kampf Algeriens gegen Marokko zum Ausdruck bringen.[205] Ende 1966 setzte Kuba dieses Engagement mit der Unterstützung von Guerrillatruppen unter der Leitung von Che Guevara im Kongo fort, musste sich aber bald wieder zurückziehen. Nach dieser Blamage zeitigte dann der massive Einsatz kubanischer Kräfte in Angola und Äthiopien seit Ende 1975 wachsende Erfolge. Kuba wurde zur Stütze der meisten links orientierten afrikanischen Befreiungsbewegungen. Es hatte wesentlich zur Unabhängigkeit der Staaten des südlichen Afrikas von seinen Kolonialherren beigetragen.

Kuba pflegt auch heute noch diese engen Beziehungen. Sie kommen durch die starke diplomatische Präsenz afrikanischer Staaten in Havanna – die meisten afrikanischen Staaten unterhalten Botschaften in Kuba – wie auch durch die hohe Frequenz gegenseitiger Staatsbesuche zum Ausdruck. Kuba engagiert sich wie kaum ein anderes Land bei der medizinischen Versorgung in Schwarzafrika. Es steht bei der Aids-Bekämpfung an vorderster Front.

Neuerdings engagiert sich Kuba auch wieder stärker in Angola. Der frühere Minister für die Grundstoffindustrie, Marcos Portal, der mit einer Nichte von Raúl Castro verheiratet ist, wurde damit beauftragt, wichtige Infrastrukturprojekte, unter anderem auch Verbesserungen des Straßennetzes in Angola, in die Wege zu leiten. Kuba ist aber auch an Rohstoffen interessiert, die in Angola reichlich vorhanden sind (zum Beispiel Eisenerz, das im Tagebau gewonnen wird).

Raúl Castro hat in den zwei Jahren an der Spitze des kubanischen Staates mehrfach afrikanische Politiker empfangen und damit das fortwährende Interesse seines Landes an engen Beziehungen zu den afrikanischen Staaten verdeutlicht.

Von dort kam auch Unterstützung, als im Herbst 2006 die Gipfelkonferenz der Blockfreien in Havanna stattfand. Kuba hat seitdem den Vorsitz in dieser Staatengruppe übernommen, die im Gefüge der Vereinten Nationen immer noch von Bedeutung ist.

Die kubanische Intervention in Afrika, besonders in Angola, war eine Erfolgsgeschichte, die Fehlschläge in Panama, im Kongo oder in Bolivien vergessen machte. Sie stärkte nicht nur das internationale Ansehen, sondern auch das Selbstbewusstsein Kubas. Für Raúl Castro, den »Ingenieur«, der hinter diesem Einsatz stand und ihn organisierte, bedeutete er auch einen entscheidenden persönlichen Erfolg, der dazu beitrug, seine Anwartschaft auf höchste Ämter im Staat zu festigen.

Vietnam

Erstaunlicherweise hat sich Kuba in Südostasien, in dem, ähnlich wie im südlichen Afrika, Befreiungsbewegungen die Unabhängigkeit einzelner Staaten vorbereiteten, kaum oder allenfalls am Rande engagiert. Wir sehen Kuba weder an der Seite des Vietcong noch an der des Pathet Lao oder der Befreiungsbewegung von Ost-Timor, militärisch eingreifen. Dennoch unterstützte Kuba moralisch und gelegentlich auch personell und materiell den Freiheitskampf auf dem fernen asiatischen Kontinent.

Im März 2008, mitten im Wahlkampf der USA, behauptete der Präsidentschaftskandidat der Republikaner, John McCain, er sei während seiner über fünfjährigen Gefangenschaft in Vietnam von einem Kubaner gefoltert worden. McCain war als Pilot eines Kampfbombers 1967 in der Nähe von Hanoi abgeschossen worden. In der Tat war er 1970 in Hanoi auf einen spanischsprechenden Menschen namens Barral gestoßen, der sich ihm gegenüber als Arzt oder Psychiater ausgab und der heute erklärt, ihm »Fragen gestellt« zu haben. Er habe sich über die Denkweise des Feindes unterrichten wollen und McCain keineswegs gefoltert.

Barral war in Wirklichkeit Spanier. Sein Vater, Sozialist, hatte im Spanischen Bürgerkrieg auf Seiten der Republikaner gekämpft und war gefallen. Mit der Mutter wanderte er als 11-Jähriger nach Argentinien aus, wo er mit dem gleichaltrigen Ernesto Guevara Freundschaft schloss. 1959, nach dem Triumph der Revolution, lud Che seinen Freund, der wegen seiner kommunistischen Ideen Argentinien verlassen musste und nach Ungarn gegangen war und dort Medizin studiert hatte, nach Kuba ein. Er war dieser Einladung gefolgt. 1967 hatte Barral in Kuba als Preis für einen literarischen Essay eine Reise nach Vietnam gewonnen. Dort blieb er bis 1969. Er wollte wissenschaftliche Forschungen über die Frage anstellen, wie es den Vietnamesen gelang, einem so mächtigen Gegner wie den USA zu widerstehen.

Die jüngsten Berichte trugen dazu bei, die Aufmerksamkeit auf eine Frage zu lenken, deren Antwort bisher im Dunkeln geblieben war, denn die Präsenz Kubas in Vietnam während des zehnjährigen Kriegs von 1965 bis 1975 gegen die USA galt bisher als gut gehütetes Geheimnis. Wollte sich Kuba, das 1966 unter der Führung von Che Guevara ein kleines Expeditionskorps in den Kongo entsandt hatte und gescheitert war, in Vietnam nicht erneut blamieren und hat sich deshalb herausgehalten? Oder gab es doch verdeckte Operationen? Zweifellos hegten die Führer der kubanischen Revolution starke Sympathien für den vietnamesischen Befreiungskampf.

Doch eine militärische Konfrontation mit dem gefährlichen und mächtigen Nachbarn USA wollte man vermeiden. Die Sowjets hatten nach der Oktoberkrise 1962 von den USA die Zusicherung erhalten, dass sie Kuba nicht angreifen würden. Es konnte nicht im Interesse Kubas liegen, dies durch bewaffnete Kräfte, die es in Vietnam einsetzte, aufs Spiel zu setzen. Aber unbewaffnete Einheiten?

Nach einem Bericht von AFP, der sich auf einen Artikel in der kubanischen Zeitung *Juventud Rebelde* stützte und den *El Nuevo Herald* in Miami am 8. März 2008 im Internet veröffentlichte, haben kubanische Pioniere *(ingenieros militares)* beim Ausbau des Ho-Chi-Minh-Pfads an der Grenze nach Laos und Kambodscha mitgewirkt. Der »Pfad« umfasste ein Netz von insgesamt

16 000 Kilometer Straßen und Tunnel, die im Dschungel verborgen waren. Es seien 23 kubanische Militärspezialisten gewesen, die zusammen mit etwa 50 Vietnamesen ab 1974 von USA-Luftangriffen zerstörte Abschnitte der wichtigen Nachschublinie reparierten.

Fidel Castro hatte bereits zu Beginn des Vietnamkriegs die Sowjets kritisiert, weil sie den Vietkong nicht effektiv genug unterstützt hätten. Er hatte sich dafür ausgesprochen, Nordvietnam alle nur mögliche Hilfe zu gewähren, auch wenn dies für das sozialistische Lager riskant werden könnte.[206] Im September 1973 hatte Fidel Castro Nordvietnam besucht, wo man ihn bat, einheimische Spezialisten auszubilden und kubanische Techniker nach Vietnam zu entsenden. Daraufhin seien 43 Vietnamesen im November 1973 nach Kuba gereist, wo sie für die Errichtung von militärischen Anlagen ausgebildet wurden. (Kuba baute unter anderem Straßen und unterirdische Waffenverstecke.) Sie reisten dann mit den kubanischen Ausbildern nach Vietnam zurück.

Bis April 1975 seien unter kubanischer Anleitung 2420 Kilometer Straßen, darunter 1710 Kilometer in gebirgigem Gelände, repariert und teilweise asphaltiert worden. Nach der Erinnerung des pensionierten kubanischen Obersts Roberto León, seien die Reparaturen unter großen Anstrengungen und in tropischer Hitze durchgeführt worden. Das Baumaterial und Gerät sei in Japan gekauft worden, von wo es auf dem Seeweg im Oktober 1974 in Vietnam angekommen sei.

Der kubanische Einsatz in Südostasien, so unbedeutend er von der Zahl der entsandten Fachkräfte her auch gewesen sein mag, zeigt, wie ernst Fidel Castro seine »internationalistische Berufung« nahm.

Kuba und Afrika

Der dunkelhäutige Bevölkerungsanteil in Kuba, unter Einbeziehung von Mischlingen, dürfte heutzutage bei 30 Prozent liegen. Im Osten, in den Provinzen Santiago und Guantánamo, liegt er teilweise erheblich höher als im Westen. Der massenhafte Einsatz von Sklaven in den gegen Ende des 18. Jahrhunderts stark anwachsenden Zuckerrohrplantagen, aber auch die Einwanderung von schwarzen Flüchtlingen vor allem aus Haiti im 19. Jahrhundert haben die Bevölkerungsstruktur Kubas spürbar verändert.

Dies wirkt sich einmal in der Religion aus. Afro-kubanische Religionen, wie die sogenannte *Santería*, spielen im heutigen Kuba eine bedeutende Rolle. Bekannte Heilige der christlichen Religion haben ihre Entsprechung in der *Santería*. Es sind die *Orishas*, bei denen die Heilige Barbara als *Changó*, der Heilige Lazarus als *Babalú Ayé* und die Heilige Maria, *la virgen*, als *Ochún* verehrt werden. Man begegnet Anhängern der *Santería* auf Schritt und Tritt. Die ganz in weiß gekleideten *Santeras* mit ihrer dunklen Haut fallen im Straßenbild der Städte besonders auf. Sogar nicht der *Santería* zugehörige weiße Kubaner haben Gewohnheiten übernommen. Es wird behauptet, die afro-kubanischen Religionen seien heute stärker als die christlichen.

Afrikanische Instrumente, vor allem Trommeln und jede Art von rhythmischen Geräten, spielen in der kubanischen Musik von heute eine ausschlaggebende Rolle. Gern wird gesagt, die kubanische Musik sei aus der »Hochzeit« von Trommel und Gitarre hervorgegangen. Dunkelhäutige Musiker, wie Benny Moré, Compay Segundo, Ibrahim Ferrer und Omara Portuondo haben Weltruf erlangt.

Ganz auf dieser Linie liegt, dass Fidel Castro sein Land Ende 1975 als eine »Latino-Afrikanische Nation« definierte.[207] Diese Aussage sollte nach außen zur Rechtfertigung des kubanischen Einsatzes in Angola und später in Äthiopien dienen. Schon Che Guevara hatte die Schaffung »vieler Vietnams« *(crear dos, tres..., muchos Vietnams es la consigna)* verkündet.[208] Guevara war selbst 1965 in den Kongo gegangen, um Guerilleros auszubilden und gegen die vom Westen unterstützten Regierungen in Stellung zu bringen. Trotz der Hilfe von etwa 150 Kubanern musste er sich jedoch nach einigen Monaten zurückziehen. Die Rahmenbedingungen für einen Guerillakrieg waren nicht gegeben. Den afrikanischen Soldaten fehlte es zudem an Kampfgeist, oder wie Fidel Castro es ausdrückte, an einer »Kultur des Krieges«. Auch war die Übermacht der ausländischen Söldnertruppen zu groß.[209]

Bereits kurz nach dem Sieg der Revolution, im Frühjahr 1959, waren kubanische Truppen in Panama im Einsatz. Dies geschah zunächst gegen den Willen von Fidel Castro, der einen Konflikt mit den USA vermeiden wollte. Aber Raúl und Che unterstützten dieses Unternehmen. Später, beim Einsatz kubanischer Truppen in der Dominikanischen Republik, stimmte auch Fidel Castro zu. Der jüngere Bruder hatte sich durchsetzen können (Fidel war bereits als Student im Jahre 1947 in der Führung eines Komitees für die Befreiung von Puerto Rico und eines Komitees für die Demokratie in der Dominikanischen Republik).

Nur von kurzer Dauer und ohne entscheidende Bedeutung waren die Einsätze Kubas zur Unterstützung von Patrice Lumumba und algerischer Aktionen gegen Marokko im Jahre 1963.

Angola

Die Erfahrungen des gescheiterten Che-Einsatzes 1966/67, und sein Tod im Oktober 1967 in Bolivien, veranlassten Fidel und Raúl Castro dazu, in Angola anders vorzugehen. Nur mit einer Übermacht an Soldaten und Gerät war an erfolgreiche Operationen zu denken. In der portugiesischen Kolonie Angola, deren Unabhängigkeit mit der »Nelkenrevolution« in Portugal 1974 in greifbare Nähe gerückt war, standen sich vor allem drei rivalisierende Gruppen gegenüber, die sozialistische MPLA (Movimento Popular de Libertacão de Angola) und die UNITA (União Nacional pela Independencia Total de Angola) einerseits sowie die FNLA (Frente Nacional de Libertacão de Angola) andererseits, die einen antisozialistischen Kurs steuerte. Gelegentlich waren diese Gruppen aufeinander getroffen und hatten sich Kämpfe geliefert.

Portugal, das eine chaotische Entwicklung befürchtete, bemühte sich gegen Ende 1974, die rivalisierenden Gruppen an den Verhandlungstisch zu bekommen. Dies gelang insofern, als Portugal eine Vereinbarung unter den drei Gruppen zustandebrachte, wonach sie gemeinsam mit Portugal über die Bedingungen für die Unabhängigkeit verhandeln und bis zu den ersten Wahlen, die für November 1975 vorgesehen waren, gemeinsam eine Übergangsregierung bilden wollten. Am 15. Januar 1975 wurde diese Vereinbarung von Alvor geschlossen.

Leider war sie nicht von Bestand. Fremde Mächte, allen voran die USA[210], hatten begonnen, sich in Angola zu engagieren. Während die USA und Südafrika die UNITA (Führer: Jonas Savimbi) und die FNLA (Holden Roberto) unterstützten (zusätzlich halfen auch China und Zaire der FNLA), war Fidel Castro bereit, der MPLA zu Hilfe zu kommen. Merkwürdigerweise hielten sich die UdSSR und ihre übrigen Verbündeten zurück. Sie stellten sich nicht auf die Seite der MPLA und ihres Führers Agostínho Neto. Sie trauten ihm weder politisch noch militärisch.[211] Kuba war also der einzige Bundesgenosse der sozialistischen Befreiungsorganisation. Es begann im Mai 1975 insgeheim 250 militärische Berater nach Angola zu entsenden. Später wurde das Kontingent noch aufgestockt. Flavio Bravo, ein Kommunist, der Raúl Castro nahestand, traf sich in dieser Zeit mit Neto in Brazzaville, um das weitere gemeinsame Vorgehen abzustimmen.

Entscheidend war, dass sich Südafrika und der Kongo massiv für die UNITA und ihre Verbündeten engagierten und militärische Operationen in Angola begannen. Ihr Ziel war es, noch vor der Erklärung der Unabhängigkeit von Angola, die Hauptstadt Luanda einzunehmen und eine ihnen genehme Regierung dort einzusetzen. Ohne Unterstützung von außen wäre die MPLA auf verlorenem Posten gewesen.

So entschloss sich Fidel Castro zum Eingreifen. Nach den mittlerweile bereits entsandten 480 militärischen Instrukteuren sollten noch im Herbst 1975 Tausende von Soldaten nach Angola entsandt werden. Sie waren auszurüsten und zu bewaffnen. Eine funktionierende Logistik für den Transport der Soldaten und der Waffen musste aufgebaut werden. Darüber hinaus galt es, aus Kuba zahlreiche Hilfskräfte, wie Ingenieure, Ärzte und Krankenschwestern, über eine Entfernung von mehr als 10 000 Kilometer nach Afrika zu entsenden. Eine gigantische logistische und militärische Aufgabe stellte sich dem kleinen Land mit damals etwa 10 Millionen Einwohnern.[212]

Organisationstalent, Disziplin und Erfahrung waren gefragt. Raúl Castro verband diese Eigenschaften. Er war der richtige Mann, um sein Land und seine Soldaten auf diese schwierige Aufgabe unter extremen Bedingungen vorzubereiten. In Mexiko, in der Sierra Maestra und danach bei der Bekämpfung der Aufständischen in der Sierra de Escambray hatte er Erfahrungen sammeln können, die ihm zugute kamen. Seine jetzt schon über 20 Jahre alten Verbindungen zu den Sowjets waren ein weiterer entscheidender Faktor. Kuba war in diesem Krieg auf sie angewiesen. Die Sowjets auf Kuba vertrauten Raúl mehr als jedem anderen kubanischen Führer, sie konnten sich auf ihn voll verlassen.

Nach dem erheblichen Engagement Kubas in Angola trat dann auch mit etwas zeitlichem Abstand die Sowjetunion auf den Plan. Um der Gefahr einer direkten Konfrontation mit den USA zu entgehen, unterstützte die Sowjetunion vorsichtig und zunächst mehr diplomatisch das beginnende kubanische Engagement. Danach begann sie aber auch Waffen zur Verfügung zu stellen.

Noch 1975 gingen mehr als 15 000 kubanische Soldaten nach Angola, nachdem Südafrika Ende Oktober mit seiner »Operation Zulu« begonnen hatte und sich anschickte, massiv militärisch in Angola einzugreifen. Kuba beantwortete dies mit der »Operación Carlota«. Über Guyana wurden die kubanischen Truppen an der schmalsten Stelle des Atlantik nach Guinea geflogen, dessen Präsident Sekou Touré mit Fidel Castro befreundet war. Von dort gelangten sie nach Angola.

Sie waren mit modernen Waffen ausgerüstet und verfügten über MIG-15 Kampfflugzeuge. Es gelang ihnen noch im November 1975 den wichtigen südlich von Luanda gelegenen Hafen von Benguela einzunehmen und die Hauptstadt Luanda zu halten, die von Holden Roberto belagert wurde. Bei Eintritt der Unabhängigkeit am 11. November 1975 befand sich Luanda in den Händen der MPLA, die bald danach von der Organisation Amerikanischer Staaten (OAS) als die rechtmäßige Regierung von Angola anerkannt wurde.

Nachdem sie weitere Verstärkungen und Waffen aus der UdSSR erhalten hatte, konnte die MPLA mit Hilfe der Kubaner die Interventionstruppen bis Ende März 1977 hinter die Grenzen zurückschlagen.

Ironischerweise waren es die disziplinierten kubanischen Truppen, die in der nördlich der Mündung des Kongo gelegenen angolanischen Enklave Cabinda die Ölförderung durch die US-Firma Gulf sicherten. Die Sowjets kauften einen Teil dieses Öls auf hoher See und gaben es an die Kubaner weiter. Die Lieferungen aus Angola waren erheblich billiger als die aus den viel weiter entfernten Häfen am Schwarzen Meer.[213]

Der mit Hilfe Kubas errungene Sieg wurde allerdings durch die internationale Forderung eines beschleunigten Abzugs der kubanischen Truppen, den auch die UdSSR unterstützte, überschattet. Der kubanischen Regierung gelang es, den Rückzug über mehrere Jahre zu strecken. Sie befürchtete, dass die angolanischen Regierungstruppen bei einem zu schnellen Rückzug gegenüber den Truppen der UNITA und der FLNA ins Hintertreffen geraten könnten.

Im April 1976 flog Raúl Castro nach Angola, um mit Präsident Neto den kubanischen Rückzug mit gleichzeitiger Stärkung der eigenen Kräfte zu erörtern.[214] Neto, wie auch die Kubaner, hätte am liebsten den Rückzug verhindert. Sie hielten ihn für unnötig, gefährlich, und sahen darin eine Einladung an den Gegner, erneut militärische Aktionen gegen die sozialistische Regierung einzuleiten. Aber der Abzug erfolgte schließlich im Rahmen des gesteckten zeitlichen Rahmens binnen drei Jahren.

Das südliche Afrika kam dennoch nicht zur Ruhe. Die Freiheitsbewegungen in Südafrika, Namibia, Simbabwe und Mozambique verstärkten ihre Aktivitäten gegen Ende der siebziger und in den achtziger Jahren. Vor allem die *South West Africa People's Organization (SWAPO)*, die Befreiungsbewegung für Namibia, gewann zahlreiche Anhänger und fand in einer Reihe von Staaten, auch des Westens, Unterstützung. Namibia, das im Norden an Angola grenzte, sollte von Südafrika unabhängig werden. Für die SWAPO war der Süden Angolas ein ideales Aufmarsch- und Rückzugsgebiet.

Dies war das eine Problem. Das andere lag in der internen Situation Angolas. Die UNITA unter Savimbi, die Teile Angolas kontrollierte, hoffte immer noch, die Macht ganz an sich reißen zu können. Die Regierung in Ruanda erkannte diese Gefahr und suchte die Verbände der UNITA in Schach zu halten. Kuba hatte ihr empfohlen, sich möglichst nicht in größere Kämpfe mit ihr verwickeln zu lassen und eine Eskalation zu einem neuen Krieg zu vermeiden. Gegen Ende 1987 griffen angolanische Regierungstruppen entgegen dem kubanischen Rat die UNITA im Südosten des angolanischen Territoriums an.

Dies führte erneut zu einem militärischen Engagement Südafrikas, das nun einen Angriff auf Cuito Canavale, tief im Territorium Angolas, führte. Kuba entsandte auf Bitten Luandas erneut Truppen. Binnen kurzer Zeit überquerten über 50 000 kubanische Soldaten den Atlantik und führten Angriffe gegen die nach Angola eingedrungenen ausländischen Truppen. Dabei setzten sie erfolgreich auf Guerillataktik, das heißt den Gegner häufig aus dem Hinterhalt zu attakieren, ohne ihm in offener Feldschlacht zu begegnen.[215]

Bei Cuito Canavale errangen die kubanischen und angolanischen Truppen schließlich den entscheidenden Sieg, der Südafrika an den Verhandlungstisch zwang. Im Dezember 1988 kam es dann zu einem Friedensschluss am Sitz der UNO in New York, in dem einerseits die Weichen für die Unabhängigkeit Namibias gestellt wurden, andererseits aber auch der Rückzug aller ausländischen Truppen aus Angola festgelegt wurde. Nachdem Namibia 1990 seine Unabhängigkeit erhalten hatte, zogen 1991 die letzten kubanischen Soldaten aus Angola ab. Die ersten Einsätze in Angola bedeuteten für die Kubaner einen kulturellen Schock. Es fehlte fast an allem, an Infrastruktur, an Schulen, an Nahrungsmitteln, an Gesundheitsfürsorge. Dies führte zur Entsendung von kubanischen Fachleuten, von Ingenieuren, Lehrern, Ärzten und Agrarexperten. Insgesamt belief sich dieses Personal während des kubanischen Engagements in Angola auf 50 000 Mann, das zu den insgesamt etwa 300 000 Soldaten, die hier innerhalb von 16 Jahren im Einsatz waren, hinzuzurechnen ist.[216] Auch zahlte Kuba mit Tausenden von gefallenen Soldaten einen hohen Preis. Hinzu kam, dass etwa in der Zeit des beginnenden Engagements Kubas in Angola die Administration unter Präsident Ford den Versuch einer Annäherung an Kuba unternahm. Es fanden geheime Verhandlungen mit dem Ziel statt, durch gegenseitiges Entgegenkommen zu einem Modus Vivendi zu gelangen. Aber nach dem beginnenden massiven Eingreifen Kubas in Angola und einer erneuten Erklärung Havannas, die Unabhängigkeit Puerto Ricos von den USA zu unterstützen, wurden diese geheimen Kontakte im November 1975 wieder abgebrochen.[217]

Äthiopien

Einen ähnlichen Einsatz, wenn auch mit erheblich weniger Truppen, führte Kuba in Äthiopien. Nach dem Sturz des Kaisers Haile Selassie im Jahre 1974 – der Kaiser wurde 1975 ermordet – hatte sich nach Machtkämpfen 1976 der Major Mengistu Haile Mariam an die Macht geputscht. Sein kommunistisches Regime erhoffte sich nach der Einstellung jeglicher Hilfe der USA von Moskau und seinen Satelliten wirtschaftliche und militärische Unterstützung.

Ein Jahr später marschierte Somalia unter seinem Präsidenten Siad Barre in das Ogaden-Gebiet ein und besetzte Teile äthiopischen Territoriums. Die äthiopische Stadt Jijiga fiel in die Hände Somalias. Äthiopien schlug zurück. Es kam zum Krieg, in dem Moskau die Partei von Äthiopien ergriff. Dies war insofern überraschend, als sich Somalia 1969 unter Siad Barre dem kommunistischen Lager angeschlossen hatte und von Moskau, auch aus strategischen Gründen, umfangreiche Militärhilfe erhielt. Es hatte den Sowjets im Gegenzug die Nutzung des strategisch wichtigen, am Horn von Afrika gelegenen Stützpunkts Berbera gestattet.

Siad Barre begann sich 1977 den USA anzunähern und erhoffte sich nun von ihnen Militärhilfe. Er trieb ein gefährliches Doppelspiel. Die USA gingen darauf ein. Mit der Unterstützung der USA begann er im Herbst 1977 den Einmarsch in Äthiopien. Danach kündigte er die sowjetischen Nutzungsrechte von Berbera und verwies die sowjetischen Berater des Landes.[218] Damit beging er einen schwerwiegenden Fehler. Er ermöglichte es damit den Sowjets und Kuba, dem Feind offiziell zu Hilfe zu kommen.

Mengistu wandte sich an Kuba und erbat Hilfe im Kampf gegen Somalia. Fidel Castro sagte militärische Unterstützung zu. Ihm passte das Hilfeersuchen Mengistus, das von Moskau unterstützt wurde, durchaus ins Konzept, denn nach den Abmachungen, die zu Angola getroffen worden waren, mussten mehrere kubanische Brigaden aus dem Südwesten Afrikas abgezogen werden.

Im November 1977 begann der Truppenaufmarsch der Kubaner mit 17000 Soldaten, darunter drei Brigaden, die gerade ihre Feuerprobe in Angola bestanden hatten. An der Spitze des kubanischen Kontingents stand Arnaldo Ochoa, einer der besten kubanischen Generäle. Auch der spätere Brigadegeneral Leonardo Andollo zeichnete sich in den Kämpfen aus.

Die Sowjetunion leistete logistische Hilfe und entsandte 80 Kampfflugzeuge, 600 Panzer und 300 Panzerwagen. Den kubanischen Truppen gelang es im Februar 1978, Jijiga zurückzuerobern. Somalia zog sich daraufhin zurück und gab alle besetzten Gebiete auf.

Auch hier, wie schon in Angola, spielte Raúl Castro, dem die Sowjets vertrauten, eine ausschlaggebende Rolle. Raúl war es, der in diesem häufig als »Stellvertreterkrieg« bezeichneten Konflikt die diplomatische Vorbereitung übernahm und der Organisation einschließlich der komplizierten Logistik vorstand.

Die auf die erfolgreichen Einsätze in Afrika folgende Konferenz der Blockfreien Staaten 1979 in Havanna zeigte die Brüder Castro auf dem Zenit ihres internationalen Ansehens. Seit Kuba 1962 als einziges Land der westlichen Hemisphäre die Blockfreienbewegung mit gegründet hatte, war sein Einfluss in der Dritten Welt ständig gewachsen. Kuba hatte erhebliche Mittel eingesetzt, um die Befreiungsbewegungen der Dritten Welt zu unterstützen.

Dabei fiel scheinbar nicht ins Gewicht, dass Kuba diese Leistungen nur dank der Hilfe der Sowjetunion erbringen konnte. Die Sowjets gaben Kuba damals im Durchschnitt Wirtschaftshilfe in einer Größenordnung von fünf Milliarden Dollar jährlich. Tausende von sowjetischen Beratern saßen an wichtigen Schaltstellen in Kuba, vor allem im Wirtschaftssektor. Darüber hinaus gewährte Moskau Militärhilfe im Umfang einer weiteren Milliarden Dollar jährlich.

Obwohl durchaus nicht »ungebunden«, erntete Fidel den lebhaften Applaus der Ungebundenen, der Blockfreien. Kuba war ein wichtiger Faktor auf der internationalen Bühne geworden. Aber seine Bindung an die Sowjetunion wurde bald, nämlich beim Einmarsch der Sowjets Ende 1978 in Afghanistan, zu einem Dilemma. Dieser Einmarsch wurde unter den blockfreien Mitstreitern scharf kritisiert und abgelehnt. Aber Fidel Castro, der von den Sowjets abhängig war, konnte nicht anders, als die Invasion gutzuheißen. Das überfallene Land war selbst Mitglied der Blockfreien, und so war Castro bloßgestellt und isoliert. Sein anfänglicher Triumph endete in einem Debakel.

Kuba in Lateinamerika

Die »Achse« Havanna-Carácas

Der im Exil lebende kubanische Schriftsteller Carlos Alberto Montaner hatte noch lange vor der schweren Erkrankung von Fidel Castro die Behauptung aufgestellt, dass sich die Nachfolgefrage nicht stelle, da im Falle des Ablebens von Fidel Castro der Präsident Venezuelas, Hugo Chávez, die Nachfolge von Fidel Castro übernehmen werde. Diese als humorvoll-ironisch zunächst beiseite geschobene Aussage hat im Jahre 2007 neue Aktualität gewonnen. Im Oktober 2007 hat Chávez anlässlich eines Festakts zu Ehren von Che Guevara in der kubanischen Stadt Santa Clara erklärt, Kuba und Venezuela hätten im Grunde nur »eine Regierung«. Um dies zu unterstreichen, stellte er sich in die Mitte des ihn begleitenden Vizepräsidenten Lage und des Außenministers Pérez Roque.

Letzterer hat in seiner Rede vor der Generalversammlung der Vereinten Nationen im gleichen Monat angekündigt, Kuba könne sogar auf seine »Souveräntität und seine Flagge verzichten«, um sich in einen großen lateinamerikanischen Block zu integrieren. Sicherlich ist dies starke lateinamerikanische Rhetorik. Pérez Roque dürfte wohl das wiedergeben, was Fidel Castro bewegt und was er im Hintergrund denkt: Eine starke Achse in Lateinamerika, mit Venezuela und Kuba als die Angelpunkte und einer Reihe von Staaten um sie herum. Bolivien, Ekuador, Nicaragua, aber auch Argentinien und Uruguay könnten nach seinen Vorstellungen mit diesen beiden Staaten allmählich zu einer größeren Gemeinschaft zusammenwachsen, die der Supermacht im Norden trotzt.

Der venezolanische Präsident lässt sich schon heute als neuer Caudillo feiern, als Führer einer von den USA unabhängigen Wirtschaftsallianz ALBA (Alternativa Boliviariana para las Américas). Er lockt seine lateinamerikanischen Nachbarn mit einer eigenen von der Weltbank unabhängigen Entwicklungsbank, mit einer Gas-Pipeline von Maracaibo an den Rio de la Plata und schließlich mit seinen eher zweifelhaften Vermittlungsbemühungen zwischen der kolumbianischen Guerrilla und der Regierung in Bogotá.

Kuba hatte in der Vergangenheit wiederholt sein Territorium für Gespräche zwischen der *Ejército de Liberación Nacional (ELN)*, der nach den FARC zweiten Guerrilla-Organisation Kolumbiens, und der kolumbianischen Regierung zur Verfügung gestellt. Es ist nicht auszuschließen, dass die Vermittlungsinitiative von Chávez mit Havanna abgesprochen war. Jedenfalls dürfte sie dort Unterstützung finden. Kuba hat sich jedoch, als die Spannungen zwischen Venezuela und Kolumbien nach der Ermordung des zweiten Mannes der FARC, Reyes, durch kolumbianisches Militär im März 2008 eskalierten, erstaunliche Zurückhaltung auferlegt.

Es fällt auf, dass Raúl Castro bisher nicht auf die Gedankenspiele und Visionen des venezolanischen Staatschefs eingegangen ist. Seine Rhetorik, sein Populismus und sein polterndes Gehabe liegen ihm nicht. Er ist ein viel nüchterner denkender Mann, der sich am Machbaren und Realistischen orientiert und gleichsam als ein Antipode des »Volkstribuns« aus Caracas erscheint, der seinen Bruder gern als Vorbild zitiert und ihn nachzuahmen versucht.

Das schließt nicht aus, dass Raúl Castro durchaus an der Zusammenarbeit mit Venezuela, vor allem auf wirtschaftlichem Gebiet, interessiert ist und eine ganze Reihe von Wirtschaftsabkommen mit dem karibischen Nachbarn auf den Weg brachte. Insgesamt existieren ja 34 solcher Abkommen, bei denen es unter anderem um die Zusammenarbeit bei der Produktion von Nahrungsmitteln, im Bauwesen, in der Telekommunikation und im Tourismus geht. Ganz im Vordergrund steht für Kuba jedoch die Lieferung von ca. 100000 Fass Erdöl pro Tag. Sicherlich spielt hier auch der Wunsch eine Rolle, noch für einige Jahre, zumindest aber solange, bis Kuba selbst genügend Öl und Gas zu fördern in der Lage ist, von Venezuela zu Vorzugspreisen, oder wie einige behaupten, teilweise sogar gratis beliefert zu werden.

Kuba ist in eine starke wirtschaftliche Abhängigkeit von Venezuela geraten. Nach Schätzungen liegt der Wert der jährlichen Erdöllieferungen bei 4 Milliarden US-Dollar. Unklar ist die Art der Bezahlung. Experten glauben nach wie vor an eine Verrechnung durch Entsendung von kubanischen Ärzten und Lehrern. Mittlerweile dürften die kubanischen Fachkräfte, die sich in Venezuela aufhalten, über 10000 betragen. Sie sind ein starker Rückhalt der

Regierung in Caracas, vor allem in den seit langem vernachlässigten ländlichen Regionen.

Die Eröffnung einer Filiale der ALBA-Bank im April 2008 in Havanna liegt ganz auf dieser Linie. Die Bank, deren Gründung auf Hugo Chávez zurückgeht, ist mittlerweile neben Venezuela auch in Bolivien und Nicaragua vertreten. Mit einem Grundkapital von 2 Milliarden US-Dollar soll sie vor allem Projekte auf den Gebieten der Versorgung mit Nahrungsmitteln und Medikamenten, der Telekommunikation und der Landwirtschaft fördern. ALBA ist die Antwort von Chávez auf die von Bush propagierte, aber mittlerweile gescheiterte ALCA (Asociación de Libre Comercio de las Américas, engl. FTAA, Free Trade Association of the Americas). Kuba beteiligt sich mit 118 Millionen US-Dollar an der ALBA-Bank.[219]

Über weitere Einzelheiten zu der wirtschaftlichen Zusammenarbeit zwischen Kuba und Venezuela hatte ich weiter oben, bei der Frage nach neuen Wirtschaftsstrukturen, berichtet.

Aber nicht nur Venezuela, der privilegierte Partner, liegt im Blickfeld kubanischer Außenpolitik. Es ist der gesamte lateinamerikanische Kontinent. Havanna sieht vor allem in Bolivien, Ekuador, aber auch in Uruguay und Argentinien interessante Partner. Der Linksruck, der sich in diesen Ländern ereignet hat, war willkommener Anlass, die Beziehungen zu ihnen zu intensiveren und zu stärken. Auch Panama und neuerdings Paraguay mit seinem neu gewählten Präsidenten, dem offenbar die soziale Frage besonders am Herzen liegt, könnten interessante Partner Kubas werden. Gleichzeitig versucht Havanna, seine Beziehungen zu den Staaten Mittelamerikas zu verbessern.

Der zweite Besuch des brasilianischen Präsidenten Lula da Silva im Januar 2008 in Kuba hat mancherlei Spekulationen ausgelöst. In einer großen lateinamerikanischen Zeitung wurde sogar die Behauptung aufgestellt, Raúl Castro habe den brasilianischen Präsidenten um Vermittlung bei der Herstellung normaler Beziehungen zu den USA gebeten.[220] Dies mag weit hergeholt sein, fest steht jedoch, dass Kuba eine stärkere wirtschaftliche Zusammenarbeit mit Brasilien anstrebt, die sich in einer Reihe von bilateralen Abkommen niedergeschlagen hat, unter anderem im Erdölsektor.

Kuba ist seit einigen Jahren bestrebt, die Verbesserung der medizinischen Versorgung in verschiedenen Ländern Afrikas und

Lateinamerikas zu befördern. Kuba dürfte seit 1963, als die erste Ärztebrigade nach Algerien entsandt wurde, mehr als 140000 Angehörige medizinischen Personals diesen beiden Kontinenten zur Verfügung gestellt haben.[221]

Gemeinsam mit Venezuela startete Kuba 2006 die sogenannten *operación milagro*, durch die bedürftige Menschen augenärztlich behandelt werden. Die Behandlungen – in vielen Fällen handelt es sich auch um Operationen am grauen Star – werden in Kuba, zum Teil aber auch im Ausland, durchgeführt und erfolgen kostenlos. Die uruguayische Regierung unter ihrem sozialistischen Präsidenten Tabaré Vazquez unterstützt dies durch Bezahlung der Reisen uruguayischer bedürftiger Patienten nach Kuba.

Neu sind Operationen vor Ort, zum Beispiel in Bolivien. Dort soll nach Berichten kubanischer Medien mittlerweile eine »medizinische Brigade« tätig sein, der über 1000 kubanische Ärzte und fast 2000 medizinische Helfer angehören. Man habe bisher an über 217000 Personen, darunter mehr als 170000 Bolivianer, augenärztliche Operationen vorgenommen. In grenznahen Gebieten seien auch 17000 Argentinier, 11000 Peruaner, 9000 Brasilianer und andere Bürger lateinamerikanischer Staaten behandelt worden.

Die Behandlungen geraten jetzt zunehmend in die Kritik. Argentinische Augenärzte werfen ihren kubanischen Kollegen, die Landsleute in Bolivien behandelt hätten, vor, sie seien weder ordnungsgemäß registriert noch verfügten sie über gesicherte Anwendungstechniken.[222] Auch in Panamá und in Peru soll es zu Protesten von Universitätsinstituten und Augenärzten gekommen sein.

Aber die Kubaner finden auch aufgeschlossene Beobachter, die geltend machen, dass sich die kubanischen medizinischen Brigaden in Armutszonen und in Gebieten betätigten, die bisher ohne medizinische Versorgung geblieben seien. In Argentinien wurde argumentiert, dass die Wartezeiten bei Augenoperationen unerträglich lang seien. Auch seien die Eingriffe kostspielig.

Aus Honduras, Guatemala und Haiti, wo die Ärzte ebenfalls tätig sind, ist bisher keine Kritik bekanntgeworden.

Freundliche Stimmen vernimmt Kuba neuerdings aus der Organisation Amerikanischer Staaten (OAS). Im Juli 2007 meldete sie sich zu Wort; sie hatte Kuba im Januar 1962 auf Druck der USA ausgeschlossen. Generalsekretär José Miguel Insulza, früher chilenischer Außenminister, befürwortete die Aufnahme eines Dialogs und von Gesprächen mit Kuba. Wörtlich führte er aus: »Die Tatsache, dass sich Raúl Castro im Namen seines Bruders Fidel an die Spitze der kubanischen Regierung gesetzt hat, ist ein Wechsel, der einen gewissen Übergang und gewisse Veränderungen in den Machtverhältnissen im Inneren Kubas offenbart ... Ich wage keine Voraussage über diesen Wechsel, aber ich glaube schon, dass er eine Möglichkeit für den Dialog und das Gespräch über Kuba eröffnet, die in unserer Organisation längst überfällig sind.«[223] Insulza machte diese Äußerungen in einer Pressekonferenz in Buenos Aires und nach Gesprächen mit dem argentinischen Außenminister Taiana.

Mittlerweile gibt es auch noch andere Stimmen, die sich für eine Wiederaufnahme Kubas in die OAS als Schritt des Entgegenkommens der internationalen Gemeinschaft gegenüber Kuba aussprechen. Als Argument werden das Ende des Kalten Krieges, das Ende der Unterstützung von Befreiungsorganisationen durch Kuba (des »Exports« der Revolution), der seit 2006 in Kuba einsetzende Übergang, ein erhofftes Umdenken in Washington und Miami sowie die Notwendigkeit angeführt, Stabilität und Prosperität in Lateinamerika zu sichern. Kuba habe die Ordnung bewahrt und mehre seinen Wohlstand.[224]

Das Verhältnis zu Mexiko, Argentinien und Chile

Lange hatte der kubanische Außenminister auf den Besuch seiner mexikanischen Kollegin gewartet. Aus seiner Sicht war die Frostperiode in den Beziehungen zu Mexiko, die 2002 eingesetzt hatte, unnatürlich und entsprach keineswegs den ehemals engen und freundschaftlichen Beziehungen unter den beiden Völkern. Mexiko hatte Kuba auch in schwierigen Zeiten die Treue gehalten und, als fast alle Regierungen Lateinamerikas aus Angst vor einer Revolution à la Cuba in ihren Ländern oder auf Geheiß Washingtons die Beziehungen zu Kuba abbrachen, hatte sich Mexiko bekanntlich nicht angeschlossen.

Das Klima veränderte sich 2002. Es begann mit dem Besuch von Staatspräsident Fox im Februar 2002. Der Mexikaner bestand darauf, auch Vertreter der demokratischen Opposition zu treffen. Für Kuba war das eigentlich nicht akzeptabel. Aber Fidel Castro willigte ein, weil er damals im Begriff stand, in Lateinamerika isoliert zu werden. Das Schicksal von Chávez in Venezuela hing damals an einem seidenen Faden. Mit Argentinien, Chile und Peru waren die Beziehungen so gut wie eingefroren. Von Kolumbien und den meisten Staaten Mittelamerikas ganz zu schweigen.

Im April 2002 gesellte sich Mexiko dann zu den Staaten, die in der Menschenrechtskommission der UNO in Genf eine Resolution unterstützten, die Kuba wegen Menschenrechtsverletzungen verurteilte. Fidel Castro war außer sich vor Zorn. Damit hatte er nicht gerechnet. Auch der mexikanische Botschafter in Havanna übrigens nicht, der von einer Stimmenthaltung Mexikos ausgegangen war.

Die anschließende Besetzung der mexikanischen Botschaft durch eine Gruppe asylsuchender Kubaner in Havanna, von der ich bereits berichtet habe, war ein weiteres Element der Spannungen.

Eine schwere politische Krise begann, die immer weiter zu eskalieren drohte. Mexiko war im Sommer 2002 Gastgeber einer wichtigen Konferenz der UNO, die in der nordmexikanischen Stadt Monterrey stattfinden sollte. Präsident Fox rechnete mit der Anwesenheit von Präsident Bush, der aber nur kommen wollte, falls Fidel Castro nicht anwesend sei. Bush wollte auf keinen Fall mit ihm zusammentreffen.

Fox befand sich in einer schwierigen Lage, die er dadurch zu lösen glaubte, dass er Fidel Castro in einem Telefongespräch bat, nur eine verkürzte Reise nach Monterrey anzutreten. Er sollte seine Rede halten und sofort danach die Heimreise antreten. Fidel Castro stimmte dem zu, wenngleich er dies nur unter Zurückstellung größter Bedenken tat. Er flog nach Monterrey, hielt seine Rede und reiste absprachegemäß sofort danach ab.

Aber damit war die Krise noch nicht zu Ende. Wieder war es der mexikanische Außenminister Castañeda, der zu ihrer Verschärfung wesentlich beitrug. Von Journalisten befragt, ob die schnelle Abreise von Fidel Castro mit einem entsprechenden Verlangen aus Washington zusammenhänge und ob Mexiko Fidel darum ersucht hatte, antwortete er wahrheitswidrig, dass es hier keinerlei Zusammenhänge gäbe. Fidel Castro sei ganz freiwillig und ohne irgendeine Einflussnahme von außen abgereist.

Als dieses Statement in Havanna bekannt wurde, soll Fidel Castro getobt haben. Er hatte es satt, sich von Castañeda vorführen zu lassen. Einem geladenen Kreis von in- und ausländischen Journalisten ließ er nun das Tonband vorspielen, auf dem der kubanische Geheimdienst das Gespräch mit Präsident Fox aufgezeichnet hatte. Hieraus ergab sich eindeutig, dass Fidel Castro um die frühe Abreise gebeten worden war.

Viele Beobachter glaubten damals, Mexiko würde diesen Vertrauensbruch mit dem Abbruch der diplomatischen Beziehungen beantworten. Aber es kam nicht dazu. Offenbar wollte Präsident Fox die Eskalationsschraube nicht weiter anziehen und auch die Stimmung im mexikanischen Kongress und in der Öffentlichkeit nicht weiter gegen sich und seinen Außenminister aufbringen. Aber seither herrschte ein gespanntes Verhältnis zwischen den beiden traditionell so eng verbundenen Nachbarn.

Obwohl Kuba nie einen Hehl daraus gemacht hatte, dass es den linksgerichteten Präsidentschaftskandidaten Obregón favorisiert hatte, entsandte der neue und dem konservativen Lager angehörende Präsident Felipe Calderón seine Außenministerin Patricia Espinoza im März 2008 nach Havanna, um die Streitaxt zu begraben. Es kam zur Verabschiedung eines Kommuniqués, in dem beide Seiten die Reaktivierung von Konsultations- und Kooperationsmechanismen erklärten. Auch begründete Kuba seine Bereitschaft, die Kandidatur Mexikos für einen nichtständigen Sitz im Sicherheitsrat der UNO zu unterstützen. Beide Staaten vereinbarten, einen »ständigen Dialog« zum Thema Menschenrechte zu beginnen.[225]

Der Ton und die äußeren Umstände der Begegnung der Außenminister in Havanna lassen den Schluss zu, dass sich der Wechsel an der kubanischen Staatsspitze auszuwirken beginnt. Die »Handschrift« von Raúl wird erkennbar. Er, der im Inneren den Konsens und nicht den Befehlsstil fördert, dürfte auch entsprechend in der Außenpolitik auf Dialog und nicht, wie so oft zuvor, auf Nadelstiche und Konfrontation setzen.

Vielleicht spielt auch im Fall Mexiko eine Rolle, dass hier Raúl als erster der Castro-Brüder einst Aufnahme fand, nachdem er sich im Sommer 1955 aus Kuba abgesetzt hatte. Mexiko bot den jungen Guerrilleros eine gutes Übungsterrain. Auch tat er hier die ersten Schritte, die ihn später zum *Comandante* und zum Führer einer Nation befähigen sollten.

Zu Argentinien unterhält Kuba ebenfalls durchweg gute Beziehungen. Che Guevara ist zwar mittlerweile ein »kubanischer« Volksheld, aber kein Kubaner wird seine Herkunft aus Argentinien leugnen. Auch sonst betrachten die Kubaner die Argentinier wegen ihrer Nonchalance, ihrem oft aufwändigen Lebensstil und der Leichtigkeit ihres Umgangs miteinander als sympathisches Volk.

Umgekehrt hatten viele Argentinier, zumal die Jugend, die Revolution in Kuba mit Wohlwollen, ja mit Begeisterung begleitet. Sie gingen nach Havanna, um dort als Ärzte, Techniker oder Künstler am Aufbau der Revolution mitzuwirken. Einige von ihnen sind in Kuba geblieben. Sie haben jetzt ein ähnliches Alter wie die Brüder Castro. Fidel Castro ist auch in Buenos Aires eine Legende. Es verwundert deshalb nicht, dass Fidel bei seinem letzten Staatsbesuch in Buenos Aires im Mai 2003 von der argentinischen Jugend stürmisch gefeiert wurde.

Trotz der gegenseitigen Sympathiebeweise waren die bilateralen Beziehungen aber keineswegs spannungsfrei. Im Frühjahr 2001 kam es zum Eklat, nachdem Argentinien in der Menschenrechtskommission in Genf die Resolution gegen Kuba unterstützt hatte. Fidel Castro nannte den argentinischen Präsidenten einen »Stiefellecker« *(lamebotas)* der USA. Nur Monate vor dessen Sturz warf er dem Präsidenten de la Rua vor, sein Land in eine schwere wirtschaftliche Krise zu stürzen. Daraufhin rief die Regierung in Buenos Aires ihren Botschafter in Havanna zurück. Erst 2003 besserten sich die Beziehungen.

Aber bald kam es zu einer erneuten Krise, als sich Fidel Castro weigerte, einer Bitte des argentinischen Präsidenten Kirchner zu entsprechen und die ehemals wegen ihrer Leistungen prominente und hoch dekorierte kubanische Ärztin und Wissenschaftlerin Hilda Molina, die in Ungnade gefallen war, zu ihrem Sohn nach Argentinien ausreisen zu lassen.[226]

Dies war im Jahre 2004. Heute scheinen die Beziehungen wieder besser zu sein. Dies mag auch damit zusammenhängen, dass sich die neue Präsidentin Cristina Kirchner um ein enges Verhältnis zu Venezuela bemüht und seinen Präsidenten Chávez vielfältig unterstützt. Argentinien, das chronisch unter Mangel an Erdgas leidet, erhofft sich den Bau einer Erdgasleitung von Maracaibo zum Rio de la Plata.

Kuba wiederum hat hohe Schulden, etwa in einer Größenordnung von 2 Milliarden Dollar, bei Argentinien. Präsident Perón, der Castro und der Revolution sehr zugetan war, gewährte in seiner zweiten Amtszeit 1973 Kuba einen Kredit zum Kauf von Kraftfahrzeugen, Ersatzteilen und Maschinen, die es wegen des US-Embargos sonst nicht hätte erhalten können.

Zwar wurde während des Besuchs von Außenminister Bielsa im Herbst 2003 über diese Schulden gesprochen, aber offenbar sind die Argentinier nicht wieder hierauf zu sprechen gekommen. Auch hat Bielsa damals, übrigens ohne Abstimmung mit seinen Partnern, eine Assoziierung Kubas mit dem südamerikanichen Wirtschaftsblock MERCOSUR *Mercado Común del Sur,* Gemeinsamer Markt des Südens) angekündigt, die bis heute offen ist.

Wann der seit langem vereinbarte Besuch der argentinischen Präsidentin in Havanna stattfinden wird, ist ebenfalls eine offene Frage. Frau Kirchner wird auch mit Rücksicht auf die Medien in Argentinien, die sofort die Menschenrechtsfrage in Kuba aufgreifen und an die Forderung nach freier Ausreise der Ärztin Molina erinnern werden, die Reise vorläufig nicht antreten. Ob Raúl Castro so sehr an dem von den argentinischen Medien hochgespielten Fall liegt, erscheint zweifelhaft. Aber mit Rücksicht auf seinen Bruder wird er vorläufig wohl keine von ihm abweichende Haltung einnehmen wollen.

Die Beziehungen zu Chile sind trotz der sozialdemokratischen Präsidentin Bachelet, die in der DDR studiert hatte, kühl und distanziert. Dies liegt vor allem an der chilenischen Außenpolitik, die seit einiger Zeit auf enge Bindungen zu den USA setzt hat und die Wichtigkeit dieser Bindungen immer von neuem unterstreicht. Chile gilt, wie übrigens Kolumbien, auch als Befürworter einer Handelsassoziierung ganz Lateinamerikas mit den USA, eine Konstruktion, die von Fidel Castro und seinem Freund Chávez heftig bekämpft wird.

In Chile ist immer noch nicht vergessen, dass Fidel Castro 1971 fast einen Monat lang zu Gast blieb, nachdem sein offizielles Besuchsprogramm nur auf etwa eine Woche ausgelegt war. Castro war ein begeisterter Anhänger des ehemaligen Präsidenten Salvador Allende, an den man sich zwar in linken Kreisen Chiles heute wieder stärker erinnert, dessen Unfähigkeit, eine akzeptable Wirtschaftspolitik zu entwickeln, aber von vielen Chilenen nach wie vor kritisch gesehen wird.

Denkbar wäre allerdings, dass Chile eine vermittelnde Rolle gegenüber einer neuen Administration in Washington einnimmt, um eine Annäherung zu den USA in die Wege zu leiten.

Die Beziehungen zu Europa

Louis Michel kehrte ernüchtert nach Brüssel zurück. Es war seine dritte Reise, die der Entwicklungskommissar der EU in diesem Jahrzehnt nach Kuba unternommen hatte. Im August 2001 war er als belgischer Außenminister und Präsident des Ministerrats der EU erstmals nach Havanna gereist. Er hatte damals mit der kubanischen Regierung die Eröffnung eines Dialogs mit der Europäischen Union vereinbart. Dies war insofern eine Sensation, als noch ein halbes Jahr zuvor das kubanische Außenministerium durch einen seiner Vizeminister sein Desinteresse an Kontakten zur EU, geschweige denn an einer Verbesserung der Beziehungen, geäußert hatte.

Die kubanische Regierung hatte sich gleich zu Beginn des neuen Jahrhunderts verärgert über die Unterstützung der Kuba-Resolution der Menschenrechtskommission der UNO durch die meisten Mitgliedstaaten der EU gezeigt. In dieser Resolution wurde Kuba wegen Menschenrechtsverletzungen verurteilt. Kuba lud daraufhin die sogenannte Troika, das heißt damals die Vertreter der gegenwärtigen, der vergangenen und der zukünftigen Präsidentschaft der EU, die sich im Frühjahr 2000 nach Havanna begeben wollten, aus und zog seinen Antrag auf Beitritt zum Lomé-Abkommen, einer präferentiellen Handelsregelung für ehemalige europäische Kolonien in Afrika, der Karibik und im Pazifik (sogenannte AKP-Staaten), zurück.

Louis Michel hoffte damals ein neues Kapitel in den Beziehungen der EU zu Kuba aufzuschlagen. Aber die Enttäuschung kam schnell, denn die Belgien nachfolgende EU-Präsidentschaft unter dem spanischen Ministerpräsidenten Aznar verweigerte ihm die Gefolgschaft. Erst im Dezember 2002 kamen – unter dänischer Präsidentschaft – die vereinbarten Kontakte zustande, die aus kubanischer Sicht enttäuschend verliefen. Zu einem wirklichen Dialog kam es nicht, nur zu Gesprächen, die sich in vagen

Formulierungen erschöpften. Aber immerhin, man hatte die Kontakte auf hoher Ebene fortgesetzt.

Kuba war auch deshalb enttäuscht, weil es sein Ziel nicht hatte erreichen können, die Europäer zur Aufgabe des sogenannten »Gemeinsamen Standpunkts« zu bewegen. Kuba betrachtete ihn als Einmischung in die inneren Angelegenheiten und als Hindernis für eine Normalisierung der Beziehungen. Der »Gemeinsame Standpunkt« war 1996 von der EU beschlossen worden und machte eine engere wirtschaftliche und kulturelle Zusammenarbeit der Gemeinschaft mit Kuba von der Herstellung demokratischer Verhältnisse auf der Karibikinsel abhängig. Der damals neu in sein Amt gewählte spanische Ministerpräsident Aznar hatte ihn durchgesetzt. Er betrachtete Fidel Castro und die in Kuba gegebenen politischen und wirtschaftlichen Strukturen als undemokratisch und als Relikt einer vergangenen Epoche, die mit dem Zusammenbruch des Ostblocks ihr Ende gefunden hatte.

Nach Verbesserung der Beziehungen zu Anfang des Jahres 2003 hatte es den Anschein, als werde Kuba endlich dem Vertrag von Cotonou beitreten können. Der Cotonou-Vertrag, der die sogenannten Lomé-Abkommen ablöste, bedeutete nicht nur Handels- und Zollpräferenzen, sondern auch die Einräumung sehr günstiger Entwicklungskredite. Kuba wäre dies sowohl für die nach Europa exportierten Waren wie auch für den Aufbau seiner Wirtschaft zustatten gekommen.

Es war nun der dritte Anlauf für den Beitritt Kubas, zwölf Jahre nach der Aufnahme diplomatischer Beziehungen zur EU. Er war aus verschiedenen Gründen problematisch. Einmal waren die Bedingungen für die Aufnahme in Artikel 5 des Cotonou-Abkommens festgelegt: Good Governance (korruptionsfreie und effektive Regierung), demokratische Wahlen, Parteienwettbewerb, Meinungs- und Versammlungsfreiheit. Die EU wollte diese Kriterien künftig restriktiver anwenden.[227] Kuba hätte diese Voraussetzungen schwerlich erfüllt. Es hatte allerdings – zur allgemeinen Überraschung – 1999 während des europäisch-lateinamerikanischen Gipfels in Rio eine Erklärung unterzeichnet, welche die Achtung der Menschenrechte und demokratischen Freiheiten beinhaltete. Fidel Castro hatte an dieser Konferenz teilgenommen.

Ein weiteres Argument, das gegen den Beitritt sprach, war die Haltung der USA, die jegliches Entgegenkommen gegenüber Kuba ablehnten. Washington hatte wiederholt bei der EU-Kommission in Brüssel und bei den Regierungen mehrerer Mitgliedstaaten der EU darauf gedrungen, eine Aufwertung der Castro-Regierung zu verhindern. Schließlich widersprach die Aufnahme Kubas in das Lomé-Abkommen auch dem »Gemeinsamen Standpunkt«.

Wenn sich die EU dennoch dazu durchrang, einer Aufnahme Kubas näherzutreten, dann geschah dies aus der Erwägung, auf diese Weise stärkeren Einfluss auf Kuba zu gewinnen und allmählich über die biregionale Zusammenarbeit dazu beitragen zu können, demokratische und marktwirtschaftliche Reformen auf der Insel in Gang zu setzen. Der damalige britische Außenminister Cook hatte noch hinzugefügt: »Je länger Kuba zurückgehalten wird, desto mehr werden sich die wirtschaftlichen Chancen für die gesamte karibische Region reduzieren.«[228]

Aber es kam wiederum nicht zu dem allseits erhofften Beitritt Kubas. Kuba zog noch gegen Mitte des Jahres 2003 seine Kandidatur zurück. Die Verurteilung von 75 Oppositionspolitikern zu langjährigen Gefängnisstrafen und die Vollstreckung von drei Todesurteilen nach einer versuchten Entführung einer Fähre führten im April 2003 zu Protesten der EU, zur Verhängung von Gegenmaßnahmen (z. B. Einladung der Opposition zu den Nationalfeiertagen der EU-Mitgliedsstaaten) und zu einer schlagartigen Abkühlung der Beziehungen, die bis etwa 2008 dauerte. Fidel Castro fror die meisten EU-Botschaften in Havanna ein, d. h. er ließ ihre Vertreter nicht mehr einladen und verfügte einen Boykott ihrer Veranstaltungen. Er wollte die Botschafter überflüssig machen.

Die Blockade der EU-Botschaften dauerte fast bis Ende 2004. Der neuen spanischen Regierung unter Rodríguez Zapatero gelang es ab Mitte 2004, allmählich den Gesprächsfaden mit Havanna wieder aufzunehmen. Es kam zu mehreren Treffen der Außenminister und zur Freilassung von 16 der 75 im Vorjahr abgeurteilten Oppositionellen. Um der EU entgegenzukommen, beschloss die kubanische Regierung die Beziehungen zu den EU-Botschaften zu normalisieren. Die Blockade wurde um die Jahreswende 2004/2005 schrittweise und weitgehend aufgehoben.

Als »Gegenleistung« beschloss der EU-Ministerrat Ende Januar 2005, die zwei Jahre zuvor verhängten Gegenmaßnahmen auszusetzen. Dieser Beschluss begünstigte die Verbesserung der Beziehungen, die jedoch bis in die jüngste Zeit belastet blieben. Daher der erneute Versuch des in Havanna gern gesehenen Louis Michel, das Belastende abzubauen und eine Normalität in den Beziehungen herbeizuführen. Im Sommer 2005 ging er, diesmal als Entwicklungskommissar der EU, auf seine zweite Reise nach Havanna, die aber keine konkreten Ergebnisse erbrachte. Für ein wirkliches Tauwetter war es noch zu früh. Einerseits misstraute Fidel Castro den Europäern. Er sah sie zu sehr auf der Seite der USA. Andererseits konnte Michel eine Reihe von Mitgliedsstaaten nicht davon überzeugen, die 2003 beschlossenen Maßnahmen aufzuheben. Dies aber hatte die kubanische Seite zur Vorbedingung für die von der EU-Kommission gewünschte Aufnahme eines umfassenden Dialogs mit Kuba gemacht.

Gegen Ende 2007 reifte der Entschluss von Louis Michel heran, eine dritte Kuba-Reise zu unternehmen. Er wollte herausfinden, ob der interimistische Staatschef Raúl Castro eine offenere Außenpolitik betrieb als sein erkrankter Bruder. Ermutigt wurde er auch von einer Stellungnahme des Chefs des internationalen Büros des ZK der PCC, Remírez de Estenoz – ein früherer stellvertretender Außenminister – der sich im November 2007 auf einer Tagung in Havanna für eine »enge und integrale Kooperation Kubas und Lateinamerikas ohne Vorbedingungen mit der EU« ausgesprochen hatte. Beobachter glaubten, hier die »Handschrift« von Raúl Castro zu erkennen, der am Dialog mit den Europäern interessiert zu sein scheint. Es wurde aber auch klar, dass Kuba erneut einen Keil zwischen die EU und die USA zu treiben versuchte. Remírez benutzte die Tagung, um den USA ihre gescheiterte und von der EU abgelehnte Sanktionspolitik gegenüber Kuba vorzuwerfen.

Wenn man das Abschlussprotokoll der Anfang März 2008 geführten Gespräche des Kommissars Michel mit der kubanischen Seite liest – *Granma* veröffentlichte es am 10. März 2008 ganz entgegen den sonstigen Gepflogenheiten im vollen Wortlaut –, dann klingt diese eher wie eine Philippika als eine Grundlage für eine Kooperation. Die Kritik Kubas an der Haltung der EU und ihrer Mitgliedsstaaten wird fast in jedem der 11 Punkte spürbar. Zwischen den Zeilen erkennt man auch das Mitwirken von Fidel Castro, der seinen Groll gegen die Europäer offenbar noch nicht überwunden hat. Es ist wie bei einem sehr langsamen Tauwetter. Ein Teil des Schnees schmilzt, aber ein anderer Teil und das Eis halten sich noch hartnäckig. Immerhin hat Kuba diesmal nicht auf die Aufhebung des »Gemeinsamen Standpunkts« gepocht. Aber es hat verlangt, dass die 2003 getroffenen Maßnahmen der EU –

darunter die Einladung der Dissidenten zu den Empfängen der EU-Botschafter – endgültig aufgehoben werden.

In Europa gibt es zwei Lager: Die einen sehen in Kuba ein menschenverachtendes Regime, das bekämpft und international an den Pranger gestellt werden muss. Die anderen erblicken größere Chancen in einem Dialog mit Kuba, der kein Thema ausspart, auch nicht die heikle Frage der Menschenrechte. Während Tschechien, Polen und andere Staaten Osteuropas zur ersten Gruppe rechnen, ist die sozialdemokratische Regierung in Spanien, die seit 2004 im Amt ist und im März 2008 wiedergewählt wurde, ein eindeutiger Befürworter des Dialogs mit Kuba.

Es wiederholt sich eine Konstellation, die schon vor dem Jahre 2000 die Debatte um den möglichen Beitritt Kubas zum Cotonou-Abkommen charakterisierte. Während damals die europäischen »Nordländer« eher ablehnend bis skeptisch waren, verhielten sich die »Südländer« positiv.

Mit dem Ausscheiden Fidel Castros und dem sich abzeichnenden Übergang glaubt Spanien, dass sich die Chancen für einen allmählichen Wandel in Kuba verbessern. Auch die bisherige sozialdemokratische Regierung Italiens und andere Mitgliedsstaaten der EU sehen dies so. Deutschland nahm bisher eher eine Position in der Mitte ein. Aber im Mai 2008 hat Außenminister Steinmeier eine offenere Politik gegenüber Kuba befürwortet. Die bisher von Raúl Castro eingeleiteten Schritte, die Möglichkeiten einer Änderung eröffneten, dürften nicht ungenutzt bleiben. Damit begibt sich der deutsche Außenminister in die Nähe anderer EU-Mitglieder, die den Dialog mit Kuba suchen.

Ich habe keinen Zweifel, dass der französische Außenminister Bernard Kouchner, den ich aus seiner Zeit als Chef der Verwaltung der Vereinten Nationen UNMIK im Kosovo kenne, auch dieser Haltung zuneigt. Kouchner ist ein pragmatisch denkender Mann, der den oft schwierigen Dialog auf dem Balkan tagtäglich und erfolgreich praktiziert hat.

Ich habe den Eindruck, dass der »Gemeinsame Standpunkt« zumindest mehrheitlich einer pragmatischeren Haltung weichen wird. Einige Regierungen möchten, ähnlich wie Spanien, austesten, wie weit der Weg des Dialogs mit Kuba gangbar ist und welche Folgen sich hieraus ergeben. Daher macht auch die Reise des Kommissars Michel durchaus Sinn. Die Hoffnungen, endlich den von uns gewünschten Menschenrechtsdialog in Gang zu setzen und politische Gefangene freizubekommen oder zumindest ihre Haftbedingungen verbessern zu helfen, sind groß.

Spanien kann darauf verweisen, dass sich seine Politik des Dialogs mit Kuba – in Grenzen – ausgezahlt hat. Immerhin sind nach der Verhaftungswelle von 2003 insgesamt 24 der 75 damals Inhaftierten und zu langen Gefängnisstrafen Verurteilten freigekommen. Darunter befand sich auch der Dichter und Publizist Raúl Rivero, der heute in Spanien im Exil lebt.

Eine konsequente Linie der Kooperation und des Dialogs haben die Regierungen Kanadas verfolgt, die sogar zeitweise, unter Ministerpräsident Pierre Trudeau, eine Kuba-freundliche Politik betrieben haben. Kanada hatte sich 2003 nicht den Maßnahmen der EU gegenüber Kuba angeschlossen und galt danach als einer der besonders privilegierten Partner Havannas. Allerdings wurde hiervon nie viel Aufhebens gemacht.

Raúl Castro hat die spanischen und damit europäischen Wurzeln seiner Familie gelegentlich unterstrichen. Wie sein Bruder Fidel, hat auch er den Geburtsort seines Vaters, das Dorf Lancara in Galicien besucht und seine Verbindungen zu Spanien betont, etwa, wenn er, wie im Jahre 2004, die Familie des letzten Verteidigers von Santiago, des Admirals Cervera, begleitete. Auch scheint es, dass Raúl Castro im Bemühen, Anschluss an die Hochtechnologie zu finden und die außenwirtschaftlichen Beziehungen zu diversifizieren, wieder stärker an europäisches Know-how denkt.

Gerade Deutschland kann davon profitieren. Seine Exporte nach Kuba haben sich den letzten Jahren erheblich gesteigert. Besonders nach der Energiekrise in den Jahren 2003 und 2004 hatte Kuba Großgeneratoren in Deutschland eingekauft. Es scheint aber auch zunehmendes Interesse an Alternativenergien und an der Zusammenarbeit bei der Verbesserung der Infrastruktur zu bestehen.

Daher könnte ich mir gut vorstellen, dass Raúl Castro eine Wiederannäherung seines Landes an Europa begrüßen würde.

Er dürfte nicht vergessen haben, dass es die EU und ihre Mitgliedsstaaten waren, die – mehr unfreiwillig als beabsichtigt – im Außenhandel die Rolle der nicht mehr existierenden UdSSR übernommen hatten. Sie wurden der wichtigste Handelspartner Kubas, der noch vor einigen Jahren mehr als 50 Prozent der nach Kuba eingeführten Waren lieferte (mittlerweile sind Venezuela, die VR China und Kanada die wichtigsten Lieferländer Kubas; ihr Anteil macht über 50 Prozent der Importe Kubas aus).

Ende der Eiszeit: Die EU-Staaten verbesserten 2008 nach fünf spannungsreichen Jahren wieder ihre diplomatischen Beziehungen zu Kuba, die deutsche Botschaft bleibt jedoch mit Stacheldraht gesichert (oben); das einst für das Goethe-Institut vorgesehene Gebäude, die Casa Pedrosa, steht nach wie vor leer (unten), es fehlt das Kulturabkommen dafür.

Der Beschluss des EU-Rats vom 18. Juni 2008, die im Jahre 2003 verhängten Maßnahmen endgültig aufzuheben, könnte daher ein neues Kapitel in den Beziehungen zwischen Kuba und der EU eröffnen. Dass sich die EU vorbehalten hat, einmal jährlich diese Entscheidung zu überprüfen und dabei auch die Situation der Menschenrechte auf der Karibikinsel einzubeziehen, ist eine Konzession an die Skeptiker, die vor allem in der Menschenrechtsfrage nur schwer davon zu überzeugen sind, dass der Dialog Fortschritte bringen könnte.

Während Außenminister Pérez Roque die Entscheidung der EU begrüßte und das Parteiorgan »Granma« sich auf eine sachliche Wiedergabe beschränkte, hat Fidel Castro den Beschluß der Außenminister scharf kritisiert. Er hatte sie als »heuchlerisch« und »verachtenswert« bezeichnet. Bereits vor einigen Wochen hatte er die EU angegriffen und sie – zusammen mit den USA – als »Wölfe« bezeichnet, die das »Rotkäppchen« Kuba fressen wollten. Er hatte bereits in seiner *reflexión* vom 27. Juni 2007 der EU vorgeworfen, sie mische sich weiter in die inneren Angelegenheiten seines Landes ein und befinde sich auf dem Kurs der USA gegenüber Kuba. Er hat die EU aufgefordert, ihre »Fehler zu korrigieren«.

Seine Stellungnahmen lassen darauf schließen, dass er seinen alten Kurs, keinen Millimeter zu weichen und keinerlei Kompromiss einzugehen, erneut aufgenommen hat. Viele sehen darin auch eine arrogante Sprache, die mehr von Defensive als von kreativem Schöpfungswillen gekennzeichnet ist. Es ist die Sprache des Kampfes, der Schützengräben und der ständigen Auseinandersetzung. Erstarrung und Angst verbergen sich dahinter. Die Angst, die Revolution durch ein Entgegenkommen irgendwelcher Art in Gefahr zu bringen.

Weitgehend abgelehnt wird die Haltung der EU von der Opposition auf Kuba. Sie befürchtet eine Verschärfung der Menschenrechtssituation, aber keine von den Europäern erhoffte Verbesserung. Eine klare Sprache zugunsten der kubanischen Opposition führen europäische und nordamerikanische Intellektuelle, die in einem Kommuniqué *(informe)* vom 18. März 2008 das Schweigen eines großen Teils der Intellektuellen über die Verfolgung ihrer Kollegen in Kuba verurteilten. In dem Dokument, das mit »Der lange schwarze Frühling Kubas« *(La Larga Primavera Negra de Cuba)* überschrieben ist, fordern Antonio Muñoz Molina,

Adam Michnik, Noam Chomsky, Fernando Savater, Juan Goytisolo, Elena Poniatowska, J.M. Coetzee und andere eine stärkere Solidarisierung mit den inhaftierten kubanischen Intellektuellen. Es sei eine große Schande für die intellektuelle, die literarische und journalistische Klasse Europas und des Westens, dass sie sich gleichgültig, ja feindselig gegenüber den Leiden der in kommunistischen Regimes Verfolgten verhielten.[229]

Interessant ist die allmähliche Änderung der Haltung der US-Regierung. Die Regierung Bush beobachtete bisher die Öffnungstendenzen der Europäer in Richtung Kuba mit Sorge. Außenministerin Condoleeza Rice hatte dies bei ihrem Besuch 2007 in Madrid verdeutlicht. Sie befürchtete, dass der Dialog der Europäer mit der kubanischen Führung die Chancen für eine demokratische Öffnung beschneiden könnte. Kritik fand auch, dass sich Außenminister Moratinos bei seinem Besuch in Havanna nicht mit Vertretern der kubanischen Opposition getroffen hatte. Für die USA und für andere ist dies ein wichtiger außenpolitischer Gradmesser.

Nunmehr hat der für Lateinamerika-Fragen Verantwortliche im State Department, Tom Shannon, die Bedeutung eines gleichgerichten Vorgehens der USA und der EU gegenüber Kuba betont und die Aufhebung der »Sanktionen« durch die EU nicht verurteilt, sondern den Nutzen und die Bedeutung dieser Entscheidung insbesondere für das Ziel einer Demokratisierung der Insel hervorgehoben. Allerdings hätte Washington eine langsamere Gangart der Europäer bevorzugt. Auch sieht Shannon einen jeweils anderen Schwerpunkt in den außenpolitischen Zielen der USA und Europas. Während in den USA die Änderung des politischen Systems Hauptziel sei und bleibe, ständen für die Europäer mehr Wirtschaftsreformen im Vordergrund. Die USA müssten sich jedoch auf Änderungen jedweder Art in Kuba vorbereiten.[230]

Dies ist ein Hinweis auf eine mögliche Wende in der US-Politik gegenüber Kuba. Offenbar hat Washington jetzt die Chancen erkannt, die sich aus der vorsichtigen und schrittweisen Änderung unter Raúl Castro ergeben. Unter den Demokraten hatte besonders Hillary Clinton für Gespräche mit Havanna unter Einbeziehung der Europäer geworben. Auch Barrack Obama scheint einem Dialog mit Havanna nicht abgeneigt.

Es wäre zu begrüßen, wenn es zu einem Dialog auf verschiedenen Ebenen käme, nämlich einmal zwischen Kuba und der EU und zwischen der EU und Washington, bei dem der von Shannon vertretene »Gleichschritt« im Interesse des Schutzes der Menschenrechte hergestellt werden könnte. Letztes Glied wäre dann der Dialog zwischen Washington und Havanna, der wiederum unter der Beteiligung der EU stattfinden könnte. Damit würde – freilich unter umgekehrten Vorzeichen – der in den siebziger Jahren erfolgreich geführte »Helsinki-Prozess« zum Vorbild werden. »Wandel durch Annäherung« könnte sich unter dieser Ägide als ein erneut gangbarer Weg herausstellen.

Fazit

Raúl Castro stand zwar stets im Schatten seines Bruders, er hat jedoch immer wieder eigene Wege beschritten, die mit denen Fidels nicht übereinstimmten. Er ist kein Freund einsamer Entscheidungen; vielmehr sucht er den Konsens.

Für Raúl war die Revolution kein Selbstzweck. Ihm war es wichtig, dass sich die Lebensbedingungen der Bevölkerung verbesserten. Daher baute er als Kommandant in der Sierra Cristal Krankenstationen und Schulen.

Raúl hat in den achtziger Jahren gegen den Widerstand von Fidel im Bereich der Streitkräfte Reformen begonnen. Es kam ihm darauf an, dass die von der Armee geführten Betriebe moderne Methoden des Managements anwandten. Dies und die von Raúl eingerichteten Bauernmärkte haben wesentlich dazu beigetragen, die schwere Krise der neunziger Jahre zu bestehen.

Raúl ist kein Träumer, sondern Realist und Pragmatiker, der sich vom Machbaren leiten lässt. Machbar ist für ihn, was die Partei, stellvertretend für die Bevölkerung, die sich bisher nicht äußern durfte oder nicht zu äußern wagte, mittragen kann. Man könnte den von Raúl eingeleiteten Umbruch als »kontrollierte Evolution« bezeichnen. Die Partei soll, ähnlich wie in China und in Vietnam, die Kontrolle über den vor allem von der Wirtschaft getragenen Wandel in Grenzen halten.

Die von Raúl Castro heute eingeleiteten Reformen sind zwar noch kleine Schritte und stellen keinen Paradigmenwechsel dar. Sie sind aber psychologisch für die kubanische Bevölkerung wichtig, weil sie zeigen, dass die neue Führung die Erstarrung des Systems überwinden will und neue Wege zu einer Verbesserung der Lage der Bevölkerung beschreitet.

Die Reformen gehen einerseits in die Richtung einer freieren Wirtschaft, wobei der Schwerpunkt bei der Landwirtschaft liegt. Für Raúl ist die Stärkung der Landwirtschaft eine Frage der nationalen Sicherheit mit höchster Priorität. Ob die Reformen auch zu einer Stärkung der privaten Initiative und des gesamten privaten Sektors führen, bleibt abzuwarten. Es gibt aber Diskussionen hierüber in der Führung und in den Ministerien. Allerdings steht außer Frage, dass die Basisindustrie, der Versorgungssektor sowie Banken und Versicherungen in der Hand des Staates bleiben.

In Teilen der Bevölkerung beginnt sich eine Art Aufbruchstimmung auszubreiten. Einige hoffen, dass die Regierung wichtige Anstöße gibt und einen Prozess in Gang setzt, der das Land schließlich von seinen selbst auferlegten Fesseln befreit.

Die Aufforderung des neuen Präsidenten an die Bürger, ihre Meinung offen zu äußern und Kritik zu üben, entspringt seiner inneren Überzeugung. Sie bedeutet aber keineswegs die Herstellung der Meinungsfreiheit im Sinne der westlichen Demokratien oder die ersten Ansätze für ein pluralistisches System. Sie ist mehr eine Bekräftigung des schon bisher geltenden Grundsatzes: »Innerhalb des Sozialismus alles, außerhalb nichts«.

Ich habe keinen Zweifel, dass Raúl Castro zu äußersten Mitteln, wie dem Einsatz von Polizei und Streitkräften gegen die eigenen Bürger greifen wird, sollte durch die Dynamik der Ereignisse das System in Bedrängnis geraten. Daher ist auch weiterhin eine harte Haltung gegenüber der Opposition zu erwarten. Nach wie vor hängt über ihr das Damoklesschwert des kubanischen Strafrechts, das den Sozialismus schützen und privilegieren soll.

Raúl Castro will offenbar eine Normalisierung der Beziehungen zu den USA. Dies könnte unter einer neuen Administration in Washington aussichtsreich werden. Allerdings werden dann zahlreiche Hindernisse zu beseitigen sein, die eine generelle Bereinigung aller offenen Fragen, einschließlich der Ansprüche der Exilkubaner, also eine Art »Friedensvertrag« mit erheblichen Kompromissen beider Seiten, nahelegen.

Die EU insgesamt hat bisher die Chance nicht genügend wahrgenommen, eine eigenständige, konstruktive Politik gegenüber Kuba zu verfolgen. Mehrere Anläufe, über die Lomé- und die Nachfolgeabkommen ein neues Kapitel aufzuschlagen und auf Kuba einen stärkeren Einfluss auszuüben, scheiterten letztlich am fehlenden Willen beider Partner. Immerhin bemühen sich heute mehrere Mitgliedsstaaten, den Dialog mit Kuba wieder aufzunehmen und die Kräfte zu stärken, die bereit sind, Reformen auf den Weg zu bringen.

Ausblick

Ich habe versucht, Einblick in den gegenwärtigen Zustand der größten Karibikinsel zu gewähren. Dabei ging es mir zugleich um die Frage nach der Zukunft des Landes. Spekulationen wollte ich keine anstellen, zumal sich noch zu viele Unbekannte in der »Gleichung« befinden. Werden sich endlich in Kuba kritische Stimmen regen, die auf Diskussionsbereitschaft und Dialog bauen, den ihnen der neue Staatschef angeboten hat? Oder werden diensteifrige Staatsanwälte, gestützt auf das einseitig den Sozialismus und die Revolution schützende und unbestimmte Strafrecht, den Dialog und die Kritik wie in der Vergangenheit abwürgen?

Wie wird sich die neue Regierung in den USA verhalten? Wird sie endlich einen Schritt der Versöhnung gehen, ein Zeichen setzen, das der anderen Seite Entgegenkommen erleichtert?

Und schließlich: Wie wird sich das Exil verhalten? Werden die Verteidiger alter Rechte, Rachsucht, und die Hoffnung, das Rad der Geschichte zurückzudrehen, die Oberhand behalten oder werden sich versöhnliche Kräfte durchsetzen, die zum Dialog mit der Insel und ihren Machthabern bereit sind? Wird der Übergang in eine neue Ära friedlich verlaufen oder werden die Funken der Rebellion eine neue, schmerzhafte Umwälzung in Gang setzen?

In einem Augenblick, an dem niemand daran glaubte, fiel 1989 die Berliner Mauer und kam zwei Jahre später das 3000 Kilometer weiter östlich gelegene Bollwerk des Kommunismus ins Wanken. Die Geschichte lehrt, dass wir Unvorhersehbares in unser Kalkül einbeziehen müssen.

Kuba hat eine Jugend, Intellektuelle und andere kritische Geister, die sich von den Entscheidungen ihrer Volksvertretung vom 24. Februar 2008 enttäuscht sehen. Soweit das Auge reicht: Überall nur alte Männer, die sich an die Macht klammern, 76 Jahre und älter. Dazu noch der ganz Alte, der aus dem Krankenzimmer dazwischenruft und keine Ruhe gibt. Als ob es die Lages, Abel Prietos oder Pérez Roques nicht gäbe. Wo sind die jungen kritischen Parteimitgleider? Warum verstecken sie sich? Was meint die innere Opposition?

Die Jungen sehnen sich nach Reisefreiheit, nach einem Auto oder einem Häuschen. Wird es das geben oder werden die von Raúl und seiner Mannschaft getanen Schritte so klein sein, dass sie im täglichen Frust und der Enttäuschung untergehen?

Die Jugend wird kein Geisterhaus dulden, in dem sie sich um ihre Perspektiven betrogen fühlt. Es wird der Zeitpunkt kommen, an dem sie ihre Forderungen immer lauter stellen wird. Sie wird, wenn die Alten ihr nicht zuhören, auf die Straße gehen und Unterstützung erhalten von den Angehörigen der politischen Häftlinge, von der Opposition und von allen Menschen, die endlich mehr Freiheit wollen.

Anhang

Anmerkungen

1 Ramonet, 48.
2 Latell, 62.
3 Castro/Betto, 104.
4 Latell, 100.
5 Ramonet, 52 ff.
6 Latell, 48 f.
7 Szulc, 108.
8 Ramonet, 84.
9 Ramonet, 71 f.
10 Latell, 105.
11 Ramonet, 100.
12 Kernig, Bd. 2, 263.
13 Ramonet, 77.
14 Ramonet, 103.
15 Thomas, Bd. 2, 1094 f.
16 Ramonet, 138.
17 Ramonet, 143.
18 Ramonet, 147, Wulffen, 35.
19 Ramonet, 160.
20 Anderson, 172 f.
21 Szulc, 335.
22 Latell, 219.
23 Latell, 220.
24 Ramonet, 116.
25 Anderson, 303.
26 Latell, 212.
27 Anderson, 173.
28 Ramonet, 167.
29 Ramonet, 37.
30 Ramonet, 38.
31 Ramonet, 31 f.
32 Latell, 135.
33 Latell, 190 f.
34 Miller, 341.
35 Ramonet, 110.
36 Ramonet, 123.
37 Latell, 218.
38 Latell, 86 ff.
39 Latell, 230.
40 Franquí, 228.
41 Cortázar.
42 Anderson, 217, 241.
43 Anderson, 226.
44 Guevara, 404.
45 Guevara, 452.
46 Guevara, 457.
47 Thomas, Bd. 2, 1276 f.
48 Guevara, 454.
49 Anderson, 316, 329.
50 Franquí, 222.
51 Anderson, 367.
52 Latell, 36.
53 Guevara, 498.
54 Anderson, 366 f.
55 Matos, 283.
56 Anderson, 368.
57 Franquí, 248.
58 Anderson, 398.
59 Latell, 240.
60 Balfour, 83.
61 Franqui, 251.
62 Kernig, Bd. 2, 263.
63 Kernig, Bd. 2, 264.
64 Kernig, Bd. 7, 333.
65 Kernig, Bd. 2, 265.
66 Latell, 222.
67 Anderson, 315.
68 Anderson, 433, 499.
69 Latell, 61.
70 Lemke, Bd. 1, 430, 476.
71 Szulc, 600 f.
72 Szulc, 603.
73 Franquí, 311.
74 Lembke, Bd. 1, 430 f.
75 Time, 8. August 1960.
76 Ramonet, 162.
77 Anderson, 560.
78 Szulc, 603.
79 Vázquez Montalbán, 417.
80 Szulc, 638.
81 Fogel/Rosenthal, 360.
82 Latell, 29.
83 Fogel/Rosenthal, 344 f.
84 Vázquez Montalbán, 178.
85 Vázquez Montalbán, 176.
86 Latell, 37 f.

87 El pensamiento, 6.
88 Fogel/Rosenthal, 263 f.
89 Latell, Después de Fidel, 339.
90 Fuentes, 630 ff.
91 Fogel/Rosenthal, 53.
92 Fogel/Rosenthal, 93.
93 Fogel/Rosenthal, 152.
94 Fogel/Rosenthal, 147.
95 Fogel/Rosenthal, 345.
96 Weber, Kap. III, 4 § 10.
97 Latell, 44.
98 Latell, 224.
99 Montaner, 1 ff.
100 Latell, 42.
101 Ramonet, 184.
102 Fogel/Rosenthal, 534.
103 Castro/Betto, 159 ff.
104 González, 128 ff.
105 González, 49.
106 Granma Internacional (digital), 24. Februar 2008.
107 Vázquez Montalbán, 388.
108 Hart Davalos, 2.
109 Kernig, Bd. 2, 266.
110 Vázquez Montalbán, 188 f.
111 Vázquez Montalbán, 52.
112 Burchardt, Kuba heute, 313 f.
113 El País (digital), 25. Mai 2008.
114 Botschaft an den Kongress »Kirche in Not«, April 2008 in Augsburg unveröffentlicht.
115 Burchardt, Kuba heute, 327.
116 Wulffen, 90 f.
117 Die Zeit, 12. Oktober 2007.
118 El País, 25. Mai 2008.
119 Burchardt: Fidel Castro, 9.
120 Burchardt: Fidel Castro, 8 ff.
121 Latell, El ejército cubano, 23.
122 Burchardt, Kuba heute, 338.
123 Thomas, Bd. 3, 1707.
124 Burchardt, Kuba heute, 340.
125 Rosset/Medea, 29.
126 El País, 25. Mai 2008.
127 Wulffen, 155.
128 Wulffen, 146.
129 Granma Internacional, 28. März 2008.
130 Wulffen, 81.
131 Ramonet, 249.
132 Ebd.
133 Ramonet, 187.
134 Ramonet, 229 f., 244.
135 Ramonet, 245.
136 Thomas, Bd. 3, 1781.
137 Latell, El ejército cubano, 15 ff.
138 Smith, 163 f.
139 Granma Internacional (digital), 26. Februar 2007.
140 El Nuevo Herald (digital), 25. März 2008.
141 Latell, El ejército cubano, 29.
142 Latell, Después del Fidel, 367.
143 Latell, Después del Fidel, 352.
144 Granma Internacional (digital), 29. April 2008.
145 Hoffmann, Kuba in der Nach-Fidel-Ära, 6.
146 Granma Internacional (digital), 28. Mai 2008.
147 Latell, Después del Fidel, 349.
148 Franqui, 258 ff.
149 Granma Internacional, 23. April 2008.
150 Wulffen, 249 ff.
151 Franqui, 249, 254.
152 Franqui, 252.
153 Schumann, 295.
154 Valladeres, 172 ff.
155 Payá Sardiñas, 27 ff.
156 El País, 8. Mai 2008.
157 Publik-Forum Nr. 6, 2008, 14.

158 Rojas, 450.
159 Publik Forum a. a. O., 16.
160 Botschaft an die Tagung »Kirche in Not«, April 2008 in Augsburg.
161 Wulffen, 115.
162 El Nuevo Herald, 21. Februar 2007.
163 Wulffen, 16.
164 El Nuevo Herald, 1. November 2007.
165 Rojas, 16 ff.
166 Fuentes, 523.
167 El Nuevo Herald, 1. August 2002.
168 El Nuevo Herald, 30. Juni 2008.
169 Granma Internacional (digital), 24. Februar 2008.
170 Granma Internacional (digital), 24. Februar 2008.
171 Interview mit Isachi Fernández, 22. November 2007
172 Granma Internacional (digital), 20. März 2008.
173 El Nuevo Herald (digital), 4. April 2008.
174 Humanisierung und Gesellschaft in: Kuba heute, 31.
175 Wulffen, 34 f., Huber Matos, 50.
176 Valladares, 288.
177 Ramonet, 41.
178 Castro/Betto, 104.
179 Vázquez Montalbán, 424, 430.
180 El Pais, 9. Januar 2008.
181 Wulffen, 308.
182 Wulffen, 70 f.
183 Wulffen, 271.
184 Kernig, Bd. 2, 266.
185 Hoffmann, Kuba heute, 158.
186 Hoffmann, Ebd., 161.
187 Burchardt, Kuba heute, 315.
188 Granma Internacional, 2. April 2008.
189 Fogel/Rosenthal, 353 f.
190 Hoffmann, Kuba heute, 157.
191 Burchardt, Kuba heute, 315.
192 Ramonet, 301 f.
193 Fidel Castro nennt sogar die Zahl von 300 000, Ramonet, 305.
194 Ramonet, 303.
195 Latell, El ejército cubano, 22.
196 Ramonet, 305.
197 Wulffen, 218.
198 Hoffmann, Kuba heute, 172.
199 El Nuevo Herald, 2. November 2007.
200 El Nuevo Herald, 6. Juni 2007.
201 Granma International (digital), 4. Juni 2007.
202 El Nuevo Herald, 22. Juni 2008.
203 Latell, Después del Fidel, 368.
204 Secretos de Generales, 232.
205 Fogel und Rosenthal, 83.
206 Szulc, 604.
207 Hatzky, 1.
208 Guevara, 341.
209 Ramonet, 266.
210 Smith, 95 f.
211 Szulc, 637.
212 Ramonet, 285 ff.
213 Szulc, 638.
214 Ramonet, 290.
215 Ramonet, 295.
216 Ramonet, 298.
217 Szulc, 641.
218 Smith, 133.
219 Granma Internacional (digital), 10. April 2008.
220 La Nación (Buenos Aires), 21. Februar 2008.
221 Granma Internacional (digital), 28. Mai 2008.

222 La Nación, 4. Februar 2008.
223 El Nuevo Herald, 17. Juli 2007.
224 La Nación, 4. März 2008.
225 Granma Internacional (digital), 14. März 2008.
226 Wulffen, 239 ff.
227 Gratius, Kuba heute, 199.
228 Gratius, Ebd., 200.
229 El Nuevo Herald (digitial), 19. März 2008.
230 El País (digital), 22. Juni 2008.

Literaturverzeichnis

Acosta, Eliades: Interview mit Isachi Fernández Fernández vom 22. 11. 2007 (Cubarte).

Anderson, Jon Lee: Che, Una vida revolucionaria, Buenos Aires 1997.

Báez, Luis: Secretos de Generales, Barcelona 1966.

Balfour, Sebastian: Castro, Madrid 1999.

Burchardt, Hans-Jürgen: Landwirtschaft und aktuelle Agrarpolitik in Kuba (in: Ette: Kuba heute, S. 337 ff.), Frankfurt/Main 2001.

Ders.: Fidel Castro – Der alte Mann und das Meer, bisher unveröffentlichtes Manuskript.

Castro, Fidel/Betto, Frei: Fidel y la Religión. Conversaciones con Frei Betto, La Habana 1985.

Chang, Jung/Halliday, Jon: Mao, München 2005.

Cortázar, Julio: Todos los fuegos el fuego, Reunión, Buenos Aires 1966.

Ette, Ottmar/Franzbach, Martin (Hg.): Kuba heute, Frankfurt/Main 2001.

El pensamiento de Raúl Castro Ruz en la Política de Cuadros del Estado Cubano, Escuela Nacional de Salud Pública, Havanna 2004.

Fogel, Jean-François/Rosenthal, Bertrand: Fin de siècle à la Havane, Paris 1993.

Fornet-Betancourt, Raúl/Sing, Horst (Hrsg.): Humanisierung und Gesellschaft in Kuba heute (in: Schriften zur vergleichenden Sozialarbeitswissenschaft und zur interkulturellen, internationalen Sozialarbeit. Bd. 7), Eichstätt 2008.

Franquí, Carlos: La Revolución – Mito o Realidad? Memorias de un Fantasma Socialista, Barcelona 2006.

Fuentes, Norberto: Die Autobiographie des Fidel Castro, München 2006.

González Delgaldo, Ignacio: Die philosophische Tradition Kubas in »Humanisierung und Gesellschaft in Kuba heute. Herausforderung für das Christentum«, Hg.: Raúl Fornet-Betancourt und Horst Sing, Eichstätt 2008.

Gratius, Susanne: Das Verhältnis Europa–Kuba. Der Antagonismus zwischen wirtschaftlicher Annäherung und politischer Distanz (in: Ette: Kuba heute, S. 193 ff.), Frankfurt/Main 2001.

Guevara, Ernesto: Obras Completas, Buenos Aires 2002.

Hart Dávalos, Armando: Martí, Gramsci v los desafíos del siglo XXL, Rede von 2007 in Neapel (unveröffentlicht)

Hatzky, Christine: Die zivile Kollaboration Kubas in Angola 1976–1991 (Projekt am Historischen Institut der Universität Duisburg-Essen; Internetpräsentation) 2007.

Hoffmann, Bert: Kuba, München 2000.

Ders.: Außenpolitik, internationale Beziehungen und das Verhältnis zu den USA. Veränderungen und Kontinuitäten seit 1989 (in: Ette: Kuba heute, S. 153 ff.), Frankfurt/Main 2001.

Ders.: Kuba in der Nach-Fidel-Ära (Analyse der Friedrich-Ebert-Stiftung), Bonn 2007.

Kernig, Claus Dieter: Marxism, Communism and Western Society, 8 Bde., New York 1972.
La Nación, Buenos Aires, 21. Februar 2008 – 4. März 2008.
Latell, Brian: Después del Fidel – La historia secreta del régimen de Castro y quién lo sucederá, Bogotá 2006.
Ders.: El ejército cubano y la dinámica de la transición, Miami 2002.
Lemke, Dietrich: Lebenserinnerungen eines DDR-Aussenhändlers 1952–1995, 2 Bände, 3. Aufl. Zeuthen 2006.
Matos, Huber: Cómo llegó la noche, Barcelona 2002.
Miller, Arthur: Timebends, London, 1987.
Montaner, Carlos Alberto: Vilma, Raúl, Fidel y la saledad de la muerte, Firmas Press, Juni 2007.
Muñoz Bata, Sergio: Hacia la Reconciliación Cubana, El Nuevo Herald, Miami 21. Februar 2007.
Ostkolleg der Bundeszentrale für politische Bildung: VR China im Wandel, Schriftenreihe Bd. 267, Bonn 1988.
Payá Sardiñas, Oswaldo: El Proyecto Varela, Buenos Aires 2005.
Ramonet, Ignacio: Fidel Castro. Biografía a dos voces, Barcelona 2006.
Rojas, Rafael: Tumbas sin sosiego. Revolución, disidencia y exilio del intelectual cubano, Barcelona 2006.
Rosset, Peter/Medea, Benjamin: The Greening of the Revolution, Melbourne 1999.
Schumann, Peter Bernd: Dissident in Kuba. Formen politischer und kultureller Opposition (in: Ette: Kuba heute) Frankfurt/Main 2001.
Skierka, Volker: Fidel Castro. Eine Biographie, Berlin 2001.
Smith, Wayne S.: The closest of enemies, New York 1987.
Szulc, Tad: Fidel. A Critical Portrait, New York 1986.
Thomas, Hugh: Cuba. La lucha por la libertad, 3 Bde., Barcelona 1973.
Time, 8. August 1960.
Valladares, Armando: Contra toda esperanza, Panama 1987.
Vázquez Montalbán, Manuel: Y Dios entró en la Habana, Madrid 1998.
Weber, Max: Wirtschaft und Gesellschaft, Tübingen 1980.
Wulffen, Bernd: Eiszeit in den Tropen. Botschafter bei Fidel Castro, Berlin 2006.

Angaben zum Autor

Bernd Wulffen

Jahrgang 1940; aufgewachsen im Sudetenland und in Thüringen, 1948 Flucht der Familie in die Bundesrepublik; 1959–63 Studium der Rechtswissenschaften, Romanistik und Politologie in Frankfurt a. M., West-Berlin und Marburg; 1967 Promotion, 1968 Assessorexamen, danach Anwaltstätigkeit; 1969 Eintritt in den höheren auswärtigen Dienst, 1970–91 Kulturattaché und Konsul an der Botschaft in Buenos Aires, Presseattaché in Mexiko, Wirtschafts- und Wissenschaftsattaché in Jakarta und Peking, Botschafter in Kuwait und Bahrein, 1992 Koordinator des Weltwirtschaftsgipfels in München, 1993–99 Tätigkeit im Auswärtigen Amt, 1999–2000 Ziviler Koordinator für den Kosovo, 2001–05 Botschafter in Kuba; lebt seit Juli 2005 in Berlin und Tucuman, Argentinien. 2006 erschien von ihm im Ch. Links Verlag: »Eiszeit in den Tropen. Botschafter bei Fidel Castro«.